La Famille
DE JOYBERT

1280 – 1911

Histoire Généalogique

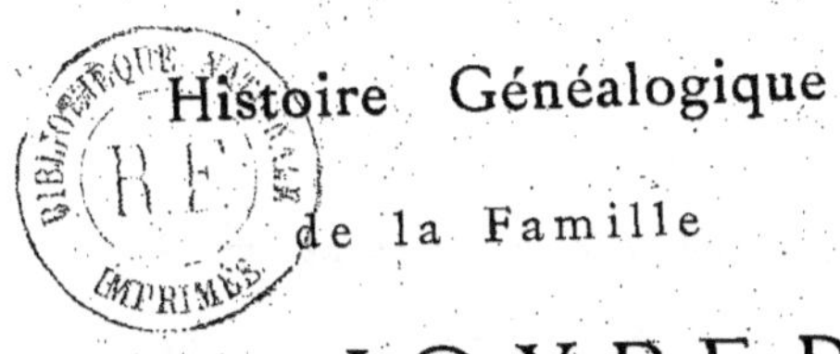

Histoire Généalogique

de la Famille

DE JOYBERT

1280-1911

Histoire Généalogique

de la Famille

DE JOYBERT

en Champagne

par

le Baron de Dumast

*Laudemus parentes nostros
in generatione suâ.*

Eccl., ch. 44, § I

BAR-LE-DUC

IMPRIMERIE CONTANT-LAGUERRE

36, RUE ROUSSEAU

—

1911

AVANT-PROPOS

La famille de Joybert, originaire de Champagne, est, sans contredit, l'une des meilleures et des plus anciennes de cette province, sa filiation en ligne directe remontant par *dix-huit générations* à la fin du XIIIe siècle.

L'origine de sa noblesse n'est point connue. On voit, en 1465, un de ses membres faire constater par sentence qu'il « luy est permis de tenir fief et ïouyr des privilèges de « noblesse comme en ayant suffisamment fait preuve », mais, déjà en 1309, les Joybert possédaient fief à Saint-Mard-sur-le-Mont, gros bourg au sud de Sainte-Menehould, qui paraît être le berceau de leur famille dont on disait, dès le XIVe siècle, qu'elle était « d'ancienneté du plus bel et honorable lignage de la ville de Saint-Mard ».

De là ils descendirent à Châlons où ils demeurèrent jusque vers la fin du XVIe siècle et d'où, par mariages et acquisitions, ils essaimèrent à Soulanges, la Grand'Cour, Aulnay-le-Châtel, Villers-sur-Marne, les Aires, Bussy-aux-Bois et Rozières, toutes localités champenoises situées dans un rayon plus ou moins éloigné de Châlons et de Vitry qui en furent successivement les centres, demeurant pendant plus de cinq cents ans fidèles à leur petite patrie dont l'absence ou l'éloignement, loin de le détruire, en avivaient chez eux l'indélébile amour: témoins ceux qui partis au Canada, y donnèrent par deux fois le nom de Soulanges aux concessions qui leur y furent accordées, et celle qui, fixée par mariage en Picardie, donna ce même nom de Soulanges à l'un de ses enfants.

A n'en pas douter, les Joybert possédaient donc la noblesse de race qui leur fut, à plusieurs reprises, formellement reconnue.

Famille exclusivement d'épée, nombre de ses membres ont été tués ou blessés au service du roi, plusieurs sont entrés dans les ordres, des filles se sont faites religieuses, aucun n'a embrassé de carrière autre que celle des armes.

Bons gentilshommes de province, vivant là où avaient vécu leurs aïeux, fort attachés à leur sol et ne quittant pas leurs terres pour aller briguer les honneurs de la Cour, ils se contentèrent de modestes grades : faisant partie de cette noblesse, moins illustre et moins brillante, mais plus saine et plus vigoureuse, sur laquelle les Bourbons auraient dû s'appuyer pour soutenir leur couronne, parce qu'au lieu de n'envisager la royauté que comme la dispensatrice des faveurs, des places et de la fortune, elle la considérait, sans discussion, comme une grâce divine devant laquelle tous devaient s'incliner et comme un principe pour la défense duquel il fallait donner jusqu'à la dernière goutte de son sang.

o°o

Disons cependant que dans les cent alliances de leur famille, au nombre desquelles il y en a de fort belles, une demoiselle de Joybert eut l'honneur d'être mariée à un Grand-Croix de Saint-Louis, d'en compter quatre parmi ses fils et d'avoir, dans ses petits et arrière-petits-enfants, plusieurs chevaliers du Saint-Esprit.

o°o

Les armes des Joybert, telles qu'elles sont indiquées dans la généalogie produite par-devant Caumartin, en avril 1668, sont : « *d'argent au chevron d'azur surmonté d'un croissant de gueules et accompagné de trois roses de même* ».

Malgré cette description si précise du texte, le parchemin original, signé de Caumartin, les représentait ainsi : « *d'argent au chevron d'azur accompagné de trois roses de gueules tigées et feuillées de sinople* : l'écu surmonté d'un casque posé de front, orné de ses lambrequins d'argent, d'azur, de gueules et de sinople, et soutenu de deux enfants de carnation, ceints de gueules, tenant chacun une palme de sinople ». Le croissant était oublié et les roses étaient changées. D'ailleurs, presque tous les écussons anciens, comme ceux des pierres tombales de Soulanges et d'Aulnay, comme ceux de la taque de foyer et des pierres d'angle du château de Villers représentent les roses tigées et feuillées; la plupart du temps le croissant est omis, une fois même on le trouve d'azur; ailleurs, ce sont les tiges et les feuilles qui sont de gueules comme les roses. Ces divergences n'indiquent cependant pas des brisures qu'auraient prises les différentes branches, mais sont imputables à l'ignorance des sculpteurs ou des peintres héraldiques, et, depuis l'enregistrement de 1668, les Joybert doivent tous porter leurs armes telles qu'elles sont *décrites* dans Caumartin et telles qu'elles sont *figurées* dans toutes les éditions de la *Nouvelle méthode raisonnée du blason* du P. Ménestrier, où, citées comme exemple de chevron surmonté, les roses y sont héraldiques et non tigées. Il en est de même dans l'*Armorial général manuscrit, avec blasons coloriés*, de la Bibliothèque nationale où, par quatre fois, les armes des Joybert y sont peintes avec les roses héraldiques et non tigées ; de même aussi dans le *Grand armorial de France*, manuscrit de Chevillard et Dubuisson, à la Bibliothèque nationale, où la planche 3 (blasons des principales familles de France) et la planche 42, — la première des deux consacrées au nobiliaire de Champagne, — reproduisent chacune l'écusson des « Joibert, originaires de Champagne », avec les roses héraldiques et non tigées et feuillées.

On lit aussi dans un *Petit armorial de Champagne*, manuscrit du XVIIIᵉ siècle qui se trouvait dans les papiers déposés par la famille Jacobé de Soulanges au château d'Aulnay : « Joibert porte d'argent au chevron d'azur surmonté d'un croissant de gueules et accompagné de trois roses, *sans queues*, aussi de gueules ». Enfin les empreintes d'un cachet de famille du début du XVIIᵉ siècle ne font que confirmer toutes ces descriptions.

.˚.

Le nom de Joibert, d'origine franque, et qui a la même étymologie que Jaubert, Jaybert, Joubert, Jobert, Josbert, Jubert, etc... [1] était, aux Xᵉ et XIᵉ siècles, un prénom assez répandu en Champagne. Je n'en citerai qu'un exemple : Odon, fils d'Eucher et d'Isabelle, né en 1040 à Lagery (près de Châtillon-sur-Marne) dont son père était seigneur, pape sous le nom d'Urbain II et qui prêcha la première croisade, avait deux frères connus, Joibert et Raoul, dont la descendance était éteinte au XIIIᵉ siècle [2]. Tombé en désuétude comme prénom,

---

(1) Jobert est une forme de Jaubert. — Jaubert, forme de Gaubert ou abréviation d'Enjalbert, forme du vieux nom germanique Engalbert (jeune renommé). — Joubert, de Gozbert (Goth. renommé). — *Dictionnaire des noms*, par Lorédan Larchey. Paris, 1880.

(2) *Revue de Champagne et de Brie*, t. XII, p. 448.

il se transforma en nom de famille pour celle qui nous occupe et fut indifféremment écrit pendant cinq siècles : Joibert, Joïbert, Jobert et Joybert. Cette dernière forme, qui a prévalu, est la seule en usage depuis cent ans.

o^oo

Il n'y a eu, jusqu'à ce jour, que trois généalogies imprimées de la famille de Joybert :

1° La « Généalogie des Ioibert, seigneur d'Aulnay-le-Chastel, « Soulange et autres lieux. Originaire de Champagne. Produite « pardevant vous Mgr de Caumartin, Intendant en Champagne, « au mois d'avril 1668. » Elle fait remonter les Joybert, *avec preuves*, à François de Joybert, mari de Catherine Le Cerf (en mentionnant cependant deux degrés antérieurs à celui de François) et donne sept générations des branches existantes en 1668.

2° Celle de M. l'abbé Millard, curé de Dommartin-Lettrée (Marne), qui, faisant l'historique de la paroisse de Bussy-aux-Bois, dressa la généalogie de ses différents seigneurs. Insérée dans la *Revue de Champagne et de Brie* [1], elle est faite avec beaucoup de bonne volonté et d'exactitude dans les grandes lignes, mais renferme nombre d'erreurs de détails qu'il était presque impossible d'éviter, pour un auteur travaillant sans pièces.

3° Enfin celle parue à Laon, en 1900, sous ce titre : *Notice généalogique sur la famille de Joybert et ses alliances* et dont il suffira de dire qu'elle n'a été, — *heureusement*, — tirée qu'à 36 exemplaires.

Respectant la volonté de son auteur, je ne soulèverai pas

___

[1] 1897, p. 199, 241 et 481.

le voile de son anonymat : mais, comme on retrouvera dans mon travail pas mal de phrases ou de renseignements qui sembleraient avoir été pris dans le sien, je tiens, en renversant les rôles, à rétablir la vérité et à dire ici que c'est lui qui a largement taillé dans le canevas généalogique que j'avais commencé à établir et que je lui avais communiqué en 1893 sans autorisation de le copier ni de s'en servir.

Une quatrième généalogie, mais manuscrite et faite au XVIIIe siècle, appartient à Mme Jacobé de Goncourt qui a bien voulu me permettre d'en prendre copie. Elle recule encore d'un degré la filiation des Joybert et fait mention des branches éteintes dont Caumartin n'avait pas eu à s'occuper. Quoique établie sans aucunes preuves, elle est fort bien faite, car toutes mes recherches ont concordé avec ses affirmations.

En dehors de ces quatre généalogies et des archives de famille, j'ai eu à mon service les pierres tombales que j'ai retrouvées, les états civils que j'ai consultés, les *Archives de la Marne*, les *Archives de la Ville de Châlons*, les *Archives des actes de l'état civil de Châlons* [1], et surtout les dossiers très importants que j'ai trouvés au Cabinet des titres de la Bibliothèque nationale, aux *Pièces originales*, vol. 1581, au nom de Jobert, vol. 1583, à celui de Joibert; aux *Dossiers Bleus*, vol. 369; dans la *Collection Chérin*, vol. 111; dans les *Carrés d'Hozier*, vol. 358; dans l'*Armorial général manuscrit de 1696*, vol. de Champagne; enfin, dans *le Nobiliaire de Champagne* de Caumartin où j'ai trouvé nombre de renseignements sur les familles alliées.

De plus, tout ce qui concerne les Joybert qui ont été prêtres, religieux ou religieuses m'a été communiqué de la

---

(1) Par le comte David de Riocour, Arcis-sur-Aube, 1895.

façon la plus obligeante par le R. P. Carrez qui a bien voulu mettre à ma disposition sa connaissance approfondie de l'ancien diocèse de Châlons.

Enfin, j'ai à remercier tout spécialement M. Edmond des Robert qui, avant qu'il ne fût question pour lui de s'allier aux Joybert, avait bien voulu, avec son réel talent héraldique, dessiner tous les blasons intercalés dans l'ouvrage, et qui, depuis, a complété cet important travail par le dessin de ceux de l'Appendice M et par la composition des trois tableaux de quartiers.

o^oo

Grâce aux sources que j'ai indiquées, l'historique de la famille de Joybert a pu être reconstitué avec certitude et précision pendant le long espace de **plus de six cents ans** : et puisque Dieu a bien voulu la perpétuer jusqu'à nos jours, qu'Il daigne faire la grâce aux Joybert qui sont en état de continuer leur nom de le porter dignement et d'apprendre à leurs descendants à puiser dans le passé de leur race, avec le sentiment et le respect de la tradition, le culte de l'honneur, de la droiture et de la loyauté.

Soulanges, 1889. — Bussy-aux-Bois, 1941.

B^{on} DE DUMAST.

LIVRE I

—

1280-1713

CHAPITRE I

PREMIER DEGRÉ

« Chapelain Joybert eut, en 1309, un procès par devant Monsr
« d'Arcis, châtelain de Vitry, contre Mre Jehan Le Bergoin en retrait
« lignager [1] à cause de la terre de St Mard sur le Mont, au jugement
« duquel assistèrent Messeig^{rs} Guillaume de Noyère, Henri de Fontoise,
« Jehan, sg^r de Colas-Verdey et autres. » Cette assertion bien précise
par laquelle commence la généalogie manuscrite du xviiie siècle et
qu'elle dit extraite des *Annales de Champagne* [2] donne comme origine
aux Joybert la terre de Saint-Mard-sur-le-Mont [3] qui, antérieurement
à 1309, appartenait déjà au père ou à la mère de Chapelain.

Mais, entre Chapelain et Thomas, que la même généalogie donne
comme formant le second degré sans dire qu'il est fils de Chapelain

---

1. *Retrait* : action par laquelle on retire un héritage aliéné. *Retrait lignager* se dit
quand un lignager retire des mains d'un tiers acquéreur, ou d'un adjudicataire par décret,
un ancien propre de sa famille vendu par son parent. *Lignager* : qui est de la même
parenté, du même lignage : *eddem gentis stirpe natus.* Le retrait lignager est celui qui a
été exercé par un parent; il a été introduit par la plupart des coutumes de France pour
conserver les héritages dans une famille. *Dict. de Trévoux*, aux mots *retrait* et *lignager.*

2. Ouvrage ou recueil qu'il a été impossible d'identifier.

3. Marne, arrondissement de Sainte-Menehould. — Dans les papiers de la famille Le
Rebours qui en possédait la seigneurie aux xviie et xviiie siècles, on n'a rien retrouvé
qui fût relatif aux Joybert.

mais simplement « qu'il lui succéda en cette terre », il a pu y avoir au moins une génération qui nous est inconnue, car il est difficile que Chapelain qui, en 1309, devait avoir l'âge d'homme ait eu pour arrière-petit-fils François qui se maria en 1455. Et cependant, en supposant que Chapelain se soit marié deux ou trois fois, que Thomas, né cinquième ou sixième du dernier mariage vers 1325 se soit marié lui-même vers 1360 ; que, Simon, au lieu d'être l'aîné, soit né vers 1380, dernier de plusieurs enfants ou d'un second mariage et qu'il ne se soit marié que vers 1420, on pouvait admettre que son fils François, dont nous ne savons pas le rang de naissance, se soit effectivement marié en 1455.

Quoi qu'il en soit, Chapelain est le premier [1] Joybert qui nous soit connu en ligne directe.

1. Dans *L'Élection de Vitry-le-François*, par M. de Vaveray, Tours, 1877-1878, article *Haussignémont*, on voit que, par son testament fait la veille de la Pentecôte de l'an 1254, Nicolas Chevalier, seigneur d'Haussignémont et comte de Blesmes légua « à la cure d'Haussignémont six journels de terre scis dans les ouches et au sieur Joybert, curé, son cheval de monture, dit pallefroy, sous poil noir ».

CHAPITRE II

SECOND DEGRÉ

« Thomas Joybert, né d'honorable famille et natif de la ville de
« St Mard sur le Mont, fut seigneur engagiste [1] de la terre de St Mard
« sur le Mont et c'est là qu'est né son fils Simon [2]. »

Il est certain, comme nous le verrons au chapitre suivant, que,
contrairement à ce qu'avance Caumartin, il n'épousa pas Catherine de
Viennette : le nom de sa femme nous est inconnu ; mais il eut cinq fils
« qui étaient d'ancienneté du plus bel et honorable lignage de la ville
« de St Mard [3] » :

1° Simon qui suit.
2° Messire Nicolas Joybert, prêtre.
3° Messire Jacques Joybert, prêtre.
4° Dom Jean Joybert, religieux bénédictin.
5° Frère Guillaume Joybert, religieux.

1. *Engagiste,* celui qui tient par engagement quelques domaine ou droits, soit du Roi
soit des particuliers (*Dict. de Trévoux*).

2. Généalogie de La Cour. *Pièces originales*, vol. 1583, n°s 78 et 79. Le prénom,
que ne donne pas La Cour, est fourni par Caumartin, par la généalogie manuscrite du
XVIIIe siècle et par celle que possédait le colonel de Joybert à Dureil.

3. Déposition de Thomas Sébert à l'enquête de 1464, voir l'*Appendice B*, et Généalogie
de La Cour, *loc. cit.*

La bibliothèque de l'Arsenal possède un intéressant manuscrit de la seconde moitié du XIII° siècle intitulé : « *Josberti vitæ et passiones* « *sanctorum* » [1] et dont voici les premières lignes : « Pater, filius, « spiritus sanctus. Hii tres unum sunt. Pro hac et in fide mortui sunt « sancti. — Prologus : Dilecto suo in Christo Theodorico prestitero « sancti Johannis Resbacencis [2], frater Joibertus, canonicus sancti « Johannis Suessionensis, etc. ».

Ce frère Joibert, chanoine de Saint-Jean de Soissons, serait-il l'un des enfants de Thomas? ou, d'après l'époque du manuscrit, ne serait-il pas plus vraisemblablement frère de Thomas, ou même de Chapelain? autant de questions auxquelles il est impossible de répondre, aucune pièce des Archives de l'Aisne ne permettant l'identification de ce religieux que la chronique latine de Saint-Jean-des-Vignes de Legris qualifie, d'après l'obituaire, de *vir bonæ memoriæ* et qu'elle met le second sur la liste des prieurs de Saint-Étienne de Montmirail.

1. Manuscrit 935. — Il mesure 188 sur 140 millimètres, 174 feuillets et s'occupe de saints de tous pays : a saint Pierre et saint Paul, saint Léon, saint Martial, saint Alexis, saint Étienne, saint Remi, saint Livier, etc. L'ouvrage est incomplet et provient de la Bibliothèque des Carmes de Paris.

2. Rebais (Seine-et-Marne), à cinq lieues à l'ouest de Montmirail.

CHAPITRE III

TROISIÈME DEGRÉ

Simon Joybert, écuyer [1], seigneur de Saint-Mard-sur-le-Mont, où il naquit [2], porta d'abord tonsure de clerc ainsi qu'il est dit à plusieurs reprises dans l'enquête de 1464, puis épousa à Saint-Mard-sur-le-Mont « noble et gentille femme Damoiselle Marie Ogier », fille unique de feu François Ogier dit Le Gourlat, écuyer, échanson du roi, et de feue « noble et gentille femme Damoiselle Laurence de Braux » sa première femme. Née à Herpont [3], elle vint à la mort de son père, vers 1415, habiter Saint-Mard où elle fut recueillie par sa tante damoiselle Marion La Gourlaste, femme de Simon Sébert, écuyer, et sœur de François Ogier, et fut conduite à l'autel par le fils de celle-ci, Thomas Sébert, dit Le Doulx, écuyer, « comme son plus prochain parent ». Tous ces renseignements sont extraits de la déposition faite le 13 décembre 1464 par Thomas Sébert, dit Le Doulx, écuyer, âgé de 55 ans,

1. *Dossiers bleus*, vol. 369. — Généalogie Joybert, 2ᵉ degré.

2. Déposition de Thomas Sebert dans l'enquête de 1464. — V. à l'*Appendice B* cette enquête en entier.

3. Herpont, Marne, arrondissement de Sainte-Menehould, à trois lieues à vol d'oiseau de Saint-Mard.

cousin germain de la femme de Simon Joybert ; déposition où revient à chaque instant le nom de Thomas Sébert que Caumartin confondit plus tard avec celui de Thomas Joybert. La preuve certaine de cette confusion est que c'est Thomas Sébert qui épousa en premières noces Catherine de Viennette dont il n'eut pas d'enfants. C'est donc à lui qu'il faut appliquer la phrase de Caumartin : « Lequel Thomas, après le décès « de la dite Catherine de Viennette, sa femme, emporta contre ses « héritiers tous les meubles de leur communauté par ordonnance de « justice, suivant la coustume de bailliage de Vitry, qui donne les « meubles au dernier survivant des nobles sans hoirs », phrase qui n'aurait aucune raison d'être pour Thomas puisqu'il avait eu au moins cinq enfants.

Une autre confusion a fait dire à Caumartin que Simon Joybert avait été échanson du roi. Si la chose eût été vraie on n'aurait pas manqué de la rappeler dans l'enquête de 1464 et même plus tard dans celle de 1548. Mais il y a tout lieu de croire qu'on lui a indûment attribué la charge exercée par son beau-père.

Nous n'avons sur cette famille Ogier aucun autre détail que ceux fournis dans l'enquête de 1464 et dont l'exactitude est confirmée par un petit tableau généalogique trouvé à la Bibliothèque nationale [1]. Ses armes, d'après la déposition de Collesson Baudier qui « se recorde « bien, luy qui deppose, que le page dud. feu François Ogier avait « et portait une lance en laquelle avait ung grant padnonceau auquel

1. *Pièces originales*, vol. 2136, f° 79.

Ogier Le Gourlas, Ec^{er}
ép. Agnès du Fresne.

François Ogier, Ec^{er} Eschanson du roy, ép. Laurence de Braux, sa 1re femme.	Colesson Le Gourlas ép. Jeanne La Laidonne.	Jean Gourdat dit Le Gourlat.	Agnès la Gourlatte dite de Nanteuil, qui était veuve en 1425 de Simon de Nanteuil.	Marie La Gourlatte f^e de Simon Sébert, ec^{er}.
Marie Ogier, ép. Simon Joibert, natif de St-Marc.	Jean Le Gourlas dit Le Champenois.	Regnault Le Gourlas, éc^{er}.	F^{ois} Sébert, esc^{er}.	Thomas Sébert, dit le Doulx, esc^{er}, 3 janvier 1456, veuf de Catherine Viennette, il épousa 2°...
F^{ois} Joibert. — 1465 — avait épousé vers 1455 Catherine Le Cerf, v^{ve} en 1res noces de...	Jacques Joibert.	Marie Joibert.	Margueritte Joibert.	

« il y avait une croix blanche [1] » seraient : *d'....... à la croix d'argent.*
De plus, il est certain que ce François Ogier occupait par lui-même
et par sa naissance une haute situation : tous les déposants sont
d'accord sur ce point ainsi que sur la naissance de Laurence de Braux
sa femme. Il fut échanson du roi Charles VI « en ordonnance et à
« gaige de cinquante livres tournois pour mois [2] », et fut au siège de
Bourges, en 1412, « monté à trois chevaulx et armes souffist
« comme homme d'armes ainsy que nobles personnes ont accoustumé
« de faire [3] ».

De son mariage avec Damoiselle Marie Ogier, Simon Joybert eut :

    1° François, qui suit.
    2° Jacques ou Jacquemin, « décédé sans hoirs [4] ».
    3° Marion.
    4° Marguerite.

Les noms de ces trois derniers nous sont donnés à plusieurs
reprises, mais sans aucun détail, par l'enquête de 1464 qui nous
apprend qu'à cette date Simon et sa femme étaient morts.

1. Déposition de Collesson Baudier. — V. l'*Appendice B.*
2. Déposition de Jean Le Fèvre, son ancien page, *idem.*
3. Déposition de Jean Richard, qui fut aussi au siège de Bourges, *id.*
4. *Inventaire de 1657*, cité dans la *Généalogie de 1900*, p. 82.

CHAPITRE IV

QUATRIÈME DEGRÉ

François Joybert, écuyer [1], seigneur de Saint-Mard-sur-le-Mont,
Soulanges et autres fiefs sis au bailliage de Vitry [2], né à Saint-Mard-
sur-le-Mont [3], possédait un fief en la ville et territoire de Chepy [4], au
bailliage de Vitry-le-François, dans le droit de possession duquel il fut
maintenu comme noble homme et issu de noble race par sentence de
bailliage du 4 décembre 1465 [5] qui le reconnut noble de franc fief
contradictoirement avec le procureur du roi [6]. Cette sentence avait été
rendue à la suite d'une « enqueste commencée le 7 décembre 1464 et
« close le mardi 8 janvier 1465 (vieux style) par Pierre de Cheppes,

1. *Dossiers bleus*, vol. 369, 3ᵉ degré et *Inventaire de 1657*, cité dans la *Généalogie
de 1900*, p. 82.

2. *Inventaire de 1657*, loc. cit.

3. *Pièces originales*, vol. 1583, nº 4, déposition de Thomas Sébert. — La *Généalogie de 1900* commet une erreur (p. 3), en appliquant à François Joybert une des premières phrases de la déposition de Jean Richard, notaire royal, qui dit que c'est lui, *le
déposant*, qui est natif de Marson et qui a passé une grande partie de sa jeunesse à
Herpont, où il a connu feu François Ogier de Herpont.

4. Chepy (Marne), canton de Marson et à 8 kilomètres au sud-est de Châlons.

5. *Pièces originales*, vol. 1583, nº 5. — V. *Appendice A*, nº 5.

6. *Dossiers bleus*, vol. 369, loc. cit.

« contrôleur du grenier à sel pour le Roy à Chaalons, tabellion royal
« au baage de Vermandois à Chaalons, commissaire à ce député par
« M. le bailly de Vitry, sur les raisons, articles, généalogies et
« noblesse de François Joibert opposant et défendeur en la cause
« pendante par devant M. le bailly et au bailliage de Vitry contre le
« procureur du Roy audit bailliage, demandeur ; ladite enqueste faite
« en la ville de Marson-Daval à la requête dudit Joibert, opposant
« et défendeur [1] ».

Des termes de la sentence, comme des dépositions de l'enquête, il
semblerait résulter que François n'était noble que du côté de sa mère,
et cependant, à plusieurs reprises, les déposants affirment : « tenir et
« croire le dit Simon Joibert (son père) avoir été noble personne née et
« abstraite de noble lignée, — ledit feu Simon Joibert et ses frères
« être extraits d'ancienneté du plus bel et honorable lignage de la
« ville de St-Mard ; — que feu Simon Joibert à son vivant se tenait
« noble homme ; — que feu Simon Joibert, jadis père dudit deffen-
« deur était bien honorable personne vivant de ses revenus et hérittages
« sans soy entremettre de quelque occupation méchanique ; — qu'il
« était noble personne et le deffendeur estre noble homme, né et
« abstrait de noble lignée tant de son costé paternel que du maternel
« etc... ». Quoi qu'il en soit, la preuve résultant de cette enquête, qui
fut mise sous les yeux de Caumartin en 1668, mérita d'être qualifiée
par lui de « fort bonne et bien établie[2] ».

En 1471, François Joybert fut procureur de Châlons [3] ; le 6 novembre
1472, il était élu au Conseil de ville [4] et, d'après une note du *Diocèse
ancien de Châlons-sur-Marne*, ce serait lui qui aurait acheté la terre et
seigneurie de Soulanges [5]. Nous ne savons ni la date de l'acquisition de
cette terre, ni quelle était son importance à l'origine : elle relevait du

---

1. *Pièces originales*, vol. 1683, n° 6. — V. *Appendice B*.

2. Bibliothèque nationale : *Fonds français*, vol. 32.541, p. 488.

3. *Hist. de la ville de Châlons-sur-Marne*, par Ed. de Barthélémy, Châlons, 1854,
1 vol. in-8°, p. 282.

4. *Archives de la ville de Châlons-sur-Marne*, BB. 5, année 1472.

5. T. II, p. 119. — Soulanges (Marne), arrondissement et à dix kilomètres au nord
de Vitry-le-François. Sur Soulanges, voir Vaveray, *op. cit.*, article Soulanges, d'après
lequel on pourrait conclure que cette seigneurie, comme celle d'Aulnay, fut acquise par
les Joybert sur les Sarrebruche.

roi pour deux tiers « à cause de son chastel de Vitry », pour l'autre tiers du seigneur d'Aulnay-le-Chastel et, en arrière-fief, du roi. La première pièce importante que nous possédions relativement à Soulanges est un acte du 2 janvier 1575 [1] par lequel son petit-fils « François de Joybert, escuyer, sieur de Soulanges en partie, demeurant à Chaalons » rend foi et hommage pour les héritages et droits à lui « adveneuz et escheuz en ligne directe par le décès et trépas de feu Jehan de Joybert, son père, en son vivant escuyer, sieur du dit Soulanges ». Cette pièce, « signée de sa main et scellée du scel armoryé de ses armes », évalue les dits droits « par chacun an » à 460 sols, 3 deniers. A cette date, les dits droits et héritages étaient encore indivis entre le dit François, sa sœur Marguerite, femme de noble homme Pierre Domballe, et leur neveu, Pierre de Joybert, dit Monsieur de Coulmiers, fils de leur demi-frère Jacques [2].

Il y avait en plus le château ou maison seigneuriale avec jardins et bâtiments en dépendant qui échut à Pierre de Joybert et où habita la branche dite de Soulanges jusque au début du XVIIIᵉ siècle : à cette époque le château ne se trouvait pas à l'emplacement de celui qui existe aujourd'hui, mais bien, en regardant la Marne, au pied de la côte qui monte à Ablancourt : on en retrouve encore des fondations dans la ferme qui en occupe actuellement la place.

François Joybert épousa en premières noces vers 1455 damoiselle Catherine Le Cerf, fille du seigneur de Prosne [3], alors veuf d'un premier mari dont nous ignorons le nom [4] et « sœur de la mère de Pierre le Duc, beau-père de Jean Brichet [5] ». C'est tout ce que nous savons d'elle. Le mariage dut avoir lieu à Châlons et bien en 1455, car on lit dans la *Sentence* du 4 décembre 1465 : « Enfin le dit défen-
« deur disait que *depuis environ dix ans qu'il était marié et qu'il*
« *demeurait audit Chaalons*, il avait été exempt de payer les rede-
« vances dues par les personnes non nobles et que le dit défendeur, si

1. Original en papier (*Archives de famille*).
2. V. livre **VI**, chap. II.
3. Caumartin, *Généalogie Joybert*. — Prosne, à six lieues au nord-ouest de Châlons.
4. V. p. 8, note 1.
5. *Pièces originales*, vol. 1583, nᵒ 16.

« ce n'était sa noblesse, aurait aussi payées, attendu qu'il n'avait
« autre privilège qui l'en affranchit [1] ».

La famille Le Cerf, d'origine champenoise, fit ses preuves devant
Caumartin en février 1669 : elle remontait à 1497, époque à laquelle
Gérard Le Cerf, écuyer, seigneur de la Terre des Chevaliers et de
Prosne en partie fit acte de foy et hommage pour les dites terres. La
dame de Joybert « fille du seigneur de Prosne » devait, vraisemblablement, être la sœur très aînée ou la tante de Gérard. Ses armes étaient :
d'azur au chevron d'or accompagné de trois étoiles de même.

Du mariage de François Joybert avec Catherine Le Cerf sont nés,
« entre autres enfants [2] » :

1° Frères Guillaume Joybert, religieux Bénédictin à l'abbaye
de Saint-Pierre-aux-Monts à Châlons ; il en était déjà chambrier
en 1524 et en mourut prieur et chambrier le 25 décembre 1553 [3].

2° Jean, qui suit :

En secondes noces, François Joybert épousa Girardine Collebault,
fille de noble homme Malet Collebault, bourgeois de Châlons. Elle
mourut sans postérité connue, le 3 décembre 1480, à Châlons où son
mari habitait « en sa maison rue de la Croix des Teinturiers, paroisse
Saint-Marguerite [4] » ; et c'est là qu'il mourut aussi le 7 juin 1503. Il
fut enterré avec sa seconde femme, le père de celle-ci et son fils Jean
dans la galerie de l'Horloge de l'église Notre-Dame, où se voyait
encore au XVIIIe siècle une dalle en marbre sur laquelle on lisait :

1. V. *Appendice A*, n° 5.

2. *Pièces originales*, vol. 1583, n° 16.

3. *Id., ibid., id.* — Dans une pièce originale en parchemin des *Archives de la Marne*,
H. 807, en date du 17 juillet 1524, on voit figurer : « Venerabilis et religiosus vir Frater
Guillelmus Joybert, Presbyter, Religiosus et camerarius ecclesiæ seu monasterii Sancti
Petri ad Montes Cathalaunensis, ordinis Sancti Benedicti ». — L'obituaire du couvent
(gros vol. in-8°, manuscrit n° 74 de l'ancienne abbaye conservé à la Bibliothèque muni-
cipale de Châlons : il s'étend du f° 134 au f° 261) dit à la date du 25 décembre 1553 :
« obiit Fr. Guillelmus Joybert, prior claustralis et camerarius hujus ecclesiæ ». — Son
âge n'est pas indiqué, non plus qu'ailleurs dans le registre sa profession et sa nomination
comme prieur.

Saint-Pierre-aux-Monts, abbaye de l'ordre de Saint-Benoit, fondée en 1028 à Châlons,
par Roger I.

4. *Pièces originales, id., ibid.*

Cy gist noble home Malet Collebault bourgeoys
de Chaalons Girardine jadis feme de noble home
Fracoys loybert et le dict Fracoys qui trespasseret
scauoir le dict Malet au mois de may 1468 la ditte
Girardine le III° iour de decemb° 1480 et le dict Fra
coys le 7° iour de iuin 1503 priez Dieu por eux [1].

Nous ne savons rien de plus sur la famille Collebault.

1. *Recueil des pierres tombales des églises et couvents de Châlons*, par A. et E. de
Barthélémy. Paris, Champion, 1888, 1 vol. in-12, p. 87.

CHAPITRE V

CINQUIÈME DEGRÉ

Jean Joybert, écuyer, seigneur de Soulanges, naquit à Châlons et y mourut le 13 août 1566. Il y fut enterré dans la galerie de l'Horloge de l'église Notre-Dame sous la même pierre tombale que son père et la seconde femme de celui-ci. Au-dessous des inscriptions qui les concernaient, on lisait :

> Gist le corps de Iehan Ioybert uiuant escuïer s^r
> Soulange en so viuat lun des escheuins de Chaalo
> ns Fils du dict Francoys Ioybert qui deceda le 13^e
> iour daoust 1566 — Priez Dieu pour son ame [1].

L'inscription ne donne pas son âge : mais il devait être fort âgé, car si, comme nous l'avons vu précédemment, ses parents s'étaient mariés vers 1465, il aurait eu plus de cent ans lorsqu'il mourut en 1566 s'il était né aussitôt après leur mariage. Dans une note qu'il nous a laissée [2], d'Hozier écrit : « Noble homme Jean Joibert, sg^r de Sou-« langes, échevin de la ville de Châlons d'où il était natif et y

---

1. *Recueil des pierres tombales... de Châlons*, déjà cité, p. 87.
2. *Pièces originales*, vol. 1583, n° 16, *in fine*.

D.

2

« demeurant, âgé de 66 ans, témoin affirmant la noblesse de Jacques
« Pinteville, chanoine de Chalons, le 23 avril 1556 », ce qui le ferait
naître vers 1489 ou 1490 : erreur manifeste, puisque la seconde
femme de son père était morte en 1480. Mais comme l'âge recopié par
d'Hozier est écrit en chiffres, il s'est sûrement trompé et a dû écrire
66 pour 86, ce qui ferait naître Jean avec plus de vraisemblance en
1469 ou 1470 : d'ailleurs, on ne prenait comme témoins dans ces sortes
d'actes que des gens fort âgés [1].

Il fut donc l'un des échevins de Châlons et en fut aussi gouverneur
municipal en 1533 et 1534 [2]; puis, étant échevin, fut élu « maître de
la draperie » le 12 février 1543 [3].

Dans la généalogie dressée par La Cour en 1773, il est dit, en
parlant de Jean : « Il est qualifié : marchand demeurant à Châlons, dans
« un accord qu'il fit au nom et comme tuteur et curateur de Jacques
« Jobert, son fils mineur, le 2 juillet 1530. — Il est qualifié : hono-
« rable homme, seigneur de Soulanges, dans un transport qu'il fit le
« 9 novembre 1530. — Il est qualifié : écuyer, seigneur de Soulanges
« y demeurant, dans une sentence rendue au siège de Compertrix,
« en la prévôté de Sens le 9 juin 1539. — Noble homme, seigneur de
« Soulanges, dans une enquête qu'il fit faire sur sa noblesse le
« 6 juillet 1548 [4] ».

On voit aussi que Caumartin eut entre les mains trois actes des
21 octobre 1528, 15 mai 1545 et 10 janvier 1548 desquels il résultait
que « Jean Joebert, trisaïeul du produisant (Jacques en 1668) était
marchand bourgeois à Châlons [5] ». Mais Jean, comme son arrière-

---

1. Il n'y a d'ailleurs rien d'étonnant à ce que Jean soit mort plus d'un siècle après
le mariage de ses parents : nous verrons plus loin (Livre V, chap. 1) figurer dans les descendants de Marie de Joybert dame Parchappe de Morambert, M. Frédéric Peschard
d'Ambly, ancien inspecteur général du génie maritime, actuellement (1911) âgé de 85 ans
et dont les parents se sont mariés le 1er janvier 1807.

2. *Archives de la ville de Châlons-sur-Marne*, p. 67; — *Histoire de la ville de Châlons-
sur-Marne*, déjà citée, p. 299.— Il était de nouveau échevin en 1538; car dans un acte du
23 février 1538 on voit « noble personne Jean Joibert, sieur de Soullanges et l'un des
Eschevins de Chaalons et Damoiselle Nicole Bizet, sa femme, demeurant à Chaalons ». —
Fonds français, vol. 32.541, p. 488.

3. *Archives de la ville de Châlons-sur-Marne*, p. 71.

4. *Pièces originales*, vol. 1583, nos 78 et 79.

5. *Fonds français*, vol. 32541.

petit-fils Jérome [1], put facilement sans doute produire les sentences
de relèvement de dérogeance rendues en sa faveur, comme celle qu'il
obtint le 15 novembre 1552 de « Jehan de Bar, escuïer, licencié ès
« loix, pour avoir vendu et débité à Aÿ une quantité de vin qu'il
« avait... avec le sien [2] », et comme celles qu'il avait précédemment
obtenues des rois François Ier et Henri II, les 23 avril 1544 et
12 mars 1547 [3].

A la suite de l'ordonnance de Henri II sur les recherches de
noblesse, il fut fait une enquête « sur les qualitez, noblesse,
généalogie du dit Jean Joybert et celles de ses prédécesseurs par
devant les éleus de Châlons », enquête qui dura du 6 au 9 juillet
1548 et dont le procès-verbal fut rédigé par Nicolas Braux, l'un des
élus pour le roy en l'élection de Chaalons, « à la requête de noble
« homme Jean Joibert. seigneur de Soulanges impétrant de lettres
« royaux et requérant l'entérinement d'icelles, demandeur. » Les
témoins déposèrent « avoir bonne connaissance de François Joibert
« lequel fut marié avec damoiselle Catherine le Cerf, en secondes noces,
« desquels étaient issus, entre autres enfans, Frère Guillaume Joibert,
« prieur et chambrier de l'Eglise et monastère de Saint-Pierre aux
« Monts de Chaalons, et le dit Jean Joibert, seigneur de Soulanges ;
« lequel, à cause du dict deffunct François Joibert, son père et
« autres ses prédécesseurs, était noble et gentilhomme, tel tenu et
« réputé au dit Chaalons ; — que le dit Jean tenait ci-devant, et
« encore à présent, terres nobles, fief et seigneurie, mesmement la
« terre et seigneurie de Soulanges ; qu'il avait été marié en premières
« noces à Chasteau-Thierry avec damoiselle Marguerite Balhan,
« femme noble, duquel mariage était issu Jacques Joibert, fils unique,
« escuyer, seigneur d'Aulnay le Chastel et de Verneuil sur Marne ;
« que le dit Jean avait espousé en secondes noces en la ville de
« Troyes damoiselle Nicole Bizet, aussi noble femme, duquel mariage
« étaient issus, entre autres enfans, François Joibert, escuyer ; damoi-
« selle Perrette Joibert, femme de noble homme Jacques Raulet,

1. V. plus loin, chap. viii, p. 49.
2. *Généalogie de 1900*, p. **6**. — V. aussi *Appendice G*.
3. *Inventaire de 1657*, cité dans la Généalogie de 1900, p. **85**.

« bourgeois et marchand de Chaalons ; Remi Joibert et Marguerite
« Joibert jeunes enfans à marier ; etc..... » Et le 8 août 1548, Jean
Joybert obtenait des élus de Châlons des lettres « portant entéri-
« nement desd. lettres du Roy Henri, le Procureur du Roy ouï et les
« gens du Conseil de la ville de Chaalons apellés, par lesquelles il
« appert qu'il aurait été permis aud. Jean Joibert, escuier, seigneur
« de Soulanges, de iouïr des privilèges dont les autres nobles du païs
« ont accoustumé user. [1] »

Jean Joybert se maria trois fois et aurait eu huit enfants [2], mais nous
ne lui en connaissons que cinq : un unique du premier lit, quatre du
second ; les autres sont sans doute morts jeunes ou célibataires.

En premières noces, il épousa à Château-Thierry [3] damoiselle
Marguerite de Balhan, femme noble, fille du seigneur de la
Grand'cour et Verneuil, dit la généalogie du XVIIIe siècle, et n'en
eut qu'un fils, Jacques, qui suit. Le mariage dut avoir lieu de 1516 à
1518, car nous savons que Marguerite de Balhan mourut en 1530,
que le 13 novembre de cette même année son fils était mineur sous
la tutelle de son père [4], que le 15 novembre 1531, par acte passé devant
Jehan Trutat et Jehan Lenette, notaires royaux en la prévôté de
Château-Thierry, « noble homme Jehan Jobert, seigneur de Soulanges,
« était créé et ordonné par justice tuteur et curateur aux corps et
« biens de Jacques Jobert fils mineur d'ans de luy et de deffuncte
« D[lle] Marguerite de Balhan, sa femme [5] », et que lorsque la terre
d'Aulnay fut achetée pour Jacques le 12 août 1538, Jean était encore
tuteur et curateur aux corps et biens de son fils.

Marguerite Balhan ou de Balhan était fille et sixième enfant de
noble homme Jean Balhan, seigneur de Montcoupot, Tigecourt [6],

---

1. *Pièces originales,* vol. 1583, n° 16. — L'original en parchemin, d'une longueur
de 2[m],50, a été retrouvé dans les greniers du château de Rozières (*Archives de famille*).

2. *Dossiers bleus,* vol. 369, v° Joybert, pièce n° 2.

3. D'après l'*Enquête de 1548,* citée à la page précédente.

4. *Pièces originales,* vol. 1583, n° 7.

5. Pièce citée dans la *Généalogie de 1900,* p. 4.

6. Montcoupot, hameau de la commune de Montmirail (Marne) et Tigecourt, ancien
château, aujourd'hui ferme de la même commune (*Dict. topographique de la Marne,* par
A. Longnon) faisaient partie de l'élection de Château-Thierry.

Theulloy [1], La Grand'cour et Verneuil [2], maître fondeur et grainetier de Château-Thierry, et de D^{lle} Jehanne Jacques.

Ces fonctions devaient être fort lucratives, car Jean Balhan acheta à Château-Thierry les restes d'un petit castel bâti en 1120 par le comte Thibaut le Grand et converti en forteresse appelée fort Saint-Jacques, destinée à défendre le pont construit sur la Marne à l'entrée de la ville par François Ier. — Balhan édifia sur ces ruines un hôtel particulier à son usage, connu aujourd'hui sous le nom d'hôtel du Mouton d'or, plaça dans le haut du donjon, qui avait été conservé, une horloge qui porte encore son nom et qui, jusqu'à la Révolution, servit de vie administrative à la ville, et termina ce donjon par un clocher à jour pour y mettre la cloche de l'horloge. Sur cette cloche se trouve une image de la Sainte-Vierge avec, d'un côté, le premier verset de l'*Ave Maria* ; — et de l'autre, ces mots : « O mater Dei ! — Jean Balhan, M^e grainetier de Chasteau Thierry m'a fait faire le 15 janvier 1520. » — Plus bas, vers le milieu de la cloche est un crucifix avec ces mots : « Adoramus te, Christe, et benedicimus tibi, quia per sanctam crucem tuam redemisti mundum. » — Des deux côtés de la croix se trouvent des armoiries et au-dessus, celles de la ville de Château-Thierry.

En même temps qu'il faisait bâtir son hôtel du Mouton d'or, Balhan faisait édifier à Tigecourt, écart de Montcoupot, près Montmirail, un château qui existe encore et est actuellement converti en ferme [3].

Les écussons qui se trouvent de chaque côté du crucifix représentent, l'un : un mouton accompagné de 3 rocs d'échiquier, 2 et 1 ; — l'autre : un chevron surmonté d'un château à trois tours et accompagné en pointe d'un Agnus Dei. — Il est à remarquer que le mouton et les trois rocs d'échiquier se retrouvent sur l'écusson en pierre placé au-dessus de l'autel de la chapelle du fort Saint-Jacques.

---

1. Theulloy, aujourd'hui Thillois, Marne, faisait partie de l'élection de Reims.

2. La Grand'Cour, fief dépendant de Verneuil, aujourd'hui Verneuil-sur-Marne près de Châtillon.

3. *Annales de la Société historique et archéologique de Château-Thierry*, année 1896, p. 136. Je ne sais quand s'est éteinte la famille de Balhan : mais le fameux cardinal de Retz, né à Montmirail, y fut baptisé le 20 septembre 1613 ; d'après son acte de baptême, sa marraine fut : Madame Marie de Balehan, dame de Rupéreux et *Tigecourt*, qui signe : Marie Balehan (*Rev. de Champ. et de Brie*, t. XII, année 1882, p. 261). — V. aussi *Appendice A*, pièce 12, un fragment de la généalogie des Balhan.

Ces armes sont-elles celles de la famille Balhan? on peut le supposer et dire que les unes sont celles de la famille Balhan, les autres, celles de la famille Jacques; et cependant je crois qu'il faut lui en donner d'autres : car aux *Pièces originales* [1] on voit : « Balhan : *aux 1ᵉʳ et 4ᵉ, d'argent à trois bandes de gueules; aux 2ᵉ et 3ᵉ, party azur et or, à l'aigle d'argent brochant*, — ancien manuscrit de Saint-Souplet; armorial d'Hozier » — puis, au même folio, la pièce au-dessus : « Balhan, *élection de Reims*, doyenné de Saint-Germain-mont. » Or, comme nous avons vu que Jean Balhan était seigneur de Theulloy qui dépendait de l'élection de Reims, il y a tout lieu de croire que les armes ci-dessus sont les siennes.

En secondes noces Jean Joybert épousa à Troyes [2] damoiselle Nicole Bizet, l'un des huit enfants [3] de Nicolas Bizet et de Jacquette Berthier, bourgeois de Troyes, dont la noblesse fut prouvée par leurs

1. Dernière pièce du dossier *Balehan*, vol. 175, qui contient de nombreuses pièces sur les Balhan. Le vol. 1583, au dossier *Joybert*, pièces 6, 7, 8, 9 et 12 renferme aussi d'intéressants renseignements sur cette famille.

2. D'après l'enquête de 1518. *Pièces originales*, vol. 1583, n° 16. — V. aussi plus haut, page 19.

3. De ces huit enfants, l'un, Guillaume, épousa à Châlons Perrette Le Goix et fut père de Louise Bizet que nous retrouverons au chapitre suivant, mariée à Jacques de Joybert.

Un autre, Tristan Bizet, d'abord religieux de Saint-Bernard du monastère de Clairvaux, puis évêque de Saintes de 1550 à 1576, abbé des abbayes de Notre-Dame de Ligny, ordre de Citeaux, diocèse de Reims, et de Saint-Nicolas-aux-Bois, diocèse de Laon, mérite une mention spéciale. Né à Troyes en 1499, mort à Paris le 6 novembre 1579, il y fut inhumé dans la cinquième chapelle du collège des Bernardins où l'on voyait dans un renfoncement, sous le vitrail, sa statue agenouillée devant un prie-Dieu avec cette épitaphe :

> Domino Tristando Bizet, Trecensi,
> Clarevallis religioso, Xantonensi
> Episcopo, Sancto Bernardo, cujus reliquias
> Argenteâ capsâ includi curavit,
> devotisssimo, ac de Bernardinis, quorum
> studia fundatione juvit, meritissimo :
> Frater Nicolaus Boucherat, cistercii
> cœnobiarcha, postremæ voluntatis
> executor, posuit. Vixit annos LXXX :
> obiit VI idus novembris MDLXXIX.

« Au seigneur Tristan Bizet, né à Troyes, religieux de Clairvaux, Evêque de Saintes, plein « de vénération pour saint Bernard dont il fit enfermer les reliques dans une châsse « d'argent et bienfaiteur des Bernardins dont ses libéralités aidèrent le zèle : Frère Nicolas

enfants qui obtinrent en chancellerie royale, le 8 novembre 1548, des lettres contre le procureur du Roy au bailliage, lequel la leur contestait [1]. — Les armes des Bizet sont : *d'azur au saultoir d'or cantonné de quatre bizets de même*, ou : *d'azur au saultoir engreslé d'or cantonné de quatre bizets de même* [2].

De son second mariage, Jean Joybert eut quatre enfants :

2° François,
3° Perrette,
4° Remy,
5° Marguerite,

dont il sera parlé à l'article de la branche des seigneurs de Pringy [3].

Nicole Bizet mourut avant le 6 septembre 1551, époque du troisième mariage de Jean dont nous n'avons connaissance que par la sixième pièce des *Dossiers bleus* [4] ainsi conçue : « Du 6 septembre « 1551, étude Ecoutin à Châlons, mariage entre noble homme Jean « Joybert, écuyer, seigneur de Soulanges, bourgeois et l'un des « échevins de Châlons, et damoiselle Jeanne Laurent, veuve de feu

« Boucherat, abbé de Cîteaux, exécuteur de ses dernières volontés, a élevé ce monu-« ment. Il a vécu 80 ans et mourut le 6 des ides de novembre 1579. »

Son cœur fut déposé à Clairvaux et enterré devant l'autel de tous les saints *. Au-dessus du mansolée se trouvaient ses armes : « *Ecartelé aux 1er et 4e d'azur au saultoir d'or, cantonné de 4 aiglettes de même ; aux 2ᵉ et 3ᵉ, de gueules à 2 épées d'argent, la garde d'or ; au chef de même chargé de 2 hures de sanglier affrontées de sable **.* »

1. *Les Marizy*, par Alphonse Roserot, archiviste de l'Aube. Document n° 8, p. 39.

2. *Généalogie de la famille des Hennequin, ensemble des alliez et descendants d'ycelle famille*, ms. 2601 de la Bibliothèque de la ville de Troyes, p. 111 à 113. — V. aussi à la Bibliothèque nationale : *Fonds français*, 32.381, p. 175 et suiv. ; 32.382, p. 87 et suiv. ; 32.383, p. 84 et suiv. Dans le premier de ces manuscrits les armes des Bizet sont : *d'azur au saultoir d'or cantonné de quatre bizets de même* ; dans les autres, ainsi que dans le *Recueil de la commission des arts et des monuments historiques de la Charente-Inférieure* par l'abbé Th. Grasilier, t. III, p. 225, planche II, n° 16, et qu'au dernier *folio* du dossier Bizet (*Pièces originales*, vol. 357), le saultoir est engreslé.

Quant à l'évêque de Saintes, les armes de son tombeau étaient écartelées de celles de sa mère (V. les armes des Berthier, *Fonds français*, 32.381, p. 175).

3. V. plus loin, Livre VI.

4. *Dossiers bleus,* vol. 369, pièce n° 6. C'est bien à l'étude de Nicolas Ecoutin que d'Hozier avait retrouvé ce contrat à Châlons en 1773 : mais il avait été passé en 1551 devant Claude Marin, notaire.

* Denis de Sainte-Marthe, *Gallia christiana*, t. II, p. 1083.
** Emile Raunié, *Epitaphier du vieux Paris*, t. II, p. 22.

« noble homme Nicolas Gourlier. » Nulle part nous n'avons trouvé trace de cette famille Laurent, pas même à la généalogie Le Gorlier.

Comme nous le verrons au chapitre suivant, Jean Joybert, tuteur et curateur aux corps et biens de son fils Jacques, acheta pour lui, en cette qualité, le 12 août 1538, la terre et seigneurie d'Aulnay-le-Chastel; puis, en 1552, il devint tuteur de ses petits-enfants que la mort prématurée de leur père avait rendus orphelins.

CHAPITRE VI

SIXIÈME DEGRÉ

Jacques de Joybert, écuyer, seigneur d'Aulnay-le-Chastel, Coulmiers et Ablancourt, sieur des fiefs et seigneuries de la Grand'Cour, des deux rues de la terre de la Pissotte assise à Verneuil-sur-Marne, vicomte de Passy-sous-Sainte-Gemme [1], assistait le 16 septembre 1541 et le 10 décembre 1551 aux Assemblées de la noblesse du bailliage de Vitry [2]. Il était déjà mineur sous la tutelle de son père, le 9 novembre 1530 [3] et épousa à Châlons le 5 juillet 1539, par devant Lorrin et Fallou, notaires, Damoiselle Louise Bizet, fille de noble

---

1. On voit aux *Carrés de d'Hozier*, vol. 356, v° Jobert : « Vente du 15 décembre « 1544 par Michel Thiébault, escuyer, et damoiselle Françoise Drouyn, sa femme, à cause « d'elle seigneur et vicomte de Passy-sous-Sainte-Gemme, à Jacques Jobert, escuyer sei- « gneur d'Aulnay-le-Chastel, demeurant à Chaalons, scavoir les droits de cens, rentes, « surcenses, lots, ventes et aultres droits seigneuriaux, avec le droit de justice de vicomté « qu'ils avaient sur une maison, grange et estables séant audit Passy ». Il y possédait déjà du fait de son grand-père Balhan, soixante arpents de terre (voir plus bas, p. 31) pour lesquels il rendit foy et hommage au Roy en la Chambre des comptes de Paris le pénultième jour de janvier 1548. *Loc. cit., id., ibid.*; c'est ce qui l'engagea sans doute à acheter les bâtiments en question. — Passy-sous-Sainte-Gemme, aujourd'hui : Passy-Grigny, canton de Châtillon (Marne).

2. Caumartin, *Généalogie Joybert*. Preuves du 3ᵉ degré.

3. *Pièces originales*, vol. 1583, n° 7

homme Guillaume Bizet, écuyer, sieur de la Motte-les-Vertus et de damoiselle Perrette Le Goix [1] ; elle était nièce de la seconde femme de son père, et cousine de son fiancé au quatrième degré, ce qui obligea à demander une dispense religieuse [2].

En 1550 on voit « Jacques Joybert, seigneur d'Aulnay, demeurant « à Châlons, paroisse Ste-Marguerite, imposé de 60 s. t. pour sa « part dans l'assiette et impost de la somme de 2.000 l. t. ordonnée par « le Roy être gectée et imposée sur les habitants de la ville de « Chaalons... le 29 décembre 1549 [3] ».

Il mourut en 1552 [4] à Châlons et y fut enterré en l'église Notre-Dame [5] et le 20 octobre de cette année, son père commença à tenir le compte de gestion et d'administration des biens de ses enfants [6], mais le partage de sa succession n'eut lieu que le 17 mai 1572 [7], sans doute à la majorité du dernier d'entre eux.

Ce fut au nom et comme curateur de Jacques de Joybert, que Jean, son père acheta le 12 août 1538 de Catherine de Sarrebruche, veuve d'Antoine comte de Roucy-Roye, la terre et seigneurie d'Aulnay-le-Châtel et les deux tiers de la seigneurie d'Ablancourt [8]. Située à vol d'oiseau à une lieue de celle de Soulanges, elle devint pendant plus d'un siècle et demi l'habitation de la branche aînée de la famille. C'était une terre fort importante qui ne relevait que du Roy et constituait un franc fief dont le seigneur avait la haute, moyenne et

1. *Extraits des registres des notaires de Châlons, faits par d'Hozier à Châlons en janvier 1670. Fonds français*, vol. 32.541, p. 491. — V. *Appendice E*, n° 8.
2. *Bulle en latin*, original en parchemin, donnée à Rome sous le sceau de l'office de la Primatie le 3 des nones de May, du pontificat du Pape Paul III, l'an 4 (May 1539), portant dispense pour la célébration du mariage de Jacques Joibert avec Louise Bizet « Quoique parents au quatrième degré de consanguinité ». *Pièces originales*, vol. 1583, n° 10. — Le 4e degré, en droit canon, correspond au 8e en droit civil. — Je n'ai pu parvenir à retrouver leur auteur commun qui n'était pas du côté Bizet, puisque son père n'avait pas eu besoin de dispense pour épouser Nicolle Bizet, mais du côté Legoix, vieille famille châlonnaise.
3. *Archives de la ville de Châlons-sur-Marne*, p. 176.
4. *Dossiers bleus*, vol. 369. Généalogie Joybert.
5. V. p. 32, note 2.
6. Caumartin, *Généalogie Joybert*, 1re preuve du IVe degré.
7. *Pièces originales*, vol. 1583, n° 25.
8. Id., ibid., n° 26. — Sur Aulnay, Ablancourt et La Chaussée, v. Vaverai, *Élection de Vitry*.

basse justice. Outre la seigneurie d'Aulnay-le-Chastel elle comprenait des terres à Ablancourt qui y formaient un fief dit le petit Aulnay [1], et à Coulmiers, écart du village de la Chaussée qui touche celui d'Aulnay. Il se trouvait dans le château, et dédiée à la Sainte Vierge, une chapelle desservie par un chapelain dont la nomination était au choix du seigneur. A la mort de Guillaume Petit, chapelain en exercice lorsqu'il acheta Aulnay, Jacques de Joybert présenta successivement le 15 février 1540 [2] son demi-frère François, clerc du diocèse de Châlons; puis, lorsque celui-ci songea à quitter les ordres pour se marier, et sur sa résignation, le 1er juin 1543 [3], son autre demi-frère Remy, également clerc du diocèse de Châlons, qui en resta titulaire jusqu'en 1557 [4]. La chapelle avait environ 200 livres de revenus annuels et le chapelain devait y célébrer la messe deux fois par semaine, les mercredis et vendredis, toutes les fêtes et dimanches exclusivement. Lorsque le titulaire n'était pas prêtre, il se faisait suppléer par le curé d'Ablancourt, comme le fit plus tard Jérôme-Philippe de Joybert [5].

Jacques de Joybert eut quatre fils :

1° Guillaume de Joybert, écuyer, seigneur d'Aulnay-le-Chastel et d'Ablancourt, mort en 1576 au service du roi [6]. Il comparut à la convocation du ban et de l'arrière-ban commencée à Châlons les 16 et 17 octobre 1567, tant en son nom que pour sa mère et ses frères Jean et Pierre encore mineurs et fut déclaré exempt « parce qu'il servait le roy en personne, en la Compagnie du « seigneur duc de Lorraine [7] ». Il fournit aveu et dénombrement pour Aulnay le 24 février 1571 [8] et obtint les 2 et 3 avril

---

1. « Consistant en cent journels de terres et prés » (Vaveray, v° Ablancourt).
2. *Pièces originales,* vol. 1583, n°⁹ 1 et 14.
3. *Id., ibid.,* n° 15.
4. *Archives du château d'Aulnay.*
5. V. Livre II, chap. II.
6. Caumartin, *Généalogie Joybert et Dossiers bleus,* vol. 369.
7. *Pièces originales,* vol. 1583, n° 19.
8. *Id., ibid.,* n° 22, « en la Chambre des comptes à Paris, tant pour lui que pour ses « frères Jean et Pierre, de la terre et seigneurie d'Aulnay le Chastel à eux escheue en ligne « directe par le décès de feu Jacques de Joybert, vivant escuïer, seigneur des dits lieux, « leur père » (Caumartin, *Preuves du IVe degré*).

suivants et le 3 mai 1572 des sentences de mainlevée de saisie faite sur ladite terre d'Aulnay pour défaut d'aveu et de dénombrement [1].

Le 17 mai 1572 il partagea la succession paternelle avec ses frères Jean et Pierre et emporta pour sa part la terre et seigneurie d'Aulnay-le-Chastel et les deux tiers de celle d'Ablancourt [2].

Il épousa, sans doute à Châlons, damoiselle Roberte Feret, sœur aînée de la première femme de son frère Jean et l'un des huit enfants de Jean Feret, écuyer, seigneur d'Oiry,  Drouilly, la Motte de Gusy, et de Damoiselle Jeanne Le Folmarié, aux partage et règlement de la succession desquels il vint avec ses beaux-frères et belles-sœurs le 18 février 1576 [3]. Il n'en eut pas d'enfants et habitait Aulnay dont il accrut considérablement l'importance ainsi que le prouvent de nombreux titres d'acquisitions faites en son nom et en celui de « Damoiselle Roberte de Feret » qui sont parvenus jusqu'à nous [4]. Sa succession, ainsi que nous le verrons au chapitre suivant, fut partagée le 2 avril 1577 [5] entre ses deux frères Jean et Pierre.

2° Jean de Joybert, qui suit.

3° Pierre de Joybert, chef de la branche de Coulmiers et Soulanges [6].

4° Simon de Joybert, dont l'existence est certaine [7], qui naquit après l'enquête faite en juillet 1548 puisqu'il y est dit au procès-verbal qu'à cette date Jacques n'avait encore que deux enfants masles, Guillaume et Jean [8]; mais qui était mort avant le 24 février 1571, époque de l'aveu et dénombrement fourni

---

1. *Pièces originales,* vol. 1583, n° 23.
2. *Id., ibid.,* n° 25.
3. *Dossiers bleus,* vol. 265, f° 2. Sur la famille Feret et ses armes, voir le chapitre suivant.
4. J'en ai trouvé neuf dans les *Archives du château d'Aulnay.*
5. *Pièces originales,* vol. 1583, n° 27.
6. V. Livre IV.
7. *Pièces originales,* vol. 1583, n° 25.
8. *Id., ibid.,* n° 26.

. par son frère Guillaume, tant pour lui que pour sa mère et ses deux frères Jean et Pierre [1].

Veuve, en 1552, de Jacques de Joybert, Louise Bizet était, en 1554, déjà remariée à honorable homme Nicolas Mathé, bourgeois de Châlons, veuf avec quatre enfants de Damoiselle Jacquette Lartilleur [2], et qui n'eut d'elle que Marguerite Mathé morte célibataire et au sujet de la succession de laquelle intervint, le 22 octobre 1577, une transaction entre Jean et Pierre de Joybert et les quatre Mathé susdits.

A cette date, Louise Bizet était veuve en troisièmes noces de « feu noble homme Mre Charles François, vivant Enquesteur pour le roy au siège de Chaalons », dont il y a tout lieu de supposer qu'elle n'eut pas d'enfants. Elle assistait encore à Châlons le 3 janvier 1594 au mariage de sa petite-fille Jeanne de Joybert avec Geoffroy Le Gorlier et était dite : Veuve de noble homme Charles François, sieur du Chauffour [3].

---

1. *Pièces originales*, vol. 1583, n° 22.

2. « Acte de mainlevée du fief de la Grand'Cour donné à Nicolas Mathé, marit de « Louise Biset, veuve de Jacques de Joybert, escuier, seigneur du dit Verneuil, du 21 mai « 1554 ». — *Inventaire de 1657*, cité par la *Généalogie de 1900*, p. 86. La famille Mathé, qui portait : *de gueules au sautoir d'argent*, fut condamnée par Caumartin en 1667, mais maintenue par arrêt du Conseil d'Etat de 1671. — V. *Sommaire du procès verbal de la recherche de la noblesse de Champagne*, par E. de Barthélemy. Paris, 1867, p. 118. — De sa première femme, Nicolas Mathé avait : Me Geoffroy Mathé, licentié ès loix, avocat du roi au siège de Chalons ; Hugues Mathé, bourgeois de Châlons; François Mathé, receveur des tailles et aydes en l'Election de Châlons et X..., femme de Nicolas Le Caussonnier, écuyer, conseiller du roi et contrôleur général de ses finances en la recette générale établie à Châlons.

3. *Pièces originales*, vol. 1361, v° Gorlier, f° 50. — Cette famille François, seigneur de Chauffour et de Montbayen figure à l'État-civil de Châlons, pendant les deux siècles suivants, avec de belles alliances et fût maintenue par arrêt de 1725. Elle portait : *d'azur au chevron d'argent brochant sur deux épées mises en sautoir, la pointe en bas, d'argent, et à l'étoile de même en pointe.* V. Ed. de Barthélemy, *op. cit.*, p. 176. — Le Chauffour, lieu dit commune de Récy, canton de Châlons, s'il provenait des François, avait dû, au moins en partie, être donné ou légué par son troisième mari à Louise Bizet : car nous voyons dans le partage de sa succession en 1609, son petit-fils Jérôme de Joybert emporter dans sa part la cense située au village de Récy, provenant de la succession de la dite Louise Bizet (V. plus loin, chap. viii, p. 46, note 2).

Tous les renseignements sur le second et le troisième mariage de celle-ci se trouvent mentionnés dans la 5e pièce du vol. 369 des *Dossiers bleus*, v° Joybert.

C'est à partir de la génération de Jacques, c'est-à-dire vers le milieu du xvi° siècle, que l'on commença à faire précéder le nom des Joybert de la particule dite nobiliaire, et ce fut également à peu près vers la même époque que l'orthographe définitive du nom de famille « Joybert » se substitua à l'orthographe primitive « Joibert », laquelle disparut peu à peu et ne se rencontra plus que rarement au siècle suivant.

CHAPITRE VII

SEPTIÈME DEGRÉ

Jean de Joybert, écuyer, seigneur de la Grand'Cour assise à Verneuil-sur-Marne, vicomte de Passy en partie, puis seigneur pour le tout d'Aulnay-le-Chatel après la mort de son frère Guillaume en 1576, servit, comme ce dernier, dans la Compagnie du Duc de Lorraine et assista à la convocation du ban et de l'arrière-ban de la noblesse du bailliage de Château-Thierry le 14 mai 1577 [1] et de celle du bailliage de Vitry le 1er avril 1587 [2].

Le 15 mai 1572, il partagea avec ses frères Guillaume et Pierre la succession de leur père : dans l'acte de partage [3] on voit que « la « terre et seigneurie de la Grand'Cour et un fief de soixante arpents « de terre sis à Passy sous Ste Jame étaient advenus en partage « à Jean Joibert et provenaient à Jacques, son père, par le décès de « Jean Balhan, père de sa mère ». Jean de Joybert s'y intitule : Ecuyer, seigneur de la Grand'Cour, Verneuil-sur-Marne et vicomte de Passy en partie.

---

1. *Pièces originales*, vol. 1583, n° 28, pièce du 14 mai 1577, et n° 29, pièce du 7 août 1577. — V. *Appendice A.*

2. *Id., ibid.*, n° 31. — V. *Appendice A.*

3. *Id., ibid.*, n° 25, — *id.*

Le 2 avril 1577, il partageait avec son frère Pierre la succession de leur frère aîné Guillaume [1], mort l'année précédente et emportait pour sa part la terre et seigneurie d'Aulnay-le-Chatel.

Jean de Joybert serait mort à Châlons [2] avant 1591, époque du remariage de sa seconde femme, et aurait été inhumé en l'église Notre-Dame. Il épousa en premières noces, par contrat passé à Châlons devant Laval et Jacobé, notaires, le 17 mai 1570 [3], Damoiselle Jeanne Feret, sœur cadette de sa belle-sœur. Dans ce contrat il est dit que Louise Bizet abandonne à son fils « la jouissance de la maison, jardins « et pourprés de la Grand'Cour de Verneuil à condition qu'il la laisse « jouir seule, sa vie durant, de la totalité de la maison sise à Châlons en « la rue de la Croix des Teinturiers [4]. » Il habita donc la Grand'Cour pendant la durée de son premier mariage et rendit foy et hommage pour ce fief le 8 juillet 1573 [5]. C'est là sans doute que mourut Jeanne Feret en 1577 [6].

La famille Feret, originaire de Champagne et aujourd'hui éteinte, fit ses preuves devant Caumartin en août 1667. Elle remontait à 1487 et portait : *d'argent à trois fasces de sable.*

Jeanne, pas plus que sa sœur Roberte, n'est mentionnée dans la généalogie de Caumartin où aucune fille ne figure. Mais elles étaient bien réellement sœurs, toutes deux filles de Jean Feret, écuyer, sg* d'Oiry-sur-Marne et de feue Jeanne le Folmarié. On trouve en effet[7], à la date du 18 février 1576, une « Transaction entre « Antoine Feret, escuyer, s* d'Oiry et de la Mothe de Gusy, demeu-

---

1. *Pièces originales*, vol. 1583, n° 27. V. *Appendice A.*

2. « Extrait du tombeau en marbre blanc situé en l'église Notre-Dame de Chaalons, en « la nef d'icelle au milieu, où se voiait escrits : Jean de Joybert, escuier, seigneur de « Soulanges, Jacques de Joybert, escuier, sg* d'Aulnay-le-Chastel, Coulemiers, Soulanges « Amblancourt, Verneuil; Jean de Joybert, fils du dit Jacques, aussi escuier, seigneur « des dits lieux, fait par devant Thomas et Horguelin, notaires royaux à Châlons le « XI juin 1641 ». *Inventaire de 1657*, cité dans la *Généalogie de 1900*, p. 90. — Le *Recueil des pierres tombales*, déjà cité, ne mentionne pas cette tombe.

3. Caumartin, Preuves du IV* degré, et *Pièces originales*, vol. 1583, n° 20. — V. *Appendice A.*

4. Qui appartenait déjà un siècle plus tôt à François de Joybert, son bisaïeul. — V. plus haut, chap. IV, p. 14.

5. *Pièces originales*, vol. 1583, n° 23.

6. Date fournie sans preuve par la Généalogie Joybert des *Dossiers bleus.*

7. *Dossiers bleus*, vol. 265, f° 2.

« rant au dit Oiry ; — Pierre Feret ; — Thierry Feret, s^r de
« Drouilly ; — Guillaume de Joybert, escuyer, seigneur d'Aulnay et
« d'Ablancourt, D^{lle} Roberte Feret, sa femme ; — Jean de Joybert,
« escuyer, seigneur de la Grandecourt et Verneuil, D^{lle} Jeanne
« Feret, sa femme ; — Jacques Boucher, escuyer, contrôleur en
« l'Election de Rethel, D^{lle} Marguerite Feret, sa femme ; — lesdits
« Antoine, Pierre, Thierry, Roberte, Jeanne, Marguerite, Anne et
« Jacqueline Feret, enfants de Jean, escuyer, seigneur d'Oiry,
« Drouilly, la Mothe de Gusy, et de Jeanne le Folmarié, concernant
« leur rapport et également à faire à la dite succession. »

En secondes noces, par contrat passé à Ville-en-Tardenois le
9 octobre 1577[1] par-devant Médard de Laire et Jehan de Bancelle,
notaires royaux, Jean de Joybert épousa Damoiselle Apolline
Cauchon, fille de Jean Cauchon, comte de Lhéry, seigneur de
Dugny et Ville-en-Tardenois, homme d'armes des ordonnances[2] et
de feue D^{lle} Apolline Goujon[3].

La famille Cauchon, une des meilleures de Champagne par son
ancienneté et les charges qu'occupèrent ses membres, fit ses preuves
devant Caumartin en décembre 1670. Elle remontait à 1348, a fourni
plusieurs chevaliers de Malte, a contracté alliance avec les Joyeuse,
Béthune, Colligny, Durfort, Gondy, etc., et s'est éteinte au
XVIIIe siècle dans la branche des marquis de Sommièvre. Ses
armes étaient : *de gueule au griffon d'or ailé d'argent*.

Apolline Cauchon se remaria par contrat du 7[4] et religieusement le

1. V. aux *Preuves, Appendice E*, n° 7. — Ville-en-Tardenois à trois lieues et demie au
Nord-Est de Verneuil-sur-Marne.

2. Mort le 14 octobre 1592 et inhumé en l'église Saint-Loup de Châlons. Sur sa
tombe on lisait : « Cy gist Cauchon, Cte de Léry, seigneur de Dugny, Ville en Tardenois et...
« en partie, home d'armes de.... le XIIIIe d'octobre 1592. Priez Dieu pour lui ». Le défunt
armé de toutes pièces, les pieds sur un chien ; cuirasse niellée. De chaque côté un
cartouche avec l'écusson à ses armes ; le casque, les éperons, les gants, l'épée, etc....
Recueil des pierres tombales... de Châlons-sur-Marne, p. 144.

3. De la grande famille des Goujon, marquis de Thuisy, qui porte : *d'azur au chevron
d'or accompagné de trois losanges de même* (qui est Goujon) ; *écartelé de gueules au saultoir d'or cantonné de 4 fleurs de lys d'argent* (qui est Thuisy).

4. « Contrat du 7 mai 1591, devant Pinteville et Linage, notaires à Châlons, entre
« Théodore de la Pierre, escuyer, seigneur de Boisjoly, demeurant à Grauve, lieutenant
« d'une Cie de gens de pied entretenus en la ville de Chaalons, fils de Pierre de la Pierre,
« escuyer, gendarme de la Cie du sieur Cte de Rochefort, demeurant au Baizil, et de

13 mai 1591 à Châlons[1] avec Théodore de la Pierre, seigneur de Boisjoly, lieutenant d'une Compagnie de gens de pied entretenus à Châlons, qui devint seigneur de la Tour à Cuis où il habitait et dut mourir vers 1618.

Apolline Cauchon eut trois enfants de son second mariage[2]. — Veuve et fort âgée, elle résolut de se retirer à Châlons et partagea sa fortune entre ses six enfants : trois fils (un Joybert et deux la Pierre), trois filles (deux Joybert, une la Pierre). Par acte du 24 mai 1623, par devant Mᵉ de Besançon, notaire, elle fit de ses biens la distribution suivante : 9 parts des fiefs et 6 parts des biens de roture. Chacun des fils eut 2/9 des fiefs et 1/6 de roture; chacune des filles eut 1/9 de fiefs et 1/6 de roture. Les parts des fils, en dehors du préciput, furent estimées 3.403 livres, 6 sols, 8 deniers; les parts des filles, 2.836 livres, 13 sols, 4 deniers.

Le premier lot échut à Jérôme de Joybert, aîné du premier lit, qui, du fait de son père, avait déjà Aulnay-le-Châtel où il habitait, et qui reçut : 1° comme préciput, le château de Ville-en-Tardenois, mouvant du baron de Nanteuil; 2° la huitième partie des droits seigneuriaux de Ville; 3° les 2/3 et 1/60 dans l'autre tiers du moulin à eau de Ville; 4° la cense de Hurtannent au finage de Jonquery (près de Ville). Sa part évaluée à 4.200 livres, dépassant de 797 livres ce qui lui revenait,

« Dᵉˡˡᵉ Marguerite de Soufflier, épouse en 2ᵈᵉˢ noces de Jacques de Ponsort, et Damoiselle « Apolline Cauchon, veuve de deffunt Jean de Joybert, vivant escuyer, seigneur de la « Grand'Cour ». *Dossiers bleus*, vol. 523.

1. Paroisse Saint-Éloi.

2. Ces trois enfants furent :

   1° Philippe de la Pierre, seigneur de la Tour à Cuis; = 1° à Reims le 2 septembre 1619 Charlotte Le Vergeur; = 2° le 24 septembre 1634 Madeleine du Perray, veuve du sieur de la Vienne, écuyer, seigneur de Minecourt. Il eut du 1ᵉʳ lit :

   a : Philippe.

   b : Marie.

   c : Nicolas, † capitaine d'infanterie, s. p.

   2° Jeanne de la Pierre, née à Châlons le 26 octobre 1595 : = 1° Jean de la Verde des Vaulx, écuyer, sieur de Normée et de Fleury : on l'appelait alors « Mᵐᵉ de Fleury »; = 2° le 6 juillet 1626, Isaac Guérin, sieur de Sauville, veuf d'Adrienne Haudoin; elle n'eut pas d'enfants.

   3° Hector de la Pierre, écuyer, seigneur de Ville, = à Aulnay-le-Chastel le 27 février 1623, Françoise de Joybert, belle-fille de Jérôme, ci-dessus (V. Livre IV, chapitre II, ainsi que pour les armes de la famille de la Pierre, qui a un intéressant dossier à son nom aux *Dossiers bleus*, vol. 523).

il dut payer 403 livres, 6ˢ, 8ᵈ à Philippe de la Pierre (2ᵈ lot) et 393
livres à Hector (3ᵉ lot).

Apolline se réservait une pension viagère de 600 livres, payable par
moitié à la Saint-Martin et à la Pentecôte de chaque année, par les fils
pour 110 livres par fils ; par les filles, pour 90 livres par fille [1], mais elle
en jouit fort peu de temps, car elle mourut à Châlons le 26 septembre
1624 et y fut enterrée le lendemain en l'église des Augustins, sous la
même dalle qui recouvrait le corps de son frère Pierre [2].

Dans son second contrat de mariage, il est dit que Jean de
Joybert habitait encore la Grand'Cour ; ce ne fut donc qu'après
qu'il transféra sa demeure à Aulnay dont il était devenu seigneur par
suite du partage du 2 avril 1577 [3].

Jean de Joybert eut de sa première femme :

1° Jeanne de Joybert, Dᵉ de la Grand'Cour et Verneuil, fille
unique, née en 1576 ; mariée par contrat du 3 janvier 1594, passé

devant Nottret et Horguelin, notaires à Châlons, à noble homme Geoffroy Le Gorlier, fils de
Pierre, échevin de Châlons et de Dˡˡᵉ Marie de
Lavoisin [4]. — Seigneur de Braux Sainte-Cohière
la Motte de Chaudefontaine, les Planches, les
Saulnœux, Maisons en Champagne, etc., il fut
gouverneur de Châlons en 1601, lieutenant de
Ville à Châlons en 1628, y mourut âgé de 92 ans
le 28 juillet 1654, et y fut enterré en l'église Notre-Dame, au bas
de la nef, sous une dalle de marbre élevée. Sa femme mourut à
Châlons le 13 novembre 1656. C'est par erreur que son acte de

1. Registres de l'étude de Besançon, notaire à Châlons, année 1623 ; fᵒˢ 299 vᵒ à 302 vᵒ
et 398 rᵒ à 402 rᵒ.

2. V. *Appendice F*, la copie d'une pièce des plus curieuse écrite par Jérôme de Joybert
après la mort de sa mère et relative aux frais occasionnés par sa maladie, ses funérailles, etc.... Cette pièce, fort intéressante comme documentation sur les us et coutumes
de la noblesse de l'époque, se trouvait aux archives du château de Saint-Benoit-sur-
Vanne et m'a été gracieusement donnée, en 1908, par M. F. Peschard d'Ambly. C'est
par elle que j'ai pu fixer le lieu et la date du décès d'Apolline Cauchon.

3. *Pièces originales*, vol. 1583, nᵒ 27.

4. La généalogie Le Gorlier se trouve dans le *Caumartin* de la Bibliothèque nationale,
t. Iᵉʳ, fᵒ 287.

décès (paroisse N.-D.) porte qu'elle était âgée de 95 ans, ce qui
la ferait naître neuf ans avant le premier mariage de son père : il
faut lire 80 ans ; on avait d'abord écrit LX et quinze ans, puis on
effaça les chiffres, remplacés par quatre-vingts, sans effacer et quinze
ans. Elle fut enterrée à côté de son mari et, sur la dalle ornée de
deux écussons aux armes des Gorlier et des Joybert, on
lisait :

> Cy. gist noble home Geoffroy le Gorlÿ escuyer s^r
> de Braux et de Cohierre Chaude Fontaine les Plan
> ches les Saulnœux et St Bosin de Vernoïl le Grad
> Court et la Garlire Druillÿ Oirÿ et de Maisons eⁿ
> Champagne en partie qui deceddat aage de 92 as
> le 28 iuillÿ 1654 et damoi^{slle} Ieanne de Ioybert
> sa femme decedda le 14e iour de novembre 1656 [1].

Jeanne de Joybert avait apporté à son mari [2] les fiefs et
seigneuries de la Grand'Cour et Verneuil qui passèrent à ses
enfants [3] et demeurèrent plus d'un siècle chez les Le Gorlier qui

1. *Recueil des pierres tombales des églises et couvents de Châlons*, par MM. A. et E.
de Barthélémy, p. 231.

2. Sentence arbitrale du 18 novembre 1602 entre les enfants des deux lits de feu Jean
Joibert où il est dit qu'Apolline Cauchon, remariée au sieur de la Pierre rendit les comptes
à Jeanne Joibert, Dame Le Gorlier, le 1er mars 1595 ; et transaction du 11 août 1609.
Pièces originales, vol. 1583, n°s 35 et 38.

3. I. Du mariage de Louise de Joybert avec Geoffroy le Gorlier sont nés :

> 1° Louise le Gorlier, née à Châlons le 22 décembre 1596 ; ⚭ Jehan de
> Montbeton, vicomte et seigneur d'Espoix, d'où :
>> a : Jehanne de Montbeton née à Châlons le 16 janvier 1623 ; ⚭ Louis
>> L'Espagnol, écuyer, vicomte de Bouilly, conseiller et procureur du
>> Roi au siège présidial de Châlons, d'où :
>>> a : Louis L'Espagnol né à Châlons le 4 août 1657.
> 2° René, qui suit.

II. René Le Gorlier, écuyer, seigneur de la Grand'Cour, Verneuil et Braux, né à Châlons le 11 mars 1599, ⚭ à Châlons le 8 février 1627, Madeleine Dommangin, d'où :

> 1° Claude Le Gorlier, écuyer, seigneur de Verneuil, ⚭ Marie de Chastillon
> morte le 20 février 1674, d'où :
>> a : Claude Le Gorlier, né à Châlons le 5 août 1669.
>> b : Catherine-Madeleine le G. Châlons, 20 mai 1671, ⚭ le 4 avril 1718
>> Georges Thierry Fagnier de Vienne dont elle fut la 3e femme, s. p.
> 2° Jeanne Le Gorlier, Châlons, 21 mai 1630.
> 3° Geoffroy Le Gorlier, Châlons, 15 décembre 1632.
> 4° Jacques Le Gorlier, Châlons, 19 février 1635, mort jeune.

en prirent les noms. La famille Le Gorlier, une des plus considérables de Châlons par les charges occupées par ses membres et

5° Marie Le Gorlier, Châlons, 6 mai 1636.
6° Madeleine Le Gorlier, Châlons, 15 août 1637 ; = à Châlons le 26 avril 1670, Pierre de Braux, sieur de Vaux, mort à Châlons le 5 septembre 1722, d'où :
    a : Marie-Agnès de Braux, Châlons, 1er décembre 1673 † jeune.
    b : Joseph, Châlons, 26 mars 1676 † jeune.
    c : Marie-Agnès de Braux, Châlons, 21 août 1677 † célibataire à Châlons le 30 mars 1737.
    d : J. B. de Braux, Châlons, 16 avril 1680 † Châlons, 1er octobre 1744, = Marie-Louise Doulcet, morte à Châlons le 15 octobre 1765, d'où :
        1° Pierre-Memmie-Nicolas de Braux, Châlons, 6 août 1723.
        2° Marie-Françoise, Châlons, 30 juillet 1724.
        3° Zacharie-Marie, Châlons, 29 janvier 1726 † 2 août 1727.
        4° Antoinette-Paule-Memmie, Châlons, 26 janvier 1728.
        5° Antoine-César de Braux, Capitaine au Régiment de Bresse, Châlons, 5 janvier 1733, = à Châlons le 27 janvier 1767, Jeanne Collart.
    e : Joseph de Braux, Châlons, 14 avril 1683.
7° Nicolas Le Gorlier, écuyer, seigneur de Verneuil, trésorier général des Finances en Champagne ; Châlons, 22 décembre 1639, = Barbe Rolland, d'où :
    a : René Le Gorlier, Châlons, 27 octobre 1667.
    b : Madeleine, Châlons, 22 janvier 1669.
    c : Elisabeth, Châlons, 18 octobre 1669.
    d : J. B., Châlons, 30 décembre 1670.
    e : Barbe, Châlons, 30 juillet 1672.
    f : Nicolas, Châlons, 4 novembre 1673.
    g : Marie, Châlons, 26 avril 1675.
    h : Anne, Châlons, 16 mars 1680.
8° Madeleine Le Gorlier, Châlons, janvier 1643 † jeune.
9° Marie Le Gorlier, Châlons, février 1645.
10° Madeleine Le Gorlier, Châlons, 14 mars 1646.
11° Jacques Le Gorlier, qui suit.

III. Jacques Le Gorlier, écuyer, seigneur de la Grand'Cour, Verneuil et Vienne-la-Ville, trésorier général des Finances en Champagne. Châlons, 7 avril 1647, † Châlons, 3 mars 1693. = Anne d'Origny, morte à Châlons le 19 décembre 1725, d'où :
    1° Jacques-François Le Gorlier, Châlons, 26 janvier 1678.
    2° Claude, Châlons, 17 avril 1679.
    3° Jacques, Châlons, 26 juin 1680 † 16 juillet 1693.
    4° Pierre-François, qui suit.
    5° René, Châlons, 17 janvier 1683.
    6° Anne, Châlons, 11 mars 1684 † 9 décembre 1689.
    7° Pierre, Châlons, 30 octobre 1685 † 12 janvier 1690.
    8° Marguerite, Châlons, 16 mars 1687 † 24 avril 1702.
    9° Marie, Châlons, 28 juin 1688.
    10° Marie-Perrette, Châlons, 5 octobre 1689 † célibataire, Châlons, 18 décembre 1769.

le nombre des seigneuries qu'elle possédait, portait : *d'argent à la fasce de gueules chargée d'une coquille d'or et accompagnée de trois merlettes de sable, 2 et 1.* Rejetée par Caumartin, elle fut maintenue par arrêt du Conseil d'Etat et se trouve dans la liste des familles nobles admises, après 1666, par Caumartin et Larcher son successeur et ajoûtées dans l'armorial de Chevillard et Dubuisson. Elle avait été aussi précédemment rejetée en 1641 par Bretel de Grimonville. « Jeanne de Joybert fut maintenue dans sa noblesse en 1641, malgré la roture de son mari s^r de Braux », dit la généalogie Joybert des *Dossiers bleus.*

Jean de Joybert eut de sa seconde femme :

2° Jérôme, qui suit :

3° Louise de Joybert, mariée par contrat du 30 janvier 1600, signé Ostôme et Marest, à Jacques de Soufflier, écuyer, sieur du Mesnil et de Broussy-le-Petit, fils unique de Jacques, seigneur du

11° Anne, Châlons 10 décembre 1690 † 11 septembre 1716.

12° François, Châlons, 30 octobre 1691.

IV. Pierre-François Le Gorlier, écuyer, seigneur de la Grand'Court et Verneuil, conseiller au bailliage et siège présidial de Châlons, né à Châlons le 1er septembre 1681, mort à Châlons le 2 janvier 1750, ═ ¦à Vitry (?) Marie Grossetéte née à Vitry le 25 novembre 1690, d'où :

1° Pierre-François Le Gorlier, Châlons, 17 octobre 1719.

2° Marie-Claude, Châlons, 11 février 1721 † 17 juillet 1722.

3° Pierre-Jérôme, qui suit.

4° Anne-Madeleine, Châlons, 3 mai 1728.

5° Jeanne-Madeleine, Châlons, 2 juin 1729, ═ à Châlons le 11 février 1749 Messire Paul Le Cordelier, chevalier, seigneur de Verneuil-sur-Marne, brigadier de la 2e compagnie des mousquetaires, chevalier de Saint-Louis.

V. Pierre-Jérôme Le Gorlier, écuyer, seigneur de la Grand'Court et Verneuil, 1er président au présidial de Châlons, ═ Françoise de Saint-Genis, d'où :

1° Pierre-François Le Gorlier, Châlons, 22 mai 1758 † 26 août 1761.

2° Jeanne-Madeleine-Adelaïde, Châlons, 5 juin 1760, ═ Nicolas de Maupas, d^t p.

3° Françoise-Paule-Victoire, Châlons, 22 novembre 1761 † 1822, ═ Jean-Pierre de Verbois, officier de cavalerie, chevalier de Saint-Louis, d'où une fille unique qui suit.

4° Catherine-Sophie Le Gorlier, Châlons, 19 janvier 1763.

VI. Catherine-Emélie de Verbois, domiciliée à Mensy, commune de Saint-Magne (Gironde) ═ 1802, Charles-Amédée, comte de Carle, chevalier de Saint-Louis, d^t p.

Ce fut elle qui vendit par devant Me Faure, N^e à Castillon (Gironde) le 12 juillet 1828, le domaine de la Grandcour qui était depuis plus de deux cents ans dans la famille.

Mesnil-la-Cour et de Françoise de Montigny. Né en 1568 ou 1569,
il était mort, ainsi que sa femme, avant le 1er janvier 1640, date du partage de leurs successions [1].

La famille de Soufflier, originaire de Champagne et remontant à 1561, fit ses preuves devant Caumartin en 1667. Ses armes étaient : *d'azur au chevron d'argent accompagné de trois soucis d'or doubles, deux et un.*

4° Apolline }
5° Agnès } mortes célibataires avant le 18 novembre 1602 [2].

6° Marie de Joybert, religieuse professe à l'abbaye cistercienne de Saint-Jacques-les-Vitry ; en devint prieure en 1627, le

---

1. Caumartin, *Généalogie Soufflier.* — Ils eurent cinq enfants, vivants et non mariés en 1640 :

    1° Jérôme, qui suit.
    2° Apolline.
    3° Louise, était marraine à Broussy le 25 mars 1669.
    4° Marguerite.
    5° Renée, † célibataire à Broussy-le-Petit, le 18 mars 1659.

II. Jérôme de Soufflier, écuyer, seigneur de Broussy-le-Petit, officier au service du roi, = à Châlons le 2 mai 1642 demoiselle Nicole L'Hoste, fille de feu Claude, écuyer, seigneur de Récy, l'un des cent gentilshommes du roi, bailli d'Epernay et de Marie Billet, d'où :

    1° Charles de Soufflier, écuyer, seigneur de Broussy-le-Petit, était, en 1667, enseigne de la compagnie de Châtenay du régiment de Crussol-infanterie, et paraît être mort jeune.
    2° Marie, qui suit :

III. Marie (*alias* Marie-Angélique) de Soufflier, d° de Broussy-le-Petit, née en 1654, = à Broussy le 10 janvier 1679, François Parchappe, écuyer, seigneur des Noyers, fils de François et de Nicolle Parchappe, d'où :

    1° J.-B., François Parchappe, capitaine au régiment de Picardie, né à Broussy le 25 avril 1683, quitta le service à cause de ses blessures et = à Morains vers 1711, Anne de Lenharée, veuve de N*** Linage, seigneur de Morains, s. p.
    2° Scipion Parchappe, capitaine au régiment de Picardie, tué à la bataille de Parme en 1734, célibataire.
    3° Benjamin Parchappe, capitaine au régiment de Picardie, tué à l'armée de Bavière en 1743 ; = dans les Cévennes, N*** de Fontagnieu, d'où un fils (destinée inconnue).
    4° Marie-Christine, qui suit.

IV. Marie-Christine Parchappe = Charles-Toussaint de Villemor, sieur de Fontvannes et baron de Saint-Cir, ancien capitaine de cavalerie au régiment du roi, d'où :

V. Marie-Anne Louise de Villemor = par contrat du 23 août 1748 Nicolas-Pierre-Joseph Parchappe, né le 23 septembre 1720.

2. *Pièces originales*, vol. 1583, n° 35.

demeura jusqu'à sa mort arrivée à la fin de 1648 et fut remplacée dans cette charge par sa cousine Marie de Joybert, religieuse comme elle au même monastère et que l'on appelait « sœur Marie de Joybert, la jeune », pour la distinguer d'elle [1].

Sa demi-sœur, Mme Le Gorlier, et son frère Jérôme faisaient pour elle à l'abbaye une rente annuelle de cinquante livres. « M. Gourlier (*sic*) payait 37 l. 10 s., M. d'Aulnay, 12 l. 10 s. » Ces paiements se faisaient régulièrement à la Saint-Martin et sont consignés sur une page spéciale du registre du couvent ; le dernier paiement fait fut celui de la Saint-Martin 1648 ; en marge, à cette date, on écrivit « morte » [2].

7° Nicole de Joybert, encore mineure sous la tutelle de sa mère le 18 novembre 1602, se maria en premières noces à Laurent d'Arcenay, écuyer, seigneur de Mutry, sans postérité connue et dont elle était veuve à la date du 11 août 1609 [3] ; nous n'avons connaissance de ce premier mariage que par l'intitulé du contrat du second, et il a été impossible de retrouver les armes de la famille d'Arcenay [4].

En secondes noces, par contrat passé devant Dannet et Carré,

1. V. Livre IV, chapitre i.

2. *Registre des rentes et revenuz de l'Abbaye Saint-Jacques-les-Vitri-en-Perthois faict en l'année 1634*, fonds non encore classé des *Archives de la Marne*. L'abbaye était située sur la route de Vitry-le-François à Vitry-le-Brûlé et plus près de cette dernière localité : on en voit encore quelques pans de murailles.

3. *Pièces originales*, vol. 1583, n° 38.

4. Aux *Dossiers bleus*, vol. 28, v° d'Arcenay, on trouve sans indication d'armoiries différents membres de cette famille : Barbe d'Arcenay, épouse en premières noces de Renaud Fillette, sieur de Ludes, veuve en 1541 s. p. ; et en secondes noces de Lancelot Le Sauvage, écuyer, sieur de la Sauvagerie. — Jean d'Arcenay, escuier à Châteauporcien, 1581, épouse Jeanne de Coucy. — Claude d'Arcenay, seigneur de Batin et en partie de Rougebon et Maisoncelles, mari d'Anne de Mourot, dame de Mutry qui était veuve en 1581. — Jean d'Arcenay, sieur de Mutry, épouse Claude de Tartier, veuve en 1613, d'où quatre filles : Philippe d'Arcenay, dame de Mutry, épouse Nicolas de Rémond, écuyer, sieur de Lestame et du Ban Sarrazin ; Françoise d'Arcenay, femme de Pierre de Lorin, Claire et Marie d'Arcenay. — Enfin l'abbé d'Arcenay, prêtre de la communauté de Saint-Sulpice mort en ce séminaire en 1741.

On trouve encore aux *Archives de la Marne*, série E, 606, l'hommage de Jean Darcenet le 5 mars 1539 pour la seigneurie de Mutry.

notaires royaux au bailliage d'Epernay; Nicole de Joybert épousa
le 9 mai 1610 Gaspart de Ponsort, écuyer, seigneur de Grauve en
partie et de la Rouge-Maison, fils d'Hector et de Jeanne de
Guérin, sa seconde femme [1]. Elle en eut postérité [2] et mourut en

1. Et petit-fils de Jacques de Ponsort et de Marguerite de Soufflier. — Celle-ci, comme
nous l'avons vu, page 33, note 4, remariée le 8 février 1559 devant Le Palleau et Plouin,
notaires royaux en la prévôté de Château-Thierry, à Pierre de la Pierre, demeurant au
Baizil, dont elle eut Théodore, second mari d'Apolline Cauchon, veuve de Jean de Joybert
qui fait l'objet de ce chapitre.

2. De leur mariage sont nés :
    1° Gaspard de Ponsort, qui suit.
    2° Apolline, vivante en mai 1646.
    3° Jeanne, vivante en 1624 ✝ avant 1646.

II. Gaspard de Ponsort, écuyer, seigneur de Grauve, la Rouge-Maison et Vaux-les-
Mouron, ✝ à Vaulx le 23 février 1679 ; = 1° par contrat du 29 mars 1639 Jeanne de Feret
veuve de Christophe de la Rivière et fille de Jean-Jacques et de Jeanne d'Y ; elle mourut
en 1640 laissant Claude mort jeune ; = 2° par contrat à Rethel du 19 juin 1644 Marie-Joseph
d'Escannevelle, fille de Jacques, et de Sidonie de Greffin. Elle mourut le 21 mai 1666,
ayant eu :
    1° Charles-Robert, qui suit.
    2° Françoise, née en 1647 ✝ à Vaux le 19 juillet 1729, célibataire.
    3° Antoine, seigneur de Vaux-les-Mouron, capitaine au service du roi, chevalier
        de Saint-Louis, 1650 ✝ à Vaux le 6 septembre 1725, célibataire.
    4° Alexis-Louis, seigneur de Vaux-les-Mouron, capitaine de cavalerie, maréchal
        des logis des gendarmes écossais de la garde du roi, chevalier de Saint-
        Louis, né en 1655 ✝ à Vaux le 28 mars 1742, célibataire.
    5° Marie, née en 1658 ✝ à Vaux le 20 sept. 1720, célibataire.
    6° Antoinette, née en 1659 ✝ à Vaux le 23 août 1735, âgée de 76 ans, célibataire.
    7° Elisabeth = à Vaux le 15 septembre 1698, Roland de Cugnon, écuyer, seigneur
        de Sévéricourt et Saint-Benoît, né en 1667 ✝ à Vaux le 29 mai 1740, fils de
        Claude et de Claude des Laires. d. p.

III. Charles-Robert, écuyer, seigneur de Vaux-les-Mouron, gendarme de la garde du
roi, aide de camp de ses armées, né en 1646 ✝ à Vaux le 10 septembre 1736 ; = 1° par
contrat du 29 mars 1704, Jacqueline de Verrière, fille de Pierre, capitaine au régiment de
Saint-Etienne et de Jeanne d'Argy, elle ✝ à Vaux le 14 mars 1712 ; = 2° à Grandham le
12 juin 1713, Jeanne de la Boulaye, née à Grandham en 1660 ✝ à Vaux le 5 mars 1722,
fille de Pierre et de Françoise de Fresneau, s. p. Il eut du 1er lit :
    1° Antoine-Charles, Vaux, 13 avril 1705 ✝ Vaux, 22 septembre 1709.
    2° Alexis-Louis, qui suit.
    3° Gaspart, Vaux, 23 novembre 1708 ✝, Vaux, 25 janvier 1727.

IV. Alexis-Louis de Ponsort, écuyer, seigneur de Vaux-les-Mouron, Vaux 11 mars
1707 ✝ Vaux, 16 septembre 1767 ; = 1° à Olizy, le 24 avril 1731, Marie-Thérèse-Alezie Le
Fournier, née à Olizy le 25 juillet 1709 ✝ à Vaux, le 5 janvier 1736, fille de Jean, chevalier,
baron d'Ecquancourt, et de Marie-Elisabeth Hervy ; = 2° à Vaux-les-Mouron, le 7 octobre
1737, Jeanne-Marie de Beffroy, née à Germont le 10 août 1708 ✝ à Vaux le 2 juillet 1762,
fille de Louis, lieutenant-colonel au Royal-Roussillon-cavalerie, chevalier de Saint-Louis
et de Juvine Roujoux.

1640. Lui était mort avant le 30 mai 1646, date du partage de sa succession entre ses deux enfants survivants.

Du premier lit :

1º Charles-Robert, qui suit.

2º Louis-Antoine, seigneur de Vaux, né à Vaux le 24 mai 1733, = à Delud le 3 mars 1772, Marie-Anne Masson de Delud, fille de Jean-François, prévôt et lieutenant-général de police du bailliage de Marville et de Barbe Jacquinot.

3º Robert-Joseph-Hubert, Vaux, 13 novembre 1735 † Vaux, 7 juillet 1740.

Du second lit :

4º Hector Gabriel, Vaux, 27 octobre 1738 † Vaux, 27 juillet 1740.

5º Louise-Marguerite, Vaux, 28 octobre 1739 † Vaux, 7 mars 1744.

6º Louis Sébastien, Vaux, 30 novembre 1740 † Vaux, 21 janvier 1741.

7º Louise-Eléonore, Vaux, 13 janvier 1742.

8º Marie-Louise-Thérèse, Vaux, 17 janvier 1744.

9º Alexandre-Louis, seigneur de Vaux-les-Mouron, Vaux, 20 avril 1748 † Vaux, 11 juin 1822, célibataire.

10º Marie-Antoinette, Vaux, 21 avril 1750 † Vaux, 11 janvier 1822 ; = à Vaux le 21 novembre 1771, Claude-Robert de Cugnon de Sévéricourt, né au Chesnois le 25 juin 1699, † à Vaux le 2 juillet 1783, veuf de Marguerite Sarte, et fils de Roland et d'Elisabeth de Ponsort d. p. — Veuve, Marie-Antoinette, de P. eut, de père inconnu, deux enfants naturels qui furent déclarés sous le nom de Ponsort : A. Antoine Patrice, † célibataire à Vaux le 28 septembre 1840 ; B. Marie-Antoinette, Vaux, 1er octobre 1792, † Vaux, 5 mai 1816, = à Vaux, 1er décembre 1813, Claude Deleau.

V. Charles-Robert de Ponsort, écuyer, seigneur de Vaux-les-Mouron, Vaux, 8 février 1732, † Vaux, 10 septembre 1806 ; = à Vaux, le 24 mai 1762, Marie-Marguerite de Dalle, née à Mouron, le 10 décembre 1726, † à Vaux, 20 mars 1794, fille d'Alexandre-Louis et de Madeleine de la Tranchée ; = 2º à Vaux le 21 septembre 1794, Anne-Marguerite-Brochard.

Du premier lit :

1º Louise-Elisabeth, née en décembre 1762, † à Olizy, le 7 février 1763.

2º Eustache Marie, qui suit.

Du second lit :

3º Philippine, Vaux, 21 novembre 1794, = à Vaux, le 12 mars 1817, Pierre-Nicolas Gallois.

4º Louis-Salomon, Vaux, 10 novembre 1795, † Vaux, 25 mai 1796.

5º François-Marie-Auguste, Vaux, 25 décembre 1796, † Vaux, 25 février 1798.

6º Louis-Charles-Marie, Vaux, 25 novembre 1798, † à Sassenay, le 25 mars 1884, ancien receveur principal des contributions indirectes ; = à Cuisery (S. et L.), le 20 mars 1830, Reine-Claude Guy, née à Ormes (S. et L.), le 5 avril 1802, fille de François et de Marguerite-Sophie Royer, d'où :

A : Marie-Sophie-Noemie de P., Cuisery, 24 juin 1831, † Sassenay, 6 août 1892 ; = à Senlis, le 31 janvier 1849, Louis-Charles-J.-B.-Antoine, baron de Finfe de Bussy, Saint-Juvin 11 août 1815, † Nevers, 30 août 1858, fils de Pierre-Jean, ancien officier à l'armée de Condé, chevalier de Saint-Louis, et de Louise-Antoinette de Cugnon de Sévéricourt, d. p.

B : Félicité-Augustine, née à Cuisery, le 4 juillet 1833, religieuse de la congrégation du Sacré-Cœur.

VI. Eustache-Marie de Ponsort, écuyer, seigneur de Vaux-les-Mouron, né à Vaux,

La famille de Ponsort, d'origine champenoise et remontant à
1559, fut admise par MM. les Commissaires du
Conseil le 19 juin 1716.

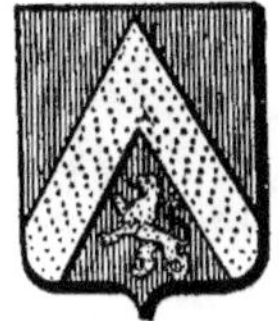

On trouve sa généalogie insérée dans le
Caumartin de la Bibliothèque nationale, t. II,
fᵒ 479. Elle portait : *de gueules au chevron
d'or accompagné d'un lionceau de même en
pointe.*

Son dernier représentant mâle est mort à Châlons en 1891.

le 4 janvier 1771, ✝ à Verdun, le 15 décembre 1792 ; ═ à Brières, le 7 mars 1791, Elisabeth,
Vitale, Charlotte de Mouy de Sons, fille de J.-B., seigneur d'Ardeuil, et de Marie-Louise
de la Simonne du Hamel, d'où :

VII. Charles-Louis de Ponsort, dit le baron de Ponsort, né à Vaux-les-Mouron, le
5 février 1792, ✝ à Châlons, le 29 juin 1854, inspecteur des forêts, chevalier de la légion
d'honneur ; ═ à Châlons, le 20 décembre 1814, Suzanne-Claire de Saint-Vincent, née en
1797, ✝ à Bennes (Loiret), le 29 avril 1863, fille d'Auguste et de Marie-Angélique de Cuissotte de Gizaucourt, d'où :

    1º Camille, née à Chepy (Marne), le 28 février 1818, ✝ à Bennes (Loiret)
       en décembre 1909 ; ═ à Châlons, le 15 février 1838, Alfred baron Faure de
       Gière de Lilate, capitaine d'artillerie, s. p.

    2º Anatole, Charles, qui suit.

    3º Auguste-Louis, né à Chaumont, le 3 juillet 1822, ✝ en bas âge.

    4º Marie-Zélie, née à Chaumont, le 5 juin 1823, ✝ à Montélimar, le 1ᵉʳ décembre
       1899 ; ═ à Châlons, le 25 novembre 1844, Oswald, vicomte Le Rebours, ancien
       page de Charles X.

   VIII. Anatole-Charles de Ponsort, dit le baron de Ponsort, né à Chaumont-en-Bas-
signy, le 16 avril 1821, ✝ à Châlons-sur-Marne, le 16 août 1891 ; ═ à Méry-sur-Marne, le
28 janvier 1852, Eugénie-Emélie-Mathilde Leschassier de Méry-Montferrand, née à Paris,
le 8 juillet 1833, fille d'Emmanuel Leschassier, marquis de M.-M. et d'Émélie-Félicité le
Cordelier d'où :

    1º Emmanuel-Charles-Marie, Champguyon (Marne), 9 ✝ 12 décembre 1854.

    2º Marie-Louise-Philomène de Ponsort, née à Châlons-sur-Marne, le 20 juin
       1856 ; ═ à Châlons, le 27 avril 1881, René Lefebvre de Ladonchamps, ancien
       officier d'infanterie, fils d'Alexandre-Arthur et de Sidonie Pacotte, sa
       seconde femme, né à Metz, le 19 février 1852 ✝ à Ladonchamps, le 3 juin
       1907, d'où :

       a : Marguerite-Marie L. de L., Nancy, 14 mars ✝ 30 avril 1882.

       b : *Henri*-Joseph, Nancy, 30 mars 1883.

       c : *Geneviève*-Marie-Marguerite, Ladonchamps, 23 novembre 1892.

       d : Magdeleine-Marguerite-Marie, Châlons, 20 janvier 1896.

    3º Emélie de Ponsort, Paris, 2 novembre 1858 ✝ Châlons, 6 décembre 1903,
       célibataire.

LES 16 QUARTIERS

de

JÉROME DE JOYBERT

(1578 † 1637)

QUI SERAIENT

les

16 PREMIERS QUARTIERS PATERNELS

des

16.384 QUARTIERS DES JOYBERT

de la

18ᵉ GÉNÉRATION.

Generation I

François JOYBERT, éc., sgr de St-Mard-sur-le-Mont, et son... Ste-Marie...... † Châlons, 7 juin 1703. Ép. 1° à...... le ....à Catherine LE CERF, Dame de Prosne.

Jean BALHAN, sgr de Mont... échevin, lieutenant et La Grand'Pleur, St-Souleur et grenetier de Château-Thierry. ép. Jehanne JACQUES.

Nicolas BIZET, bourgeois de Troyes,..... ép. Jacquette BERTHIER. †

X .... LE GOIX. X, X †

Jean CAUCHON, avocat à .... † à Reims, et subsiste à Bois-Bois... ép. Jeanne du MOULINET.

Jérôme GROSSAINE, sgr de Chartre, lieutenant à Châtillon-sur-Marne. ép. Jacqueline MOET.

Nicolas GOUJON, avocat en parl..... Sénéchal-Séculièr en la Reims, † ... juillet 17.. ép. Jeanne de THUISY, De de Thuisy et Vraux, à Reims, et subsiste, 1° à l'hôtel de Chaussel.

Nicolas BOULET, ... Reims, ... ép. à ..... Guillemette CAUCHON.

Generation II

Jean JOYBERT, éc., sgr de Boulanges, échevin et gouverneur municipal de Châlons, Châlons..... † Châlons, 13 août 1602. Ép. 1° à Château-Thierry.

Marguerite de BALHAN, De de La Grand'Cour et Vernenil-sur-Marne. †

Guillaume BIZET, éc., sieur de La Motte-lès-Vergnes, échevin de Châlons. Ép. à Châlons.

Perrette LE GOIX. †

Guillaume CAUCHON, sgr d'Époy, demeurant à Pannes..... Ep. à.....

Jeanne GROSSAINE.

Pierre GOUJON, éc., sgr de Tours, Maire, échevin ou Reims, conseiller réddituire de Reims, † 15.. Ép. à.....

Marie BOULET.

Generation III

Jacques de JOYBERT, éc., sgr d'Aulnay-le-Chastel, Coulmiers, Ablancourt, Verneuil et La Grand'Cour, † à Châlons le...... 1580. Ép. à Châlons, le 8 juillet 1569.

Louise BIZET, remariée 2° à Nicolas Mathé et 3° à Charles François, sieur du Chouffour.

Hiérosme CAUCHON, comte de Linéry, sgr d'Upoy, Ville-en-Tardenois, élu... Homme d'armes des Ordonnances, † Châlons, 14 octobre 1598. Ép. à.....

Apolline GOUJON.

Generation IV

Jean de JOYBERT, éc., sgr de la Grand'Cour et Aulnay-le-Chastel, † à Châlons. Ép. 1° à Ville-en-Tardenois, le 9 octobre 1577.

Apolline CAUCHON, De de Ville-en-Tardenois, † à Châlons, le 26 sept. 1694. 1° m. de Théodore de la Perrie, sieur de Cuis.

Generation V

Jérôme de JOYBERT, chevalier, sgr d'Aulnay-le-Chastel et Ville-en-Tardenois, officier d'honneur du Roi.............. 1628. † Aulnay le..... 3 mars 1691.

CHAPITRE VIII

HUITIÈME DEGRÉ

Jérôme de Joybert, chevalier, seigneur d'Aulnay-le-Châtel, le petit
Aulnay, Ville-en-Tardenois [1] et autres lieux, fut officier au service du
Roy Henri IV, et reçut plusieurs blessures, notamment un coup de
mousquet au bras gauche, étant en garnison en la ville de Mauberfon-
taine, sous les ordres du sieur de Ramesnil, gouverneur de cette ville.
Il fut présent à l'assemblée de la noblesse du bailliage de Vitry, le
21 août 1635 [2], et mourut à Aulnay, le 5 mars 1637, âgé de cinquante-

1. Bien qui lui venait de sa mère.
2. *Pièces originales*, vol. 1583, n° 41 : « Acte original en papier fait à la revue proche
« de la ville de Châlons le 21 août 1635, devant Paul Hay, seigneur du Châtelet,... portant
« .... qu'en procédant à la revue du ban et arrière ban du baage de Vitry, s'était présenté
« devant lui Jérôme de Joibert, écuyer, seigneur d'Aulnay et de Ville en partie, qui avait
« remontré que, dès le 25 juillet dernier, il était venu en la dite ville en intention et équi-
« page pour servir le Roy au ban et arrière ban et s'était présenté devant les officiers du
« baage de Vitry et qu'en continuant il s'était trouvé en état nécessaire pour servir proche
« en la personne de Mgr le comte de Soissons, en quoi faisant il aurait reçu une si grande
« incommodité qu'il lui était impossible de supporter les fatigues de la guerre tant à cause
« de son âge de soixante ans (il ne pouvait en avoir que 57), à la privation de l'ouïe dont
« il était affligé, qu'à cause de plusieurs plaies qu'il avait reçues au service du feu Roy et
« particulièrement d'un coup de mousquet au bras gauche dont il était estropié et qu'il avait
« reçu étant en garnison en la ville de Maubertfontaine *, sous la charge du sieur de

* Bourg des Ardennes, à 9 kilomètres au S. O. de Rocroy.

huit ans, car s'étant marié en premières noces en 1600, il devait avoir au moins vingt-deux ans à ce moment et être né en 1578 ; il était d'ailleurs l'aîné des enfants du second lit de son père. Il y fut inhumé dans l'église où l'on voit encore au milieu du chœur la place qu'y occupait sa pierre tombale. Celle-ci fut brisée en deux à la Révolution : le morceau le plus grand sert actuellement de pierre d'entrée à la maison de cure, et le plus petit forme la marche de la porte latérale de droite de l'église. — Les inscriptions en sont presque complètement effacées ; on ne peut plus y voir que ces mots : « Ci gist honoré seig^r..... Chevallier..... qui décéda le 5e de mars 1637[1]. Priez Dieu pour lui », ainsi que deux écussons aux armes des Joybert, surmontés du casque et ornés de lambrequins ; et deux écussons en losanges, entourés de la cordelière des veuves, aux armes des Truc. Ces écussons alternent aux quatre angles.

Jérôme de Joybert n'intervint pas au partage de la succession de son père : en sa qualité d'aîné et de seul fils, il reprenait de droit la terre de famille. En effet, par transaction passée le 11 août 1609 entre les enfants des deux lits de son père, Aulnay lui fut attribué[2] ;

« Ramesnil, gouverneur de la dite ville ; et aussi à cause d'une descente dont il était fort
« incommodé ; qu'en continuant son affection et fidélité au service de S. M. il avait depuis
« plus de huit ans envoyé Jean, Théodore et Jacques Joibert, ses enfans, ès armées de S.
« M.; que le dit Théodore avait été tué au combat de Veillane en Piémont ; que le dit Jean
« avait été tué au mois de May dernier, au combat donné en Flandre, sous la conduite de
« M. le Maréchal de Châtillon ; qu'il ne lui restait plus que le dit Jacques, son plus jeune
« fils, qui servait dans l'armée commandée par le dit S^{gr} maréchal de Châtillon, dans la
« Cie de chevaux-légers du s^r de Vatimont ; sur lequel rapport, le dit sieur d'Aulnay est
« déchargé du service du ban et arrière ban, sans qu'il soit tenu de contribuer ni de pré-
« senter en son lieu et place aucun cavalier, à la charge que son dit fils continuera le dit
« service, etc.... ».

1. L'acte de décès manque à l'état civil d'Ablancourt.

2. *Pièces originales*, vol. 1583, n° 38 : Dans cette transaction, Jérôme de Joybert prend « la terre et seigneurie d'Aulnay avec ses dépendances, droits et héritages qui en « dépendent, tant en fief qu'en roture situés ès et entour des dits Aulnay, Amblancourt, « Aulnay-l'Aître, Coulmiers et St-Lumier, plus la cense située au village de Récy, pro- « venant de la succession de la dite défunte Louise Bizet, plus la moitié par indivis de la « maison appelée *le Sauvage*, sise en la grand'rue dudit Chaalons, plus la moitié d'une « autre maison appelée *Estour*, sise en la rue du Gantelet. Les dames Gorlier et du Mesnil « et Nicolle de Joybert auront la terre et seigneurie de la Grand'cour sise à Verneuil et « une cense au village de Noirlieu ».

Noirlieu est un village contigu à Saint-Mard-sur-le-Mont : peut-être cette cense pro- venait-elle encore des Joybert du xiiie siècle ?

il rendit foy et hommage pour cette terre le 7[1] et en fit l'aveu et dénombrement le 28 janvier 1613[2].

Aulnay était alors une terre fort importante : une fois qu'il s'y fut fixé à son retour du service, Jérome de Joybert, comme son oncle Guillaume, l'accrut par de nombreuses acquisitions. — Dans un acte original en papier de 16 feuillets in-folio, écrit et annoté de sa main, non daté, mais postérieur à 1627 puisqu'au sujet de ses vignes, il parle d'une pièce qu'il a fait planter « après la vendange de 1627 », et qu'il est bon de reproduire ici pour l'intérêt qu'il présente, on lit :

« Déclaraon par le menu de la Terre et Seigneurie d'Aulnay
« le Chastel, circonstance et dépendences d'icelle.

« Consistant en deux corps de logis, y aiant par bas Cuisine et
« despance, chambre et garde-raube, plusieurs chambres haultes
« accompagnées de Cabinets et greniers au dessus. Ung fournyl à
« part avec sa despance et grenier au dessus. Ung fort gros Colom-
« bier et bon, un pressoir, celier, caves, balier, trois granges,
« plusieurs escuries, estables à vaches et veaux et bergeries et
« un petit Jardin, grande court pour faire mesnage, le tout clos
« et fermé d'un large fossé plein d'eaü auquel il y a poisson, bien
« fermant de boes portes et pont levi.

« Accompagné de Jardins, Courtilages, vergers peuplés de fort beaux
« arbres à fruits de plusieurs sortes pour l'usage de la maison et plus.
« Clos et fermé d'un aultre fossé plein d'eau tout à lentour et d'une
« garenne peuplée de bois, brussailles, nobertiers, fruicts à noiaux,
« Iuarts et aultres bois aussy fermé d'un grand fossé tout à l'environ,
« faisant le troisiesme fossé tout à lentour de la dite Maison avec

« Droit de Justice, haulte, moïenne et base, Centz, lots, vantes,
« vest et Amande par tout le finage, droict d'aubeinne, droict de
« Rivière et une Périère.

« Le Péage de Riureulle qui est tel que chacun char passant par
« illec doit quatres deniers, une charette deux deniers et le Cocher ou
« aultre un denier pourveu que chacun d'iceux soit chargé de marchan-

---

1. *Pièces originales,* vol. 1583, n° 39.
2. *Inventaire de 1657,* cité dans la *Généalogie de 1900,* p. 89.

« dise et se doit demander et après ceux qui sont refusans s'en allans
« sans vouloir paier sont amandables de soixantes solz ; lequel..... est
« depresent admodié quatres liures.

« Item et environs et assez prest dudit Chastel en depd̅nt la quantité
« de trois cent Journels ou environ de basses terres, bien entretenues
« d'amandement en boê labeur, la plus part en grandes pièces dont la
« déclaro̅an en suits, tant de mon naissant que d'acquest par moy faict
« avec Damoiselle Louise Truc, ma femme.

> « Premièrement..... (suit l'énumération des terres en 144
> « articles, comprenant trois cents journées et plus).
> « Secondement : Prés dept̅ns de ma Maison d'Aulnay —
> « (5 articles comprenant 94 danrées de prés).
> « Troisièmement : Bois (15 articles comprenant 6 journées,
> « 74 denrées).
> Quatrièmement : Vingnes (5 articles, comprenant 2 journées,
> « 32 denrées) [1].

« Nota que ce que iavais acquis auparavant mon remariage me sera
« réputé pour propre et naissant co̅e les autres héritages qui me sont
« advenus et escheus par les successions de mes pères et mères. Mais
« ce que iay acquis avec Damoiselle Louise Truc ma femme sera partagé
« par moitié avec ma dite femme co̅e acquest. »

Il est certain que cette note, sur laquelle en marge et en regard
de chaque article, Jérôme de Joybert avait écrit : « de mon naissant », ou « acquest » avait été rédigée pour éviter tout ennui lors du
règlement de sa succession et de celle de sa femme, puisque celle-ci
avait postérité de son premier mariage.

Cette terre, importante comme on le voit, devait être d'un assez bon
revenu. De plus, Jérôme de Joybert avait des biens à Ville-en-
Tardenois et à Récy et des maisons à Châlons : sa femme avait de la

---

1. En tenant compte de ce que, dans l'arrondissement de Vitry, l'ancienne mesure
de la journée a été fixée à 35 ares, 17 centiares, et la danrée à 5 ares, 86 centiares, on
arrive à un total de plus de 125 hectares.

fortune. Cependant en 1622 il prit à titre de ferme et admoniation les dixmes de Pargny-sur-Saulx [1] sans doute à un moment où il se trouvait dans le besoin. Combien de temps les garda-t-il? je l'ignore : mais c'était un acte de dérogeance pour lequel son fils fut inquiété lors de la *Recherche* faite par Caumartin. Toutefois, cela ne l'empêcha pas, ainsi que nous l'avons vu, d'assister à la convocation du ban et de l'arrière-ban de la noblesse de Vitry en 1635, de se faire donner le 1er février de cette même année, par les Commissaires royaux, une sentence de maintenue de noblesse semblable à celle qu'il avait précédemment obtenue le 1er juillet 1634 [2] en l'Election de Vitry, dans laquelle on donne sa généalogie en remontant jusqu'à Simon et Marie Ogier, et où il était fait allusion à la dérogeance dont son arrière-grand-père Jean avait été relevé par les Lettres royaux d'Henri II en 1547.

Jérôme de Joybert se maria deux fois.

En premières noces, par contrat passé à Châlons devant Me de Pinte-ville, notaire, le 17 juin 1600 [3], et religieusement le 11 septembre suivant [4], il épousa Damoiselle Madeleine de Braux, fille de Pierre, écuyer, sieur de Sailly et du Sorton, l'un des gouverneurs (en 1595) de la Ville de Châlons, et de Dlle Charlotte Le Besgue. Cette famille l'une des meilleures de Champagne, avait été anoblie par Charles V, à Paris, le 1er février 1366. La branche dite du Sorton, issue de Pierre et de Charlotte Le Besgue, obtint le 19 mars 1755 des Lettres de reconnais-sance de noblesse de Stanislas duc de Lorraine. Ses armes sont : *de gueules au dragon ailé d'or* et pour cimier le dragon de l'écu issant d'un tortil d'or et de gueules porté d'un casque de front ouvert et barré de sept grilles. — Il n'en eut pas d'enfants.

Puis en secondes noces, par contrat [5] passé à Soulanges le 4 novembre 1608, par-devant Me de Bezançon, notaire royal à Châlons, Jérôme de Joybert épousa Damoiselle Louise Truc, veuve depuis le

---

1. *Fonds français*, vol. 32-541, p. 577 : État des dérogeances trouvées chez les notaires de Châlons : « Joibert : En l'année 1622, Hiérosme de Joibert, sgr d'Aulnay-le-« Chastel, y demeurant, a pris à titre de ferme et admoniation les dixmes de Pargny-« sur-Saulx. »

2. Original en parchemin (*Archives de famille*). — V. *Appendice G*.

3. *Pièces originales*, vol. 1583, n° 33.

4. Caumartin, *Généalogie de Braux*.

5. Voir *Appendice E*, n° 6, et livre IV, chap. II.

D.   4

9 novembre 1607 de son cousin-germain Jacques de Joybert, seigneur de Coulmiers, dont elle avait trois enfants et fille de noble homme Jérôme Truc, procureur du roi, et de D[lle] Jeanne Le Goix[1].

La famille Truc, originaire de Saluces (Piémont), fit devant Caumartin, en juin 1668, ses preuves remontant au dit Jérôme qui, lors de la réunion de cette ville à la France, était « premier gentil-homme de Messire Louis, dernier Marquis de Saluces[2] ». Ses armes sont : *d'azur au croissant d'argent surmonté d'une étoile d'or et accompagné de trois palmes de même.*

Louise Truc survécut à son second mari, vivait encore en août 1642, date à laquelle elle assistait ses deux filles pour le partage noble fait entre elles et leur frère des biens de leur père et habitait alors à Châlons en sa maison rue du Neufbourg[3]. Sa succession n'aurait été partagée que le 30 mai 1661[4], mais son acte de décès ne se retrouve ni à l'état civil d'Aulnay (Ablancourt), ni à celui de Châlons.

Jérôme eut de sa seconde femme :

1° Jean de Joybert, né vers 1609, entré au service vers 1627, fut successivement « au voyage du roy et au régiment de ses « gardes en Italie, Savoye, Piedmont, Languedoc, prise et « réduction des villes rebelles en Picardie avec le sieur marquis « de Lenoncourt, en Allemagne avec Monsieur le Mareschal

---

1. Le Goix, famille de Châlons refusée par Caumartin et dont cependant l'anoblissement positif est du 7 mars 1385. Elle portait : *d'azur à trois têtes de béliers d'or; écartelé : d'azur à deux perles d'argent.* — V. *Sommaire du Procès-verbal de la recherche de la noblesse de Champagne par Monseigneur de Caumartin,* publié par Ed. de Barthélemy, 1867, p. 180. — A noter que la grand'mère paternelle de Jérôme de Joybert, Louise Bizet, était fille d'une Le Goix : il était donc parent, à un degré que je n'ai pu déterminer, de Louise Truc, sa femme.

2. « Jérôme Truc était natif du village de Valfeniers en Piémont; il en fut procureur « fiscal et, depuis, s'étant retiré en France, il vint s'establir à Chaalons en Champagne, « où il fut admoniateur de l'abbaye de St-Menge pour le cardinal de Birague et, en « 1572, il est qualifié de receveur de cette abbaye ». Note manuscrite de Clairambault sur la *Généalogie Truc* du Caumartin annoté de la Bibliothèque nationale. En réalité Jérôme Truc fut anobli par lettres de Charles IX du 26 janvier 1574 (V. Laisné, *Nobiliaire de Champagne,* Paris, 1839, p. 94). — Suivant toute vraisemblance, Louise Truc serait née à Châlons. Jérôme Truc, receveur de Saint-Menge, dit son acte de décès, mourut à Châlons, paroisse de Saint-Éloi, le 31 janvier 1603.

3. *Pièces originales,* vol. 1583, n° 47.

4. D'après la *Généalogie de 1900,* p. 11, mais sans preuves.

« d'Esfiat et en Lorraine à la prise de Nancy », se trouvait en
juillet 1634 « au service du roy au camp devant La mothe soubs
« la charge de Monsieur le Mareschal de la Ferté, lieutenant
« général pour le dict seigneur roy en ses armées[1] », et fut tué le
20 mai 1635 à la bataille d'Avein[2], sous les ordres du maréchal
de Châtillon combattant contre le prince Thomas de Savoie.

2° Théodore de Joybert, né vers 1610 et mort le 10 juillet
1630 au combat de Veillane en Piémont où les Français conduits
par Henri II duc de Montmorency, maréchal de France,
battirent le général Doria, commandant les Piémontais[3].

3° Jacques, qui suit.

4° Louise de Joybert « agée de dix-sept ans en 1634[4] »,
émancipée le 12 avril 1642, se maria vers 1644 ou 1645 à Charles
Deu, écuyer, seigneur de Saint-Remy-sur-Bussy et d'Auve,
avocat au Parlement, fils, selon toute probabilité, de Pierre et de
Marie de Paris.

Elle en eut postérité[5] et acquit avec lui, en 1649, la

---

1. D'après la *Sentence de maintenue de noblesse* accordée à son père le 1er juillet
1634. — V. *Appendice G.*

2. *Pièces originales*, vol. 1583, n° 41.

3. *Id., Ibid., id.,* — Veillane, en italien : Avigliana.

4. Par conséquent, née vers 1616. — D'après la sentence, ci-dessus, du 1er juillet
1634.

5. De leur mariage sont nés :

    1° Nicolas, chanoine en l'église cathédrale de Châlons, puis, en 1705, chape-
lain de N.-D. d'Aulnay-le-Châtel, † en 1718.

    2° Louise, Châlons, 4 avril 1647.

    3° Pierre, qui suit.

    4° Madeleine, Châlons, 14 avril 1650.

    5° Charles, chanoine en l'église cathédrale de Châlons; Châlons, 7 septembre
1653 † Châlons, 21 septembre 1728.

    6° Joseph, Châlons, 19 octobre 1655.

    7° François, Châlons, 15 décembre 1656.

II. Pierre Deu, écuyer, seigneur du Vieux-Dampierre, conseiller du roi au Présidial,
de Châlons; Châlons, 7 juin 1648 † Châlons, 14 octobre 1714; = à Châlons, le 4 janvier
1677, Elisabeth de Papillon † Châlons, 21 juin 1739, d'où :

    1° Marguerite-Nicolle, Châlons, 6 décembre 1677.

    2° Charles, Châlons, 16 janvier 1679.

    3° Louise, Châlons, 4 décembre 1680 (marraine : Dlle Madeleine de Joybert,
femme de n. h. Jean Le Duc).

    4° Elisabeth-Marguerite, Châlons, 15 novembre 1681.

seigneurie du Vieux-Dampierre [1]. Elle mourut à Châlons, paroisse de la Trinité, le 30 novembre 1692 et y fut inhumée en l'église des Augustins [2]. Charles Deu était mort avant le mariage de son fils en 1677.

Deu porte : *d'argent au chevron d'azur accompagné de trois pattes de griffons de sable.* Cette famille, rejetée par Caumartin, figure au nombre de celles ajoutées dans l'*Armorial de Chevillard et Dubuisson* et fut confirmée en décembre 1718 sur production depuis 1541.

5° Pierre-François, Châlons, 1er janvier ✝ 12 août 1683.

6° Pierre, qui suit.

7° Emmanuel, Châlons, 22 octobre 1700.

III. Pierre Deu, écuyer, seigneur du Vieux-Dampierre, conseiller du roi, lieutenant au baage et siège présidial de Châlons ✝ à Plombières le 7 juillet 1728 ; ⚭ à Châlons, le 30 mars 1713, Marie-Jeanne Mathé de Malmy, d'où :

1° Elisabeth-Thérèse, Châlons, 28 avril 1716 ✝ 5 avril 1718.

2° Charles, Châlons, 22 mai 1717 ⚭ à Châlons, le 12 novembre 1743, Marie-Thérèse-Remiette Rosnay de Villers.

3° Edouard-Pierre, Châlons, 14 septembre 1719.

4° Pierre Louis, qui suit.

IV. Pierre-Louis Deu, écuyer, seigneur du Vieux-Dampierre, président au Présidial de Châlons ; — Châlons, 16 mars 1723 ; ⚭ à Châlons, le 13 janvier 1756, Charlotte-Claudette Le Clerc de Morains, d'où :

1° Félix-Victor, qui suit.

2° Marguerite-Victoire ✝ en 1804 ; ⚭ à Châlons le 25 septembre 1786, Auguste-Claude-Guillaume Vallois, écuyer, seigneur des Essarts.

V. Félix-Victor Deu de Vieux-Dampierre, Châlons, 13 septembre 1757 ✝ Courmelois, ... décembre 1832 ; ⚭ Marguerite Dauré d'Armancy de Loupeigne, d'où :

VI. Antoinette Deu de Vieux-Dampierre, Châlons, 10 janvier 1800 ✝ Châlons, 19 février 1882 ; ⚭ le 20 août 1820, Félix-Hyacinthe de Barthélemy ✝ Châlons, 22 décembre 1863, d'où :

1° Anatole qui suit.

2° Edouard de Barthélemy ⚭ à Paris, le 2 mai 1854, Bérangère L'Heureux ✝ à Paris, 9 mars 1901, d'où :

a : Gabrielle de Barthélemy ⚭ 8 mai 1879, François Guillaume, comte de Brocas de la Nauze, d'où :

a' : Bernard de Brocas de la Nauze.

VII. Anatole de Barthélemy, membre de l'Institut, né à Reims le 1er juillet 1821 ✝ Paris, le... juin 1904 ; ⚭ en 1861, Mlle Aubert, d'où :

VIII. Jean de Barthélemy.

1. Saint-Remy-sur-Bussy, — Auve, — Le Vieil-Dampierre (Marne), arrondissement de Sainte-Menehould.

2. État civil de Châlons.

5° Madeleine de Joybert, d'abord novice dans un couvent [1], puis émancipée ainsi que sa sœur le 12 avril 1642, épousa en premières noces Claude Aubelin, écuyer, seigneur de Nuisement,

lieutenant de la mestre de camp au régiment de cavalerie de Duras, dont elle eut deux enfants morts jeunes [2]. Fils de Jacques, seigneur de Nuisement, et de Perrette de Bar, il mourut probablement en 1656. Sa famille, originaire de Beauce, fut maintenue par Caumartin en février 1668 sur preuves remontant à 1350 ; elle portait : *d'azur au chevron d'argent accompagné en chef de deux étoiles d'or et en pointe d'une tête de cerf aussi d'or.*

En secondes noces, par contrat passé devant Duboys et Roget, notaires, le 5 juin 1663 et religieusement à la paroisse Saint-Eloi le 1er septembre suivant [3], Madeleine de Joybert épousa à Châlons, Jean Le Duc, écuyer, seigneur de Compertrix [4], échevin et gouverneur de Châlons, dont elle n'eut pas d'enfants. Né à Châlons le 5 septembre 1620, il était fils de Jean, conseiller au bailliage et siège présidial, échevin perpétuel de la ville de Châlons et de D^lle Marie Baugier.

Madeleine de Joybert mourut à Châlons le 5 janvier 1705, âgée de quatre-vingt-cinq ans [5] (ce qui la ferait naître vers

---

1. D'après la *Sentence* du 1er juillet 1634. — V. *Appendice G.*

2. Nuisement-sur-Coole (Marne), arrondissement de Châlons. — D'après Caumartin, *Généalogie Aubelin*, ses deux enfants furent :

    1° Louise, morte à l'âge de dix ans, à Châlons, le 10 avril 1661.

    2° Et Jacques Aubelin.

3. État civil de Châlons.

4. Canton de Châlons-sur-Marne.

5. État civil de Châlons. — D'après la *Généalogie de 1900*, p. 13 et 14, les cinq enfants du second mariage de Jérôme de Joybert seraient nés : Théodore à Aulnay, le 29 février 1612 ; — Jean à Aulnay, le 8 mai 1614 ; — Louise, le jour de l'Ascension 1616 ; — Madeleine à Aulnay, le 4 novembre 1618 et Jacques, le 20 octobre 1620. — Outre que ces dates sont avancées sans preuves, il y a tout lieu de les croire erronées. — Dans la *Sentence* déjà citée, du 1er juillet 1634, il est dit : Jean alors âgé de 24 ans, Jacques de 19 à 20 ans (ce qui concorde avec son acte de décès qui le fait mourir en février 1687, âgé de 74 ans) ; — et Louyse, âgée de 17 ans.

1619), et veuve pour la seconde fois; elle fut, comme sa sœur, inhumée en l'église des Augustins.

Les Le Duc firent enregistrer leurs armes dans l'*Armorial général de France* de d'Hozier, avec une généalogie leur donnant la Champagne comme berceau dès avant 1550.

Ils figurent aussi au nombre des familles ajoutées dans l'*Armorial de Chevillard et Dubuisson* et portaient : *d'azur au chevron d'or accompagné en chef de deux roses et en pointe d'une croix tréflée de même.*

CHAPITRE IX

Jacques de Joybert, écuyer, seigneur d'Aulnay-le-Châtel, Ardeuil, Grivy-Loisy, Condé-sur-Aisne, Vonc, Ville en-Tardenois, vicomte de Rivereuil[1], naquit vers 1613 sans doute à Aulnay, où il mourut « dans les sentiments d'un très bon chrétien, agé d'environ soixante « et quatorze ans », le 5 février 1687 et fut enterré le lendemain dans l'église[2].

Comme ses frères, il embrassa la carrière des armes « dès son bas-âge[3] »; en 1634, il était au siège de la Mothe, avec son frère Jean, sous les ordres du maréchal de la Ferté[4]; l'année suivante, il faisait la campagne de Flandre, comme cavalier dans la compagnie de chevau-légers du sieur de Vatimont à l'armée du maréchal de

---

1. Ardeuil, Grivy-Loisy, Condé-sur-Aisne (aujourd'hui Condé-les-Vouziers) et Vonc, biens situés dans l'arrondissement de Vouziers et qui lui venaient de sa première femme. — Rivereuil, pont avec péage (droit de vicomté) situé aux limites des communes d'Aulnay et de Saint-Amand.

2. État civil d'Ablancourt.

3. *Sentence du 1er juillet 1634.* — V. *Appendice G.*

4. *Idem, ibid.*

Châtillon[1], puis, le 6 décembre 1635, le maréchal de Brézé délivrait un passeport « au sieur de Ville » (c'est le nom sous lequel il servait), au moment où « se rendant en France avec un valet, deux chevaux et bagages[2] » il revint sans doute habiter à Aulnay : retour qui ne fut peut-être que momentané car, à Dureil, dans les papiers du colonel de Joybert, il est dit que Jacques aurait été capitaine au régiment de Grand'mont.

Quelques mois plus tard, son père mourait et le 22 décembre 1637, pour lui, sa mère et ses sœurs, Jacques rendit foy et hommage au roi[3] à cause de sa seigneurie d'Aulnay; puis il en fournit l'aveu et le dénombrement le 6 juillet 1641[4]. Aussitôt après l'émancipation de ses sœurs il prit Aulnay par préciput dans le partage noble fait entre elles et lui des biens provenant de la succession de leur père et y fixa sa demeure au moment où leur mère se retirait à Châlons dans sa maison de la rue du Neufbourg, où le partage eut lieu le 16 avril 1642 .

En 1637 et 1639 il se rendit en personne à la convocation du ban et de l'arrière-ban de la noblesse du bailliage de Vitry, disant que lui « Jacques de Joybert, écuyer, seigneur d'Aūlnay, déclare se présenter « en armes et équipage convenables selon sa qualité et de son dit fief « pour servir S. M. au ban et arrière-ban[6]. » — Puis le 1ᵉʳ septembre 1674 et le 28 février 1675 ce fut son fils Jérôme qui se présenta à sa place, faisant valoir « que le dit sieur Jacques de Joybert, écuyer, son « père, lui avait abandonné le dit fief, terre et seigneurie d'Aulnay-le- « Châtel, avec tous ses autres fiefs et biens, qu'il était fort incommodé « d'une grande surdité et âgé de plus de soixante deux ans[7], pourquoi « il ne pouvait faire le service personnel. » Aussi demanda-t-il pour lui la décharge de la contribution au ban et arrière-ban, qui lui fut accordée[8].

---

1. *Pièces originales*, vol. 1583, n° 41.
2. *Id., ibid.*, n° 42.
3. *Id., ibid.*, n° 43.
4. *Id., ibid.*, n° 46.
5. *Id., ibid.*, n° 47.
6. *Id., ibid.*, n° 44.
7. Ceci est une preuve de plus que Jacques est bien né vers 1613 et non, comme le dit la *Généalogie de 1900*, en 1620.
8. *Pièces originales*, vol. 1583, nᵒˢ 54 et 55.

Le 16 mars 1641, il obtenait de Bretel de Grimonville, intendant de Champagne, une sentence de maintenue de noblesse[1] ; — le 22 août 1664, il se faisait maintenir à la Cour des Aydes, et y faisait enregistrer qu' « il avait droit à la qualité d'écuyer, était noble et issu de noble race et lignée »[2]. — Enfin, le 2 juin 1668, devant Caumartin, il faisait ses preuves de noblesse pour lui et ses enfants.

A distance, on est tenté de traiter de puériles ou de ridicules toutes les démarches qu'on faisait et toutes les peines qu'on se donnait alors pour justifier de sa noblesse ; — et cependant la plupart du temps, il n'y entrait ni vanité, ni orgueil, mais on voulait justifier du droit, si chèrement acquis, de se soustraire à l'impôt et aux mille vexations du fisc. — C'est pourquoi l'on voit les nobles se donner tant de mal pour prouver leur noblesse, et les vérificateurs de noblesse, s'en donner non moins pour les trouver en défaut.

Jacques de Joybert n'échappa pas à la règle. — Caumartin déclara d'abord qu'il était noble, que sa preuve était fort bonne et bien établie depuis 1465. — Puis, à la suite de recherches minutieuses dans les études des notaires de Châlons, il le réassigna pour dérogeance, ordonna que dans les huit jours, il fournirait réponse aux pièces qui lui avaient été signifiées : cinq pièces des 21 octobre 1528, — 15 mai 1545, — 10 janvier 1548, — 14 janvier 1575 et 11 février 1622, desquelles il ressortait que Jean, trisaïeul, Jacques, deuxième ayeul, et Jérôme, père du dit Jacques, étaient marchands bourgeois à Châlons, et le renvoya au Conseil[3].

Ce fut sans doute la raison pour laquelle Caumartin comprit les Joybert dans les familles qu'il n'admit qu'après coup. Mais Jacques n'eut pas de peine à démontrer que les actes en question n'avaient ou n'avaient eu que peu d'importance, puisque tant de fois depuis, lui ou

1. *Généalogie de 1900*, p. 14.
2. *Pièces originales*, vol. 1583, n° 49.
3. *Fonds français*, vol. 32-541. — Nobiliaire de Champagne, — p. non numérotée : « Joebert ; — Jacques Joebert, sieur à Aulnay, Marie Linage, veuve de Michel de Joibert, « tutrice de Claude Joibert, son fils, — nobles. — Cette preuve est fort bonne et bien établie « depuis 1465. Depuis réassignés pour dérogeance. — Ord. que dans huit jours il fournira « réponse aux pièces qui luy ont été signifiées : cinq pièces du 21 octobre 1528, — 15 mai « 1545, — 10 janvier 1548, — 14 janvier 1575 et 11 février 1622 par lesquelles apparaît que « Jean Joebert trisaïeul, Jacques deuxième aïeul, et Jérôme père dudit Jacques, étaient « marchands bourgeois à Châlons. — Renvoy au Conseil. »

ses ascendants avaient obtenu des maintenues de noblesse, avaient comparu aux bans et arrière-bans et qu'aucun des siens ne s'était mésallié. Lui-même, ainsi que son cousin Claude, seigneur de Soulanges, avait pris part le 1ᵉʳ mars 1649, avec les membres de la noblesse, à l'assemblée générale des Trois États du bailliage de Vitry pour l'élection d'un député aux États généraux qui devaient être convoqués à Orléans, le 15 du même mois [1]. Quoi qu'il en soit, ce fut la dernière fois que les Joybert furent inquiétés pour leur noblesse et, de 1668 à 1790, ils n'eurent plus à la prouver, car elle ne leur fut plus jamais contestée.

Jacques de Joybert se maria deux fois.

En premières noces, par contrat passé devant Angenoust et Beschefer, notaires à Châlons, le 17 janvier 1641 [2], il épousa Damoiselle Magdeleine Detz, fille de feu Henri Detz, écuyer, seigneur de Grivy-Loisy et Ardeuil et de Damoiselle Magdeleine Beschefer [3], dame de Condé-sur-Aisne. Magdeleine Detz naquit sans doute à Condé-sur-Aisne et avant le 22 octobre 1618, jour où sa mère comparut devant Claude Baillet, lieutenant général civil et criminel au bailliage de Vitry au siège de Sainte-Menehould, « pour se faire donner la garde noble des enfants de défunt Henry Dez, vivant escuïer, seigneur de Grivy-Loisy et Ardeuil, *demeurant à Condé sur Aisne*, son mari [4]. » — Elle mourut au château d'Aulnay le 25 novembre 1665. Son acte de décès, très laconique [5], n'indique ni son âge, ni le lieu de sa sépulture ; mais, ainsi que tous les membres de la famille du seigneur elle fut inhumée dans l'église et devait avoir environ de 48 à 50 ans.

Le nom de sa famille s'orthographiait de différentes manières : dans

1. *Pièces originales*, vol. 1583, nº 48.

2. Caumartin, preuves du vıᵉ degré. — V. *Appendice E*, nº 5.

3. Madeleine Beschefer était née à Sainte-Menehould, d'où sa famille était originaire ; celle-ci portait : *de sable à deux étoiles d'argent en chef et une rose d'or en pointe.* — V. *Revue de Champagne et de Brie*, t. XIX, p. 69 et le *Journal de noble homme M. Germain Beschefer*, 1639-1679, publié par l'abbé Lucot, Châlons, 1900. Veuve en premières noces de Claude de Marolles, elle s'était remariée à Condé-sur-Aisne avec Henri Detz et avait été obligée de demander à l'official de Châlons, un bref du pape Paul V (du 13 septembre 1605. — Original en parchemin, *Archives de famille*), à cause de la parenté du second au troisième degré qui les unissait.

4. *Généalogie de 1900*, p. 92.

5. « Damoiselle Magdelaine Detz, femme de Jacques de Joybert, escüyer, seigneur « d'Aulnay, décéda le 25 novembre 1665. » — *État civil* d'Ablancourt.

son contrat de mariage et dans son acte de décès on l'écrit Detz ; sa sœur qui épousa le 7 novembre 1642 Salomon de Roucy, seigneur de Manre, l'écrivait d'Etz et d'Ets [1]; et l'un de ses frères, Henri, signait Dez, en 1630[2], de même que deux de leurs parents, Nicolas Dez, conseiller du roi au bailliage et siège présidial de Sainte-Menehould, subdélégué à l'Intendance de Champagne, lorsqu'il fit enregistrer ses armes à l'Armorial général de 1696 [3], et un jésuite assez connu, le P. Jean Dez, né à Chaudefontaine, près Sainte-Menehould, en 1643, qui fut confesseur du Grand Dauphin et mourut à Strasbourg en 1712.

Ces armes sont : *d'azur à une fasce d'argent accompagnée de trois étoiles de même en chef et d'une levrette courante, aussi d'argent, en pointe.* — C'est à peu près tout ce que nous savons sur cette famille qui aurait été maintenue le 4 avril 1641 par Bretel de Grimonville [4], et nous n'avons pu déterminer avec sûreté les armes de Mme de Joybert qu'en retrouvant celles de sa sœur dans les preuves fournies par sa petite-fille Jeanne-Françoise de Roucy « pour être reçue dans la communauté des « filles Demoiselles de la maison royale de Saint-Cir », le 27 avril 1697 et dans celles fournies par Jacques-Henry-Salomon-Joseph de Roucy, son arrière-arrière-petit-fils « agréé pour être élevé page du roy dans « sa grande écurie », le 29 avril 1761 [5].

Six mois après la mort de Madeleine Detz, Jacques de Joybert épousait en secondes noces, le 27 mai 1666, dans l'église d'Aulnay « Damoiselle Anne Du Boys, fille de feu Hugues du Boys, en son « vivant escuyer, seigneur de la Tourterelle, et de Damoiselle Renée de « Tournebulle, ses père et mère [6]. »

Sur la famille Dubois, on trouve aux *Archives de la Marne* [7] le

1. Caumartin, *Généalogie de Roucy.* — Le P. Anselme, *Hist. des grands officiers de la Couronne,* t. VIII, p. 872.

2. *Pièces originales,* vol. 999. — V. *Dez.*

3. *Armorial général manuscrit* de la Bibliothèque nationale, — Champagne, p. 236.

4. *Généalogie de 1900,* — p. 14, au verso.

5. *Cabinet des Titres,* vol. 296, n°s 64 et 284, n° 65.

6. État civil d'Ablancourt. — Le mariage avait été précédé d'un contrat passé le 22 devant Jean Thiellement et Michel Hocquet, notaires à Vitry (*Généalogie de 1900,* p. 15). — Les Tournebulle, grande famille de Champagne, originaire d'Écosse, alliée aux des Armoises, Nettancourt, etc., portaient : *d'argent à trois têtes de buffles de sable,* et se sont éteints au xviiie siècle.

7. *Série E, 145.* — On y trouve aussi à la date du 15 novembre 1662 une attestation

contrat de mariage à Saint-Lumier (13 janv. 1602) de Hugues Dubois, écuyer, seigneur de la Tourterelle, maréchal des logis de Madame, sœur unique du roi, demeurant à Somme-Yèvre, avec Damoiselle Renée de Tournebulle, fille de Jean, seigneur de Saint-Lumier en Champagne. — Il n'en eut que deux enfants, Mme de Joybert et Jean Dubois, capitaine au régiment de Florainville qui obtint en 1641, de Bretel de Grimonville, une sentence de maintenue de noblesse [1]. Or, comme en 1606, Hugues Dubois était déjà remarié à Damoiselle Jacqueline de Courtelaine [2], Mme de Joybert, lors de son mariage en 1666, devait avoir 63 ou 64 ans, c'est-à-dire environ huit ou dix ans de plus que son mari.

Ce second mariage, dont Caumartin ne parle même pas, deux ans après sa célébration, était mal assorti et ne fut pas heureux, car aussitôt après, Jacques de Joybert abdiquait la puissance paternelle, et nous trouvons en 1667 ses deux fils mineurs, Philippe et Jacques émancipés sous la tutelle de leur frère aîné, Jérôme. Quelques années plus tard, il abandonnait ses biens à ses enfants, et se retirait à côté du château, dans une maison dont ceux-ci lui assuraient la jouissance en y ajoutant une pension de neuf cents livres [3].

Anne du Boys, dame de Joybert mourut à Aulnay le 7 juin 1675, et y fut inhumée le lendemain dans l'église [4]. Sa famille, qui portait : *d'azur au chevron d'or accompagné de trois glands de chêne aussi d'or,* a formé diverses branches aujourd'hui toutes éteintes; celle de Virely [5], provenant d'un frère aîné du père de Mme de Joybert; celle de la Tourterelle, éteinte en la personne de Mme de Joybert et de son frère, mort à Aulnay le 24 juillet 1676; celle de Farémont et de Saran, éteinte en 1908 à Dinard, en la personne de M. H. de Saran, mort dernier du nom; et celle de Crancé, la plus connue de toutes, grâce à la triste noto-

---

de noblesse pour feu Hugues Dubois et ses deux enfants, Jean et Anne : il y est dit qu'il habitait Sommièvre où il mourut en 1622.

1. *Série E*, 145.
2. *Id., ibid.*
3. *Pièces originales*, vol. 1583, n°s 55 et 56.
4. État civil d'Ablancourt.
5. Virely, fief, situé à Juvigny-sur-Marne près de Châlons. — Hugues du Bois, écuyer seigneur de Virely, fit enregistrer ses armes à l'*Armorial général* en 1696 (Champagne) : *d'azur au chevron d'or accompagné de trois glands de chêne aussi d'or, tigés et feuillés de deux feuilles de sinople.*

riété de Dubois-Crancé, le conventionnel régicide, ministre de la Guerre du Directoire (1747-1814) ; les Farémont et les Saran issus de Nicolas Dubois, mort conseiller de ville et échevin de Châlons, le 17 janvier 1597, et d'Anne Collet, sa première femme ; et les Crancé, de Marie Priou, sa seconde femme [1] ; — lui-même, fils de Jacques, d'Antoine ou de Jean, frères cadets de Drouet Dubois, grand-père de Mme de Joybert.

De Madeleine Detz, Jacques de Joybert eut cinq enfants :

1° Jérôme, qui suit.

2° Philippe, auteur de la branche des seigneurs de Villers.

3° Louise de Joybert, baptisée à Aulnay le 27 janvier 1647 : « son parin mons^r ...., sa marine madamoiselle Louyse « de Joibert [2]. » — Elle était religieuse à Sainte-Menehould lorsqu'elle fut marraine à Villers le 19 janvier 1685, de sa nièce Louise.

4° Madeleine de Joybert, qui était « supérieure des religieuses « de Sainte-Menehould » quand elle fut marraine à Villers, le 18 octobre 1720, de sa petite-nièce Madeleine-Louise. Puis elle

---

1. La Tourterelle et Crancé, sont deux fiefs mouvants de Bussy-le-Château. — Farémont, annexe de Thieblemont, près de Vitry-le-François. — Saran, commune de Chouilly, près d'Epernay.

On voit aux *Carrés de d'Hozier*, vol. 102, f° 215, une sentence du 31 mai 1554 rendue par Claude Raulet, licencié ès-lois, lieutenant de M. le Bailly de Vermandois au siège de Châlons pour partage entre : 1° Jaquette du Bois, femme de Me Aubri, avocat du roi à Epernay ; 2° Anne du Bois, femme de Jean Fournet, demeurant à Saint-Martin d'Ablons ; 3° Drouet du Bois ; 4° Marie du Bois, épouse de Nicolas Le Cerf ; 5° Jacques, Antoine et Jean du Bois encore mineurs ; tous enfants et héritiers de feu Hugues du Bois, mort le 12 août 1553 et de feue Jeanne d'Origny, morte le 9 mai 1554. On fit sept lots de leurs biens sis à Bussy-le-Châtel, plus la cense de la Tourterelle à Bussy, plus la moitié par indivis d'un fief appelé le Virely, situé à Juvigny-sur-Marne, que le dit Drouet, en qualité de fils aîné, emporta par préciput. — Ce Drouet épousa par contrat du 20 octobre 1550 (*Archives de la Marne*, E, 145) Damoiselle Claude Caillet et en eut : Jacques du Bois, marchand à Châlons ; Robert du Bois, aussi marchand à Châlons ; *Hugues du Bois, sieur de la Tourterelle, demeurant à Somme-Yèvre* ; et Louise du Bois, femme de Jean Bonvallet, sergent royal, qui sont ainsi qualifiés dans l'acte de partage de feue Demoiselle Claudine Caillet, veuve de feu honorable homme Drouet du Bois, leurs père et mère, du 14 juin 1616. — Rambourgt, notaire à Châlons (*Dossiers bleus*, vol. 106).

2. Etat civil d'Ablancourt. — Le nom du parrain est illisible ; la marraine était Mme Deu, sa tante : à cette époque on conservait souvent aux femmes mariées, dans les actes religieux, leur nom de jeune fille.

dut mourir peu après [1], car sa succession fut partagée le 17 février 1723 [2].

5° Jacques de Joybert né vers 1655, était en 1667, émancipé sous la tutelle de son frère Jérôme; en 1668, lors de la recherche de Caumartin, était enseigne au régiment de la Reine, puis mourut à Aulnay le 27 septembre 1675, âgé d'environ vingt ans, dit l'acte de décès [3], et y fut inhumé le lendemain dans l'église.

1. Les dates de son décès et de celui de sa sœur ne se retrouvent pas à l'état civil de Sainte-Menehould, où chaque communauté avait un registre à part, rédigé au couvent. Les recherches que j'ai fait faire en 1901 n'ont pas abouti. — Ce qu'on appelait au xviiie siècle « les religieuses de Sainte-Menehould » ou encore « les Dames religieuses » étaient les religieuses de Saint-Augustin de la congrégation de Notre-Dame ou filles de Sainte-Marie.

2. D'après la *Généalogie de 1900*, p. 18. — Mais ce renseignement est avancé sans preuves et l'on ne peut guère s'y fier, car relativement aux enfants nés du mariage Joybert-Detz, son auteur a commis erreurs sur erreurs, confusions sur confusions : p. 17, il fait naître Louise à Aulnay le jour de l'Ascension 1646 et lui donne les mêmes parrain et marraine qu'à sa tante Mme Deu qu'il avait fait naître le jour de l'Ascension 1616 (p. 13). En revanche, à la p. 22, il la fait naître le 27 janvier 1647 et lui donne une autre marraine. — Pour sa sœur Madeleine, à la p. 18, il lui donne les mêmes parrain et marraine qu'à sa tante, née trente ans avant (p. 13); — et, pour ces cinq enfants (il y en a peut-être eu d'autres), on ne retrouve à l'état civil d'Ablancourt que les actes des baptêmes de Philippe et de Louise, les registres subsistants étant très incomplets et en fort mauvais état.

3. Etat civil d'Ablancourt.

CHAPITRE X

DIXIÈME DEGRÉ

Jérôme de Joybert, chevalier, seigneur d'Aulnay-le-Châtel, vicomte d'Ardeuil, seigneur de la justice haute et moyenne des Gretz, et seigneur féodal d'une partie des dixmes de Sommièvre, d'une partie des terres de Soulanges, Pringy, La Chaussée, mouvantes en arrière-fief de la baronnie d'Aulnay[1], était en 1668 mousquetaire du Roy[2]. En 1674, il fut nommé au commandement de la Cie des gentilshommes du bailliage de Châlons, occupait encore cette charge lors de son second mariage en 1686 et fit sans doute plusieurs fois campagne à sa tête[3]. Il comparut au ban et à l'arrière-ban en 1674 ; servit « avec tout son équipage « pendant tout le temps de l'arrière-ban du 1er septembre au « 22 novembre 1674, ainsi qu'il est justifié par un certificat du maréchal

1. Ce sont les qualités qu'il prend dans l'intitulé de l'acte de son second mariage à Vitry en 1686. *Les Gretz* nom inconnu dans la Marne, seraient peut-être *les Grais*, écart de la commune du Vezier, canton de Montmirail, et les biens qu'y possédait Jérôme de Joybert pouvaient peut-être provenir de son arrière-grand'mère de Balhan, puisque nous avons vu que la famille de celle-ci était seigneur d'une partie de Montmirail.

2. Caumartin, *Généalogie Joybert.*

3. Dans son acte de mariage à Vitry en 1686 il est dit : « Commandant les gentils-« hommes du bailliage de Châlons, pour le service du Roy, nostre Sire, en Allemagne. »

« de Créquy donné à Metz le dit jour où S. M. en a ordonné la révo-
« cation[1] » et fut de ce fait, déchargé, ainsi que son père et son frère
pour lesquels il se présentait aussi, de la contribution à celui qui
fut de nouveau convoqué en février 1675[2].

A la suite du partage fait entre lui et son frère le 22 mars 1678 tant
des biens paternels, en conséquence de l'abandon que leur en avait
fait leur père le 25 janvier 1677, que des biens qui leur étaient advenus
par le décès de Madeléine Detz, leur mère, « Jérôme de Joybert
« emporta pour son préciput et droit d'aînesse paternel la maison et
« le château d'Aulnay entouré de fossés pleins d'eau et pour son
« préciput maternel une somme de 1500 livres que devait lui payer
« son frère Philipe[3] ».

Il fut, de sa famille, le dernier seigneur d'Aulnay. — Achetée le
12 août 1538 et échangée le 10 juillet 1695, cette terre resta donc
pendant plus d'un siècle et demi entre les mains des Joybert. Importante par elle-même, ainsi que le prouve la déclaration que nous avons
citée (p. 47), elle reçut de ses divers possesseurs un accroissement con-
sidérable par les acquisitions successives qu'ils firent en grand nombre
et dont beaucoup de titres sont parvenus jusqu'à nous. Elle relevait
directement du Roy à cause de son château Vitry : mais son seigneur était
seigneur féodal de biens sis à Sommièvre, à Soulanges, à Ablancourt,
à Pringy, à la Chaussée et à Marne-la-Maison[4], « mouvant tant en
« plein fief qu'en arrière-fief du chastel d'Aulnay », ainsi que nous
l'apprend un « Mémoire pour faire saisir les dites terres fault de foy
« et hommages non faicts et de dénombrements non baillés[5]. »

Le château actuel ne donne aucune idée de ce que pouvait être
celui qui appartint aux Joybert, car celui-ci tombait en ruines au
commencement du XVIIIe siècle et ce fut M. de Napiers qui en entreprit la reconstruction en 1715[6].

1. *Pièces originales*, vol. 1583, n° 54.
2. *Id., ibid.*, n° 55.
3. *Id., ibid.*, n°s 56 et 57.
4. Sommièvre, arrondissement de Sainte-Menehould, Marne. — Marne-le-Maison,
hameau aujourd'hui détruit, situé sur la Chaussée et où il y avait un fief (Longnon, *Dict.
topog. de la Marne*).
5. Original en papier provenant des *Archives du château d'Aulnay*.
6. C'est dans les combles du château d'Aulnay que j'ai retrouvé bien des papiers

— 65 —

Jérôme de Joybert mourut à Aulnay le 13 décembre 1690 « âgé
« d'environ quarante-sept ans », dit son acte de décès[1], ce qui le ferait
naître vers 1643, et fut inhumé le lendemain dans l'église d'Aulnay. —
A sa mort il laissa beaucoup de dettes et une succession fort embrouillée
que son fils, encore mineur, n'accepta que sous bénéfice d'inventaire,
tandis que sa veuve s'empressait de renoncer à la communauté. La
terre d'Aulnay fut saisie et affichée et Marie Grossetête, tant pour sortir
de la situation délicate où elle se trouvait avec son beau-fils que pour
liquider ses propres douaire, préciput et indemnités à elle accordés par
contrat de mariage[2] et que son beau-fils voulait faire réduire, fit offrir
de la reprendre pour 50.000 livres. Ces offres furent faites les
25 février et 29 mars 1693. En suite de quoi, Philippe de Bar, tuteur
de Pierre de Joybert, réunit le 23 avril 1694 tous les parents de
celui-ci[3] devant Messieurs J.-B. de Pinteville-Vaugency, lieutenant

fort intéressants des xvie et xviie siècles relatifs à Aulnay-le-Châtel, alors qu'il appartenait aux Joybert : j'ai pu les emporter grâce à l'amabilité du propriétaire actuel, le marquis
de Lesseville.

1. État civil d'Ablancourt.

2. Son contrat de mariage lui accordait : 2.000 livres de préciput ; 1.200 livres « pour
« ses chevaux, carosse et chambres garnies » ; 700 livres de douaire annuel ; plus son
droit d'habitation dans le château (avis de parents du 23 avril 1694). Original en papier,
Archives de famille.

3. Dans l'acte d'avis des parents qui consentirent à adjuger la dite terre à
« Mme d'Aulnay » pour 50.000 livres, sont comparus : « Messire Pierre de Joibert, chevalier,
« seigneur de Coullemiers, Mutigny et La Chaussée, Lieutenant au régiment de Nice,
« émancipé sous la curatelle de Mre Claude Lorain, advocat au Parlement, demeurant à
« Chaalons, ledit Maistre Claude Lorain audit nom de curateur ; Mre Philippe de Bar,
« procureur en ceste Cour, tuteur du dit sieur de Joibert créé par justice à l'effet de la
« saisie réelle et criée de la dite terre et seigneurie d'Aulnay ; Messire Philippe de Joibert,
« chevalier, seigneur d'Ardeuil, lieutenant-colonel au régiment de Grandpré ; Mre Nicolas
« Deu, prestre, chanoine en l'église Cathédrale de Chaalons ; Mre Charles Deu, seigneur
« de Ville, aussy prestre chanoine en la dite église ; Mre Pierre Deu, sieur du Viel Dam-
« pierre, conseiller du Roy au bailliage et siège présidial de Chaalons ; Pierre Braux,
« escuyer, sieur de Vaux, cons^{er} du Roy et son grenetier et contrôleur en l'élection et
« grenier à sel de Chaalons ; Mre Hiérosme Rambourg, conseiller du Roy, assesseur civil
« et criminel audit bailliage et siège présidial, et Paul Jacquesson, sieur de Maffrecourt,
« tous parens paternels et maternels du dit sieur de Joibert. »

Philippe de Joybert était l'oncle de Pierre.

Nicolas, Charles et Pierre Deu, fils de Louise de Joybert, étaient ses oncles à la
mode de Bretagne.

Pierre Braux, par sa femme, Madeleine Le Gorlier, était petit-fils d'une Joybert.

Hiérosme Rambourg et Paul Jacquesson représentaient la ligne maternelle.

D.

général et commissaire examinateur au bailliage et siège présidial de
Châlons, afin d'avoir leur avis sur cette question. A l'unanimité, ils
furent d'avis d'accepter les offres de Marie Grossetête qui se fit adjuger
la terre et seigneurie d'Aulnay le 14 décembre 1694 par devant la même
juridiction. Puis, par un compromis passé devant Mᵉ Chapperon,
notaire à Vitry, le 10 juillet 1695, elle fit échange de la dite terre avec
Messire François de Napiers, chevalier, gentilhomme ordinaire du Roi
de la Grande-Bretagne, mari d'Anne Grossetête, sa sœur, contre deux
fermes sises au finage d'Etrepy, échange ratifié par acte authentique
passé devant le même notaire le 23 janvier 1698. — Aulnay n'y était
plus estimé que 36.000 livres.

Jérôme de Joybert contracta deux alliances :

En premières noces, il épousa, par contrat passé devant Roget,
notaire à Châlons, le 31 août 1672 [1], Damoiselle Magdeleine Raulet, sa
cousine, fille de Pierre, écuyer, seigneur de Mutigny et Souain et de
feu Damoiselle Jeanne de Joybert [2], et en eut deux enfants :

1° Pierre, qui suit.

2° Une fille née en 1674 et morte à Aulnay le 29 décembre
1675, âgée d'environ treize ou quatorze mois, dit son acte de
décès, qui ne donne pas ses prénoms [3].

Les Raulet, qui eurent quatre alliances avec les Joybert, étaient

1. D'après la *Généalogie de 1900,* p. 16.

2. Voir livre IV, chap. i et ii. Par les Truc, elle était sa demi-cousine germaine et
par les Joybert, sa cousine au 8ᵉ degré :

```
          Louise Truc.                                 Jacques de Joybert
               |                                        = 1539 Louise Bizet.
 ______________|______________             ________________|________________
 = 1° 1601            = 2° 1608             Jean de Joybert        Pierre de Joybert
 Jacques de Joybert   Jérôme de Joybert     = 1577                 = 1571
 sgr de Soulanges.    sgr d'Aulnay.         Apolline Cauchon.      Perrette Le Gorlier.
      |                    |                     |                      —
 Jeanne de Joybert    Jacques de Joybert    Jérôme de Joybert      Jacques de Joybert
 = 1634               = 1641                 = 1608                 = 1601
 Pierre Raulet.       Madeleine Detz.        Louise Truc.           Louise Truc.
      |                    |                     |                      |
 Madeleine Raulet = 1672 Jérôme de Joybert.  Jacques de Joybert     Jeanne de Joybert
                                             = 1641                 = 1634
                                             Madeleine Detz.        Pierre Raulet.
                                                 |                      |
                                             Jérôme de Joybert = 1672 Madeleine Raulet.
```

3. Etat civil d'Ablancourt.

originaires de la Beauce et obtinrent de François Ier des Lettres de reconnaissance de noblesse. Ils firent leurs preuves devant Caumartin en 1667 et portaient pour armes : *d'azur à un lys d'argent ouvert, tigé et feuillé de quatre feuilles d'or : au chef d'or chargé de trois tafs de sable, celui du milieu renversé.* C'était une des familles les plus riches de Vitry au xviie siècle [1].

Magdeleine Raulet mourut au château d'Aulnay le 20 juin 1685, âgée d'environ quarante-six ans et y fut le lendemain inhumée dans l'église [2]. Elle serait donc née en 1638 ou 1639 et aurait eu quatre ou cinq ans de plus que son mari.

En secondes noces, il épousa à Vitry le 22 juillet 1686 [3] honorée dame Marie Grossetête, veuve de Messire Pierre Le Blanc, écuyer, seigneur d'Orconte, Arrigny et autres lieux, conseiller du roi, président et lieutenant général au bailliage et siège présidial de Vitry qui y était mort le 29 octobre 1685 [3]. Fille de Pierre Grossetête, président au grenier à sel de Vitry et de damoiselle Jeanne de St-Genis, elle n'eut pas d'enfants de son second mariage et survécut à Jérôme de Joybert. Née à Vitry le 19 février 1656, elle y mourut le 31 décembre 1709 [3].

La famille Grossetête portait : *d'azur à deux gerbes d'or accompagnées en chef d'une étoile appointée d'argent soutenue d'un croissant de même* [4].

1. V. à l'*Appendice I* le tableau généalogique de cette quadruple alliance.
2. État civil d'Ablancourt.
3. État civil de Vitry-le-François.
4. *Armorial général manuscrit de 1696*, Bibliothèque nationale, Champagne, p. 194. — De son premier mariage elle eut au moins une fille, Marie Le Blanc, qui épousa à Vitry le 25 mars 1694, Claude-Louis de Mertrus de Saint-Ouen, chevalier, capitaine dans le régiment de M. le maréchal de Boufflers, mort à Saint-Léger-sous-Margerie le 3 août 1719. Marie Le Blanc mourut le 13 novembre 1739, laissant : Claude-Gaspard de Mertrus qui épousa à Domprot le 25 février 1729 sa cousine Anne-Élisabeth de Mertrus, fille de Pierre et d'Anne Cavelier et arrière-petite-fille d'une Joybert (V. livre IV, chap. ii) et mourut sans postérité.

CHAPITRE XI

ONZIÈME DEGRÉ

Pierre de Joybert, écuyer, seigneur de Coulmiers, Mutigny, La Chaussée, Soulainnes [1] et autres lieux, était lieutenant d'infanterie au Régiment de Nice, en 1694, lors de la réunion de l'assemblée de famille chargée d'examiner les offres de sa belle-mère pour l'achat d'Aulnay et avait fait en cette qualité les campagnes d'Italie. A ce moment, il cherchait à acheter une compagnie d'infanterie [2], ce qu'il ne parvint sans doute pas à faire, car, en 1696, lorsqu'il fit enregistrer ses armes à l'*Armorial général* [3], il s'intitule « Lieutenant au régiment de Grandpré » dont son oncle était lieutenant-colonel.

Le 22 mai 1698, il posait une des pierres d'angle du nouveau

---

1. Coulmiers et Mutigny, annexes de La Chaussée. Soulaines (Aube), arrondissement de Bar-sur-Aube. — En 1685, au baptême de sa cousine germaine Louise il était qualifié « seigneur d'Aulnay ».

2. « Sont aussy d'avis que le dit sieur de Joibert achepte une compagnie d'infanterie « s'il en trouve occasion, sinon qu'il continüe l'employ qu'il a présentement dans le régi- « ment de Nice en qualité de lieutenant, et qu'il emprunte la somme qui luy sera néces- « saire tant pour achepter la dite compagnie que pour se mettre en équipage pour la « présente campagne, au cas qu'il ne la puisse tirer sur ce qui luy est deub par la dite « dame d'Aulnay, etc. ». *Avis de parents du 23 avril 1694*, déjà cité, v. page 65.

3. Champagne, p. 25.

château que celui-ci faisait bâtir à Villers et sur laquelle on lit encore :
« Pierre de Joybert, escuïer, seig^r de Mutigny et autres lieux m'a posée
« le 22 mai 1698. » Il ne devait donc plus être au service à cette
date.

Quoique riche par sa mère dont il avait hérité de la belle terre de
Mutigny, il chercha à empêcher sa belle-mère de prendre dans la
succession de leur père et mari ce à quoi elle avait droit par contrat
de mariage [1]. Celle-ci, qui avait plus de fortune que Jérôme de Joybert,
prouva qu'à sa mort elle avait payé bien des dettes auxquelles elle
n'était pas tenue; qu'elle s'était fait adjuger Aulnay pour 50.000 livres,
prix bien supérieur à sa valeur puisque, deux ans après, elle l'avait
revendu pour 36.000, et riposta par une demande en interdiction de
son beau-fils [2], qui fut prononcée.

Pierre de Joybert épousa à Vitry, le 20 août 1701, « damoiselle
Suzanne Hullon, fille de noble Simon-Pierre Hullon, sieur des Landes,
bourgeois de Vitry, et d'Anne Garnier [3] », dont il n'eut pas d'enfants.
Née en 1671, elle mourut à Vitry le 28 février et y fut inhumée le
1er mars 1711. Les Hullon portaient : *d'azur à trois trèfles d'or* [4]. Il
lui survécut à peine et mourut aussi à Vitry le 9 septembre 1713 [5],
dernier rejeton de la branche aînée de sa famille.

---

1. V. page 65, note 2.

2. *Factum* pour dame Marie Grosteste, veuve de Messire Jérôme de Joibert, vivant
chevalier, seigueur d'Aulnay, intimée et appelante d'une sentence du lieutenant général
de Châlons du 8 février 1698, contre Philippe de Joibert, escuyer, sieur d'Ardeuil et de
Villers-sur-Marne, lieutenant-colonel au régiment de Grand'Pré, curateur créé par justice
à l'interdiction de Pierre de Joibert, escuyer, sieur de Mutigny, lieutenant dans le mesme
régiment de Grand'pré, soy-disant héritier par bénéfice d'inventaire du mesme Messire
Jérôme de Joibert, son père, appelant de la même sentence et intimé. — Bibliothèque
nationale. *Recueil Thoisy*, vol. 196, f° 332.

3. État civil de Vitry-le-François.

4. *Extrait du catalogue généalogique et chronologique des plus considérables familles
de la religion protestante de la ville de Vitry-le-François, depuis 1600 jusqu'à l'année
1714, fait par M. Varnier, conseiller médecin ordinaire du roi, etc., contenant les
familles....* (suivent quarante-deux familles, parmi lesquelles les Hullon. — Les mères de
Simon-Pierre Hullon et d'Anne Garnier étaient des demoiselles Varnier). Ms. de la Bibliothèque protestante de la rue des Saints-Pères à Paris. — Les Hullon étaient catholiques. —
Les Landes, fief, écart de Saint-Remy-en-Bouzemont.

5. État civil de Vitry-le-François. — Son acte de décès, non plus que son acte de
mariage ne donnent son âge; mais il a dû naître en 1673.

Sa succession fut partagée à Vitry le 10 juillet 1718 entre Jérôme-Philippe de Joybert, Joseph de Joybert, et Marguerite de Joybert, dame Aubelin, d'une part, ses cousins germains paternels ; et Pierre et Louis de Mertrus, Madeleine de Mertrus, dame Parchappe et Louise de Mertrus, femme de J.-B. de Lormeau, sg^r de Falourdet, ses cousins germains maternels [1].

1. V. livre IV, chap. II.

LIVRE II

BRANCHE

DES

SEIGNEURS DE VILLERS-SUR-MARNE

—

1645-1911

CHAPITRE I

DIXIÈME DEGRÉ

Philippe de Joybert, chevalier, seigneur d'Ardeuil, Grivy, Loisy-sous-Bourg, Condé-sur-Aisne, Vrizy, Vonc, Aulne-sous-Joinville, Dugny, Couvrot et Villers-sur-Marne [1], second fils de Jacques et de Madeleine Detz, naquit au château d'Aulnay le 18 et fut baptisé le 29 mars 1645; ses parrain et marraine furent « Monsʳ de la Tour de Cuy », son grand-oncle, et dame Marie Detz, sa tante, femme de Messire Salomon de Roucy [2].

Entré en 1662, à l'âge de dix-sept ans, dans la Compagnie des 300 mousquetaires à cheval de la garde du roi, commandée par Ed. Fᵒⁱˢ

1. Ardeuil, Grivy, Loisy-sous-Bourg (aujourd'hui Grivy-Loisy), Condé-sur-Aisne, Vrizy, Vonc, biens situés dans les environs de Vouziers et provenant de sa mère; — Aulne-sous-Joinville (auj. le Val-d'Osne), Haute-Marne — et Dugny, biens provenant d'Apolline Cauchon, son arrière-grand'mère; — Couvrot et Villers-sur-Marne, biens venant de sa femme.

2. Son acte de baptême, qui ne mentionne que le nom du parrain, figure à l'état civil d'Ablancourt. Le parrain était Philippe de la Pierre, seigneur de la Tour à Cuis, demi-frère de son grand-père de Joybert (V. p. 34, note 2). La marraine est donnée par la *Généalogie de 1900*, p. 19, mais sans preuve. — Quant au jour de la naissance il a été déterminé par l'énoncé si précis de son acte de décès.

Colbert, m^ls de Vandières, il y servit « assidûment et sans discontinuer pendant l'espace de cinq ans, s'acquittant fort bien de son devoir dans toutes les occasions qui se sont présentées pour le service du Roy tant en Hollande qu'en Flandre », et reçut pour récompense de ses services une Compagnie dans le Régiment d'infanterie de la Reine, le 20 novembre 1667. Le 28 janvier 1671, il en était nommé capitaine en premier. Ce fut en cette qualité qu'il prit part en 1674 à la sanglante bataille de Senef, où il fut dangereusement blessé d'un coup de mousquet dans les reins et qu'il fut déchargé, le 28 février 1675, de la contribution au ban et à l'arrière-ban de la noblesse de Champagne convoquée à Châlons [1].

Nommé « Lieutenant-colonel et capitaine de la 2e Compagnie du Régiment de milice infanterie composé de dix-huit compagnies que le Roy faisait mettre sur pied dans la généralité de Châlons sous la charge du sieur Bon de Moulins » le 1er janvier 1689, il recevait l'ordre, le 16 avril suivant « de passer incessamment dans le Régiment de milice d'infanterie de Joyeuse-Grandpré pour y servir dorénavant en la même qualité de Lieutenant-colonel [2] ». Il fit à la tête de ce régiment les campagnes d'Italie pendant dix ans, sans rentrer en France où il ne revint que dans le courant de 1701. C'est en rentrant chez lui qu'il fit le 20 octobre 1701 un inventaire de sa fortune en tête duquel il déclare « qu'il trouva, à son retour de la campagne d'Italie où il servait le Roy « en qualité de Lieutenant-colonel commandant le régiment de « Grandpré à Suse, son épouse morte lui laissant cinq enfants, scavoir « Jérôme-Philippe à ce moment bachelier en Sorbonne, Joseph, Nicolas, « Marguerite et Marie-Madeleine à ce moment postulante pour « entrer religieuse dans le couvent des filles de Ste-Marie, ordre de « St-Augustin, à Chaalons » ; et il ajoute « qu'à son retour, il y avait dix « ans qu'il était absent à cause de la durée de la dernière guerre [3]. »

Il commandait encore le Régiment des milices de Champagne en 1704, au moment du mariage de sa fille et mourut « en son château de

---

1. Certificat original en papier donné à Paris, le 22 décembre 1667, par Colbert de Vandières. *Pièces originales*, vol. 1583, n° 51. — Commission de capitaine d'une Compagnie au régiment de la Reine donnée au sieur d'Ardeuil. *Id., ibid.*, n°s 50 et 55.

2. *Id., ibid.*, n° 50.

3. Cité dans la *Généalogie de 1900*, p. 21.

« Villers-sur-Marne le 10ᵉ jour d'avril de l'année 1708, âgé de 63 ans,
« 24 jours, à dix heures du matin et fut inhumé le lendemain dans
« l'église St-Hilaire dudit Villers [1]. »

C'est là qu'il avait épousé, le 1ᵉʳ février 1677, sa cousine Damoiselle
Claude Linage, fille de feu Messire François Linage, écuïer, seigneur de
Villers-sur-Marne, et de noble dame Marguerite Feret : à cause de cette
parenté on avait dû demander une dispense au Pape Innocent XI [2].
Le mariage avait été précédé d'un contrat passé le 25 janvier 1677
au château de Villers, devant Mᵉ Pierre Robin, notaire royal à
Vitry, dans lequel Jacques de Joybert, son père, outre tous les biens
maternels échus à ses deux fils « leur céda et abandonna tous et chacun
« de ses fonds et immeubles paternels pour être les dits biens partagés
« entre les dits sieurs d'Aulnay et d'Ardeuil, ses enfants; cela à charge
« par eux de lui faire une pension de 900 livres sa vie durant et de lui
« laisser la jouissance d'une maison sise au dit Aulnay [3] ». En
conséquence de cet abandonnement, un partage intervint entre les deux
frères le 29 mars 1678 : et, tandis que Jérôme, comme nous l'avons
vu, emportait Aulnay, Philippe recevait « la terre et seigneurie
« d'Ardeuil, avec droit de justice haute, moïenne et basse, une maison

---

1. État civil de Couvrot. — Il existe encore, en regardant la Marne, à droite de l'emplacement qu'occupait le château, la petite chapelle, entourée de noyers séculaires, que l'on désignait sous le nom d'église Saint-Hilaire de Villers et où ont été enterrés presque tous les Joybert de cette branche, de 1677 à 1790.

2. État civil de Couvrot. — V. *Appendice E,* n° 4. — Ils étaient cousins au 8ᵉ degré en droit civil et au 4ᵉ en droit canon :

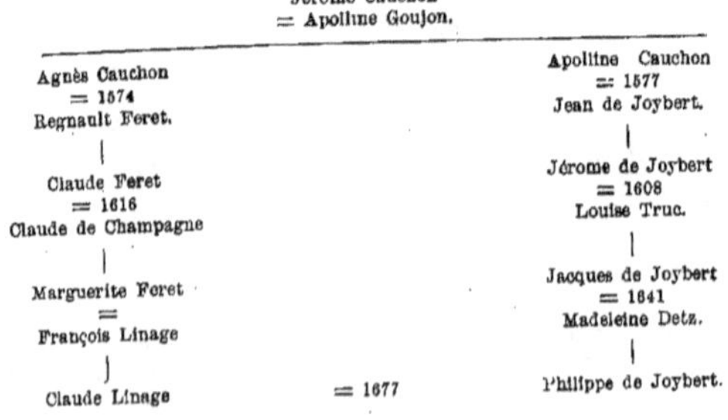

3. *Pièces originales,* vol. 1583, n° 56.

« et dépendances à Loisy sous Bourg acquise par défunte Madeleine
« Beschefer, son aïeule, etc. [1] ».

« Née à Villers le 26 avril 1656, Claude Linage, dame de Villers-
sur-Marne, Couvrot et autres lieux, y mourut le 2 may 1692, âgée
d'environ trente-six ans, dit son acte de décès, et fut inhumée le lendemain dans l'église du dit Villers[2] », laissant ses cinq enfants à la charge
de sa mère, qui mourut elle-même au château de Villers, le 12 octobre
1693.

Claude Linage apportait à son mari la terre et baronnie de Villers-
sur-Marne, dépendant de la paroisse de Couvrot et relevant du roi à
cause de son château de Vitry. Cette terre, fort importante, comprenait
environ quatre cents hectares de nos mesures modernes; on n'en
possède aucun ancien plan et il n'en reste qu'une vue au lavis sur une
grande feuille de $1^m,50$ de long sur $0^m,70$ de haut représentant à vol
d'oiseau et grossièrement reproduite la terre entière de Villers depuis la
route nationale n° 4 au nord jusque et y compris le village de Loisy-sur-
Marne au sud; et de l'ouest à l'est, de Bayarne à Couvrot. Le cours de
la Marne en occupe le centre : on y voit le château avec son haut toit
et ses deux grosses tours d'angles, séparé, sur le devant, des prés qui
longent la Marne par un mur d'enceinte avec tours et colombiers et
ouvert d'une énorme porte cochère; à gauche et en dehors de l'enceinte,
la chapelle dite église Saint-Hilaire de Villers. A droite en regardant
le château, après le parterre et le bosquet, le village de Villers dont il
ne subsiste plus rien et qui ne devait être qu'un fort petit hameau dépen-

1. *Pièces originales*, vol. 1583, n° 57. — Je ne sais quelle était l'importance de la terre
d'Ardeuil qu'aucun Joybert ne paraît avoir jamais habitée; mais elle devait être moins con-
sidérable que celle d'Aulnay. — Dans les papiers de famille, et aux Archives des Ardennes
on ne retrouve aucune pièce la concernant. Elle dut être vendue tout à la fin de la vie de
Philippe de Joybert ou aussitôt après sa mort, car, dès le 29 novembre 1708, un sieur
Charles de Boy se qualifiait « seigneur d'Ardeuil ». — Aux *Archives communales d'Ardeuil*, on trouve des Lettres de Louis XIV, du 21 avril 1696, accordant à Philippe de
Joybert, seigneur d'Ardeuil, lieutenant-colonel du régiment de milices de Champagne,
l'établissement d'un papier terrier de sa seigneurie, à la suite d'une requête où celui-ci
exposait que « les ennemis de vos états se sont emparés de ladite terre qu'ils ont pillée
« et bruslée : cela a fait que les papiers par lesquels apparaissaient lesdits droits sei-
« gneuriaux ont été perdus, bruslés et adhirés, etc. ».

2. État civil de Couvrot. Son parrain était : Claude Linage, écuyer, seigneur de
Villers, son grand-père; sa marraine, dame Claude de Champagne, de Varimont, sa grand'-
mère maternelle.

dant de Couvrot. Au dos on lit : « Plan de Villers à Loisil à Monsieur
« d'Ardeuil au sujet des procès qu'il a gagnés pour les isles et islots
« devant Villers à luy disputés par les habitants de Loisil[1] ». Tout le
sous-sol de Villers composé de marne et de chaux recouvert d'une très
mince couche de terre arable ne donnait que fort peu de valeur à ce
domaine dont une grande partie est toujours restée en friche. Aussi
lorsqu'en 1788 un cyclone, dont le souvenir subsiste encore dans le
pays, s'abattit sur la région, le peu de terre végétale qui recouvrait le sol
fut emporté et les récoltes tombèrent à rien : ce qui fit que, la Révolution
aidant, les Joybert se détachèrent de plus en plus de Villers, et le
quittèrent au début du XIXe siècle pour venir s'établir à Vitry d'abord,
puis à Bussy et à Rozières.

Philippe de Joybert, en s'y fixant par son mariage, fut le chef de
la branche dite « de Villers » qui devint branche aînée en 1713 à la
mort de son neveu et dont descendent tous les Joybert actuels. Il rendit
foy et hommage au roi pour cette terre le 19 décembre 1682 et fournit
son dénombrement le 10 janvier 1683[2]. Puis, pendant qu'il était en
Italie, il entreprit la reconstruction du château, démoli, depuis, vers
1846. Il n'en restait plus qu'un petit pavillon dans lequel on conservait, avec une fort belle taque de cheminée aux armes accolées des
Joybert et des Linage, deux pierres d'angle sur lesquelles on lisait :
« Marie-Madeleine de Joybert, âgée de 12 ans, fille de Philippe de
« Joybert, escuyer, seigneur d'Ardeuil, Villers et autres lieux, Lieute-
« nant colonel au régiment de Grandpré a posé cette pierre le
« 22 may 1698 », et sur l'autre : « Pierre de Joybert, escuïer,
« seigneur de Mutigny et autres lieux m'a posée le 22 may 1698. »
Chacune, surmontée d'un écusson ovale aux armes des Joybert. —
Taque et pierres sont actuellement dans la chapelle.

Les Linage, famille aujourd'hui éteinte, était l'une des meilleures
et des mieux apparentées de Champagne : elle fit devant Caumartin,

---

1. Il s'agissait d'îlots de sable formés et défaits par le cours de la Marne. Ce plan,
très intéressant, quoiqu'en fort mauvais état, a été retrouvé en 1908 dans les archives du
château de Rozières et appartient à la baronne Paul de Kesling, qui avait hérité de sa
mère la comtesse de Vaugiraud, née Joybert, de la terre de Villers, vendue depuis, en
1909, sous la réserve de la petite chapelle et d'une bande de terrain de quatre mètres
l'entourant de tous côtés.

2. *Pièces originales*, vol. 1583, n°s 59 et 60.

en juillet 1668, ses preuves remontant à 1361. Ses armes étaient : *de gueules au saultoir engreslé d'or, cantonné de quatre fleurs de lys de même*. Elle eut une double alliance avec les Joybert[1].

Les successions de Philippe de Joybert et de Claude Linage furent partagées entre leurs enfants les 6 juillet et 9 septembre 1708[2] : Jérôme Philippe eut le château, la terre et la seigneurie de Villers-sur-Marne ; Madame Aubelin eut la terre et seigneurie de Grivy-Loisy ; Joseph, celles de Couvrot et de Vrizy ; Nicolas, celles de Loisy-sur-Marne et de Vonc ; Marie-Madeleine n'intervint pas au partage dans lequel il n'est plus question d'Ardeuil, ni de Condé-sur-Aisne : et cependant nous verrons, à la fin du XVIIIe siècle, Louise-Charlotte de Joybert laisser à sa sœur Madame d'Ablancourt les biens qu'elle possédait à Condé[3].

Philippe de Joybert avait eu huit enfants :

1° Alexandre-Charles, né à Villers le 4, baptisé le 6 et mort le 27 décembre 1677[4] : parrain, Jacques de Joybert, son grand-père ; marraine, Marguerite Linage, née Feret, sa grand'-mère.

2° Jérôme-Philippe, qui suit.

3° Marguerite-Madeleine, née à Villers le 2 août 1680 : parrain, Messire Charles de Bruneteaux, Vte de Chouilly, mari de Demoiselle Feret sa grand'tante ; marraine, Madeleine Raulet, première femme de Jérôme de Joybert, son oncle. — Elle mourut au château d'Aulnay le 26 octobre suivant[5].

4° Marguerite de Joybert, née à Villers le 16 novembre 1681[6] : parrain, René de Feret, chevalier, seigneur de Brionne et autres

---

1. V. livre V, chap. 1.
2. *Généalogie de 1900*, p. 22 et 23.
3. Voir plus loin, chap. IV.
4. État civil de Couvrot. — Décembre et non septembre, comme le dit la *Généalogie de 1900*.
5. États civils de Couvrot et d'Ablancourt.
6. État civil de Couvrot.

lieux, cousin germain de sa mère ; marraine, noble dame Marguerite Linage, dame de Lisle-en-Rigault, Loisy et autres lieux. — Elle épousa au château de Villers-sur-Marne le 24 novembre 1704 « Messire Jean Aubelin de Nuisement, escuyer, seigneur de Villers-aux-Bois, y demeurant, fils de feu Messire Jacques Aubelin et de feu noble dame Marie Pougnière [1] », né le 17 avril 1674.

Marguerite de Joybert était déjà veuve en mars 1717 (je n'ai pu retrouver le lieu de naissance ni l'acte de décès de son mari).

1. État civil de Couvrot ; — dans deux actes de baptême à Villers, 15 février 1715 et 26 mars 1717, on l'appelle Jean-Baptiste ; — Villers-aux-Bois, Marne, arrondissement d'Épernay.

Jacques Aubelin était le neveu de Claude Aubelin, premier mari de Madeleine de Joybert, grand'tante de sa femme : sur cette double alliance et les armes de cette famille, V. livre I, chap. VIII, p. 53.

I. De ce mariage sont nés :
    1° Philippe, qui suit.
    2° Marie-Anne, Villers-aux-Bois, 16 septembre 1709 † 15 mars 1712.
    3° Madeleine-Marguerite, Villers-aux-Bois, 12 mars 1715.

II. Philippe Aubelin, chevalier, seigneur de Villers-aux-Bois, Grivy-Loisy et autres lieux, né à Villers-sur-Marne, le 5 septembre 1705 † Villers-aux-Bois, le 7 octobre 1784 ; ═ à Châlons, le 12 février 1731, Marie Catherine Baugier † à Villers-aux-Bois, le 24 janvier 1784, d'où :
    1° Pierre-Philippe, né à Châlons, le 29 novembre 1731.
    2° Jérôme-Marie, qui suit.
    3° François de Sales, dont la descendance viendra après celle de son frère.

III. Jérôme-Marie Aubelin, chevalier, seigneur de Villers-aux-Bois, capitaine au régiment de Guienne, chevalier de Saint-Louis, né à Châlons, le 23 janvier 1734 ; ═ Marie-Anne-Perrette-Adélaïde de Laumoy, d'où :

IV. Anne-Claude-Catherine Aubelin de Villers, Vertus (Marne), 18 mai 1769 † Vitry, 3 mai 1861 ; ═ 22 avril 1805, Louis Jacobé de Soulanges, Vitry, 12 décembre 1767 ; † Vitry, 1er juillet 1843 (descendant au 6e degré de Noël Jacobé et de Louise de Joybert : V. livre VI, chap. II), d'où :
    1° Louis-Alfred, qui suit.
    2° Jérôme-Ernest, Vitry, 11 mars 1808 † Paris, 4 juin 1893 ; ═ 20 juillet 1840, Henriette Jacquiers † à Paris, 11 août 1888, d'où :
        a : Berthe Jacobé de Soulanges, née le 28 février 1841 ═ Gaston Lambert de Balhyer.

V. Louis-Alfred Jacobé de Soulanges, Vitry, 12 avril 1806 † Plichancourt, 19 mars 1865 ; ═ à Bussemont, le 16 avril 1828, Louise Labbé de Morambert † à Paris, le 13 janvier 1876, d'où :

D.   6

Puis, probablement après le mariage de son fils, elle se retira à Châlons dans le monastère des religieuses de Saint-Joseph : c'est

1° Gabrielle, née le 14 avril 1829 ⚌ à Bussemont, le 4 novembre 1850, Amédée Martin d'Escrienne, d'où :

    a : Louise M. d'E., 25 décembre 1851 ⚌ Paris, 18 février 1872, Albert Battenot.

    b : Claire M. d'E., 19 décembre 1853 ⚌ 4 janvier 1875, Louis Meillet.

    c : Fernand M. d'E., officier de cavalerie, chevalier de la Légion d'honneur, né le 3 mars 1855 ; ⚌ 15 octobre 1889, Marie Fournier-Leray.

    d : Lucie M. d'E., née le 21 décembre 1857.

2° Louis-Henri, qui suit.

VI. Louis-Henri Jacobé de Soulanges, officier de cavalerie, chevalier de la Légion d'honneur, Vitry, 3 août 1834 ⚌ à Paris, le 16 février 1865, Marie-Angélique-Philomène Bach, veuve de Ferdinand Dinet, morte à Soulanges, le 31 juillet 1870, d'où :

1° Louis-Maurice J. de S., ancien officier d'infanterie, Paris, 23 avril 1866.

2° Marie-Gabrielle, Paris, 19 mai 1867.

3° Suzanne-Marie-Caroline, Soulanges, 8 septembre 1868.

III. François de Sales Aubelin, chevalier, seigneur de Villers-aux-Bois, Coole, La Chapelle, Faux, etc., capitaine au régiment de Guienne, chevalier de Saint-Louis, né à Villers-aux-Bois, le 18 janvier 1735 ; ⚌ à Renneville, le 20 octobre 1777, Marie-Benoîte Hocart ✝ à Châlons, 30 mai 1780, d'où :

1° Auguste-Philippe, qui suit.

2° Anne-Catherine, Châlons, 25 mai 1780.

IV. Auguste-Philippe A. de V., Châlons, 31 août 1778 ⚌ Honorée-Henriette de Prudhomme, d'où :

1° Jérôme-Henri, qui suit.

2° Philippe-Auguste qui suivra après la descendance de son frère.

V. Jérôme-Henri Aubelin de Villers, capitaine du Génie, Châlons, 4 mai 1806 ; ✝ 15 février 1845 ; ⚌ 27 juin 1842, Louise-Marie-Clémentine de Raymond, d'où :

VI. Euphrosine Aubelin de Villers, Paris..... février 1844 ; ⚌ Paris, 2 juin 1863, Charles de Secondat, baron de Montesquieu ✝ à La Brède, 24 janvier 1900, d'où :

1° Pierre de Secondat, baron de Montesquieu.

2° Suzanne ⚌ le baron Roger de Sivry.

V. Philippe-Auguste Aubelin de Villers, Châlons, 10 février 1809 ✝ Bourges, 28 mars 1874 ; ⚌ Bourges, 20 janvier 1840, Jeanne-Françoise-Octavie-Eugénie de Barral, née à Argenton-sur-Creuse, 11 mai 1820 ✝ au château de Brécy (Cher), le 15 novembre 1900, d'où :

VI. Marie-Jeanne Aubelin de Villers, Bourges, 14 avril 1848 ⚌ à Brécy, 12 janvier 1869, Marie-J.-B.-Gratien-Godefroy-Albert de Secondat, baron de Montesquieu, né à la Brède, le..... 1837 (frère de Charles ci-dessus), d'où :

1° Roger, qui suit.

2° Philippe-Auguste-Marie-Gaston-Jacques Culan de Secondat, baron de Montesquieu, né à la Brède, le 15 juillet 1874.

VII. Jean-Marie-Godefroy-Charles-Roger Culan de Secondat, baron de Montesquieu, né à la Brède, le 20 janvier 1870 ⚌ à Paris, le 8 avril 1902, Louise Aucoigne de Sainte-Croix.

là qu'elle mourut le 30 novembre 1760 et qu'elle fut inhumée. Sur
sa tombe, ornée d'un écusson aux armes des Aubelin, on lisait :

« Cy gist Dame Marguerite de Joybert, veuve de Jean Aubelin,
« chevalier, seigneur de Villers aux Bois, qui décéda en ce
« monastère, le 30ᵉ de novembre 1760. Priez Dieu pour elle. —
« Cette pierre fut posée par Philippe Aubelin, son fils [1] ».

5° Louise de Joybert, née à Villers-sur-Marne le 19 janvier
1685, y morte le 1ᵉʳ mars suivant. Parrain : Pierre de Joybert,
seigneur d'Aulnay, son cousin germain ; marraine : très honorée
dame Louise de Joybert, religieuse à Sainte-Menehould, sa
tante [2].

6° Marie-Madeleine de Joybert, née à Villers le 5 septembre
1686. Parrain : Messire François de Feret, chevalier, seigneur de
Varimont, Brionne et autres lieux, cousin germain de sa mère ;
marraine : Madeleine de Joybert (Mᵐᵉ Le Duc), sa grand'tante
paternelle [3]. Comme nous l'avons vu, elle posa le 22 mai 1698,
une des premières pierres du nouveau château de Villers ; en 1701,
elle était « postulante pour entrer religieuse dans le couvent des
« filles de Sᵗᵉ-Marie, ordre de Sᵗ-Augustin, à Chaalons ».
Elle y entra en 1702, fit profession le 29 janvier 1704 et prit le
nom de sœur Madeleine-Béatrix. Elle mourut à Châlons dans ce
monastère de Sainte-Marie (ancien grand séminaire) le 4 juillet
1730, et y fut inhumée dans le cimetière du couvent, c'est-à-dire
dans le jardin situé derrière l'église qui a été démolie en 1809 [4].

Le 12 mars 1715, elle avait été marraine à Villers-aux-Bois, de
sa nièce Madeleine-Marguerite Aubelin.

7° Joseph de Joybert, chevalier, seigneur de Vrizy, né à Vil-

---

1. *Recueil des pierres tombales des églises et couvents de Châlons,* déjà cité, p. 257.
La Généalogie de 1900, p. 25, dit qu'elle fut religieuse et supérieure de sa communauté ;
c'est inexact : son fils, d'ailleurs, n'aurait pas manqué de le dire dans son épitaphe ;
aussi je crois que le portrait dont elle parle et dont l'authenticité n'est pas établie, serait
plutôt celui de Madeleine de Joybert qui mourut vers 1722, supérieure des religieuses de
Sainte-Menehould (V. p. 61) ; d'autant que le costume est du xviiᵉ et non du xviiiᵉ siècle.
2. État civil de Couvrot.
3. *Idem.*
4. C'est donc par erreur que la *Généalogie de 1900* la fait mourir avant 1713. — Voir
Appendice H.

lers le 1ᵉʳ janvier 1688 ; parrain : Messire Jérôme-Philippe de Joybert, son frère ; marraine : Demoiselle Anne Gérard [1].

Dans la succession de ses père et mère, il avait recueilli les terres et seigneuries de Couvrot et de Vrizy et était connu sous le nom de « M. de Vrizy [2] ». Lieutenant au régiment de Navarre et sous la curatelle de Messire François Feret, lors du partage de 1708, il mourut célibataire à Saint-Lazare à Paris le 19 octobre 1726, et ses biens furent partagés le 23 février 1728, entre son frère Jérôme-Philippe et sa sœur Mᵐᵉ Aubelin [3].

8° Nicolas de Joybert, chevalier, seigneur de Vonc et de Loisy, né à Villers le 5 juin 1689 ; parrain : Maître Nicolas Deu, prêtre, chanoine de l'église cathédrale de Châlons, seigneur de Saint-Remy-sur-Bussy, cousin germain de son père ; marraine : noble dame Marie Grossetête, femme de Messire Jérôme de Joybert, chevalier, seigneur d'Aulnay et autres lieux, sa tante [4].

Il avait eu, dans la succession de ses parents, les terres et seigneuries de Vonc et de Loisy ; était dit « M. de Loisy », fut comme son frère, sous la curatelle de Messire François Féret, puis lieutenant au régiment du Perche, et mourut célibataire entre 1709 et 1713.

---

1. État civil de Couvrot.

2. Dans l'acte de mariage en 1704 de sa sœur Mᵐᵉ Aubelin, au château de Villers, il signe : Joseph de Vrizy et son frère : Nicolas de Loisie.

3. *Pièces originales*, vol. 1583, n° 66.

4. État civil de Couvrot.

LES 16 QUARTIERS

de

JÉROME-PHILIPPE DE JOYBERT

(1679 ✝ 1744)

QUI SERAIENT

les

16 PREMIERS QUARTIERS PATERNELS

des

2.048 QUARTIERS DES JOYBERT

de la

18ᵉ GÉNÉRATION.

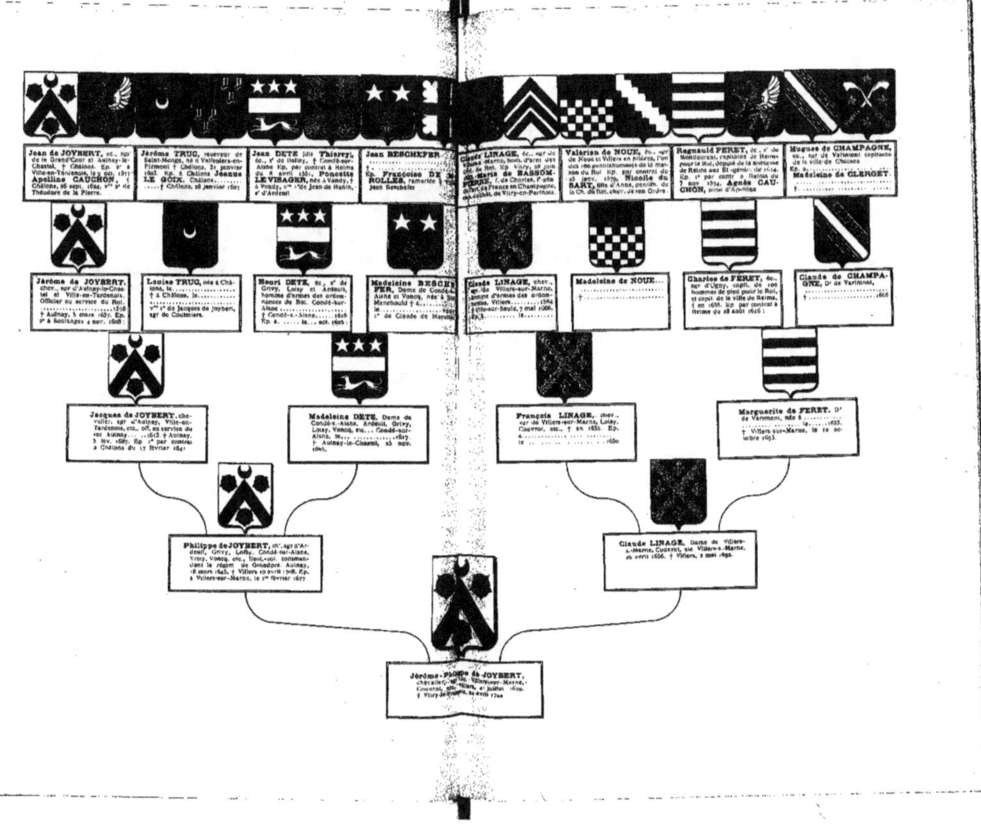

Jean de JOYBERT, éc., sgr de la Grand'Cour et Aulnay-le-Chastel, † Châlons. Ép. 2e à Ville-en-Tardenois, le 9 oct. 1577, Apolline CAUCHON, † Châlons, 26 sept. 1624, v[euv]e 2e de Théodore de la Pierre.
Jérôme TRUC, receveur de Saint-Menge, né à Valfenière-en-Piémont † Châlons, 31 janvier 1603. Ép. à Châlons Jeanne LE GOIX, Châlons....... † Châlons, 28 janvier 1607
Jean DETE (dit Thierry), éc., s[gr] de Bailly, † Condé-sur-Aisne. Ép. par contrat à Reims du 8 avril 1581, Poncette LE VISAGER, née à Vandy, † [...] v[euv]e 1re de Jean de Hanin, s[gr] d'Ardeuil
Jean BESCHEFER ...... † ...... Ép. Françoise DE ROLLES, remariée à Jean Beschefer
Claude LINAGE, éc., sgr de Villers-Marne, hom. d'arm des ord. de Roi. Ép. Vitry, 28 juin [...] Marie de BASSOMPIERRE, f. de Charles, [...] de France en Champagne, maréchal de Vitry-en-Perthois.
Valérien de NOUE, éc., sgr de Noue et Villers en prières, l'un des 100 gentilshommes de la maison du Roi. Ép. par contrat du 23 janv. 1579, Nicolle du BART, fille d'Anne, gentilh. de la Ch. du Roi, chev. de son Ordre
Regnauld FERET, éc., s[gr] de Montlaurent, capitaine de Reims pour le Roi, député de la noblesse de Reims aux Et.-généraux de 1614. Ép. 1er par contrat à Reims du 7 nov. 1574, Agnès CAUCHON, sœur d'Apolline
Hugues de CHAMPAGNE, éc., sgr de Varimont, capitaine de la ville de Châlons. Ép. [...] Madeleine de CLERGET. † ......

Jérôme de JOYBERT, chev., sgr d'Aulnay-le-Chastel et Ville-en-Tardenois, Officier au service du Roi. ......1518 † Aulnay, 5 mars 1637. Ép. 2e à Soulanges 4 nov. 1608
Louise TRUC, née à Châlons, le...... † à Châlons, le...... v[euv]e 1re de Jacques de Joybert, sgr de Coulmiers.
Henri DETE, éc., s[gr] de Grivy, Loisy et Ardeuil, homme d'armes des ordonnances du Roi. Condé-sur-Aisne ...... † Condé-s.-Aisne...... 1615 Ép. à ...... le ... août 1605
Madeleine BESCHEFER, Dame de Condé-s.-Aisne et Voncq, née à Ste-Menehould † à ...... le ...... v[euv]e 1re de Claude de Marulle
Claude LINAGE, chev., sgr de Villers-sur-Marne, homme d'armes des ordonnances, Villers......1584 † Ville-sur-Saulx, 7 mai 1666. Ép. à ...... le......
Madeleine de NOUE......
Charles de FERET, éc., sgr d'Ugny, capit. de 100 hommes de pied pour le Roi, et capit. de la ville de Reims. Ép. en 1655. Ép. 1er par contrat à Reims du 28 août 1626
Claude de CHAMPAGNE, D[ame] de Varimont. † ...... le......1656

Jacques de JOYBERT, chevalier, sgr d'Aulnay, Ville-en-Tardenois, etc., off. au service du Roi. Aulnay......1613. † Aulnay, 5 fév. 1687. Ép. 1er par contrat à Châlons du 17 février 1641
Madeleine DETE, Dame de Condé-s.-Aisne, Ardeuil, Grivy, Loisy, Voncq, etc. Condé-sur-Aisne, le......1617. † Aulnay-le-Chastel, 25 nov. 1661.
François LINAGE, chev., sgr de Villers-sur-Marne, Couvrot, etc., † en 1655. Ép. à ...... le......1650
Marguerite de FERET, D[ame] de Varimont, née à ...... le......1633. † Villers-sur-Marne, 16 octobre 1693.

Philippe de JOYBERT, chev., sgr d'Ardeuil, Grivy, Loisy, Condé-sur-Aisne, Vitry, Voncq, etc., lieut.-col. commandant le régim. de Grandpré. Aulnay, 18 mars 1645, † Villers 10 avril 1708. Ép. à Villers-sur-Marne, le 1er février 1677
Claude LINAGE, Dame de Villers-s.-Marne, Couvrot, etc. Villers-s.-Marne, 26 avril 1656. † Villers, 2 mai 1692.

Jérôme-Philippe de JOYBERT, chevalier, sgr de Villers-sur-Marne, Couvrot, etc. Villers, 21 juillet 1679. † Vitry-le-François, 24 avril 1744

CHAPITRE II

ONZIÈME DEGRÉ

Jérôme-Philippe de Joybert, chevalier, seigneur de Villers-sur-Marne, Couvrot, Loisy-sur-Marne et autres lieux, naquit à Villers le 4 et fut baptisé le 5 juillet 1679. Parrain : Messire Jérôme de Joybert, chevalier, seigneur d'Aulnay et autres lieux, son oncle ; marraine : noble dame Marguerite de Féret, sa grand'mère [1].

Il se tourna d'abord vers la carrière ecclésiastique, et en 1698, étant « clerc au diocèse de Châlons », se fit pourvoir en Cour de Rome de la chapelle d'Aulnay, vacante par le décès en 1698 de vénérable et discrète personne Nicolas de la Haye, nommé le 29 octobre 1639 par Jacques de Joybert, son grand-père. — Sa nomination fut ratifiée le 1er juin 1699 par Mgr de Noailles, évêque de Châlons ; mais comme il n'était pas prêtre, il se faisait remplacer par le curé d'Ablancourt qui desservait la dite chapelle moyennant cinquante livres par an [2]. En 1701, il était

1. État civil de Couvrot.
2. « Je soubsigné, Prêtre, curé d'Ablancour, confesse avoir receü de Monsieur « Dardeüil, la somme de cinquante livres pour avoir desservi pendant toute l'année mil « sept cens deux, la chapelle de Monsieur l'abbé de Villers, bachelier de Sorbonne et chap- « pelain de la dicte chappelle de nôtre Dame d'Aulnay-Laître. Fait le 29 décembre 1702, « + Brodier, curé d'Ablancourt ». Original en papier (*Archives de famille*).

bachelier de Sorbonne et se faisait appeler « Monsieur l'abbé de Vil-
« lers ». — Mais il ne persista pas dans sa vocation et résigna en Cour
de Rome sa charge de chapelain de N.-D. d'Aulnay au profit de son
cousin Nicolas Deu, chanoine de Saint-Etienne de Châlons, qui en prit
possession en février 1705 [1].

Il épousa à Bar-le-Duc, paroisse Saint-Pierre, le 23 mars 1714,
Damoiselle Marguerite-Françoise Antoine, fille de Messire Nicolas
Antoine, écuyer, seigneur de Bussy-aux-Bois, Toulongeon, Pancey, et
de la Tour de Longeville [2] et de Dame Marguerite-Françoise Broullier [3].
Le mariage avait été précédé d'un contrat passé la veille à Bar, devant
Degaret et Dalcicourt, notaires [4].

Le 22 juillet 1711, il rendit foy et hommage au Roy pour sa terre
de Villers [5] à lui échue lors du partage fait en 1708 de la succession de
ses parents; il les renouvela le 4 décembre 1722, à Louis XV [6] et en
fournit le 1er octobre 1733 le dénombrement [7] qui fut présenté aux Présidents trésoriers de France en la Chambre des Domaines de Champagne, à Châlons le 28 novembre suivant [8]. Puis il donna la dite terre
à son fils J.-B. Philippe lors de son mariage en 1736.

Jérôme-Philippe de Joybert mourut à Vitry-le-François « où il fai-
« sait sa résidence » dit son acte d'inhumation, le 24 avril 1744, et
son corps fut transporté le jour même à Villers « pour y être inhumé
avec ses illustres ancêtres » [9].

Marguerite-Françoise Antoine, dame de Bussy-aux-Bois, naquit à
Vitry-le-François le 8 mars 1696 [10]; parrain : Pierre Broullier, lieute-
nant-assesseur à Bar, son grand-père maternel; marraine : Marie Labbé,
veuve de Nicolas Antoine, seigneur de Bussy, sa grand'mère paternelle.

1. *Archives du château d'Aulnay*, V. p. 31, note 5.
2. Bussy aux-Bois, près Vitry ; — Toulongeon, nom du fief qui comprenait le village,
la terre et la seigneurie de Bussy-aux-Bois ; — Pancey, près Joinville, Haute-Marne ; —
la Tour, fief à Longeville, près Bar-le-Duc.
3. État civil de Bar-le-Duc. — V. *Appendice E*, n° 3.
4. *Pièces originales*, vol. 1583, n° 63.
5. *Id. ibid.*, n° 62.
6. *Id. ibid.*, n° 65.
7. *Id. ibid.*, n° 68.
8. *Id. ibid.*, n° 69.
9. État civil de Couvrot.
10. État civil de Vitry-le-François.

Peu de mois après la mort de son mari, elle épousait à Vitry le 17 février 1746, Messire Louis-Antoine de Bourdin, écuyer, seigneur de Chapelaine, y demeurant, ancien capitaine au régiment de la Reine-infanterie, alors âgé de soixante ans, né à Vitry, de feu Messire Charles-Nicolas de Bourdin, vivant chevalier, marquis de Villeinc, gouverneur de Vitry-le-François, et de dame Marie-Magdeleine Hainchelin [1]. — Puis, en troisièmes noces, à Saint-Dizier le 28 décembre 1750, elle épousait son cousin issu de germains, Nicolas Antoine, écuyer, seigneur d'Orconte, capitaine au régiment de Champagne, fils de Marie-Pierre-Joseph Antoine, chevalier, seigneur d'Orconte, Pancey, Farémont, Vaux et autres lieux, ancien capitaine d'infanterie au régiment de Rochesire, et de Marie-Anne Bugnot [2], dont elle fut bientôt séparée, au moins de biens. Né à Orconte le 7 décembre 1716 [3], il avait plus de vingt ans de moins qu'elle et presque deux ans de moins que son beau-fils Jean-Baptiste-Philippe de Joybert. Elle mourut à Saint-Dizier le 7 juin 1760 et y fut inhumée le lendemain dans le cimetière de la ville. Son troisième mari était alors capitaine d'une compagnie d'invalides en garnison à Ardres, Basse-Picardie [4]; dégagé des liens de ce mariage ridicule, il épousait peu après Marie-Madeleine-Françoise Hirault dont il eut postérité [5]; et, étant capitaine d'une compagnie détachée de l'Hôtel royal des Invalides en garnison à la citadelle de Sisteron, il mourut en cette ville le 19 novembre 1774 et y fut inhumé le lendemain [6].

A la mort de Marguerite-Françoise Antoine, ses enfants du premier lit (les seuls qu'elle ait eus) renoncèrent à sa succession sous la réserve

---

1. État civil de Vitry-le-François. — Les Bourdin portaient : *d'azur à trois têtes de cerf d'or de profil.* V. Vaverai : *L'élection de Vitry-le-François,* vᵒ Chapelaine-le-Chétif. — Chapelaine est situé à 7 kilomètres au sud-ouest de Bussy. Je n'ai retrouvé ni l'acte de baptême, ni l'acte de décès de M. de Bourdin.

2. État civil de Saint-Dizier.

3. État civil d'Orconte. — Orconte, à 10 kilomètres à l'est de Bussy.

4. État civil de Saint-Dizier.

5. Je ne sais où et quand eut lieu le mariage, ni qui était Mademoiselle Hirault. — Par testament reçu par Mᵉ Mieule, notaire à Sisteron le 15 novembre 1774, il laissait l'usufruit de sa fortune à sa femme et la nue propriété à leurs deux enfants : Jacques-Nicolas et Marianne Antoine d'Orconte qui vivaient encore tous deux et habitaient à Épinal en l'an XIII.

6. État civil de Sisteron.

de l'exercice de leurs droits résultant tant du contrat de mariage de son fils, dans lequel elle avait promis d'indemniser son premier mari de la moitié de la terre de Villers qu'il constituait en dot à celui-ci, que du testament de Mme Antoine de Bussy, née Broullier, leur grand'mère, instituant ses petits-enfants de Joybert légataires universels de sa fortune pour moitié [1], en réduisant la part de leur mère au simple usufruit de cette moitié. Aucun autre parent ne s'étant présenté pour recueillir la succession refusée, Nicolas Antoine, son troisième mari, se porta héritier en vertu du titre : *unde vir et uxor*. Mais la succession étant criblée de dettes, fut attaquée par de nombreux créanciers qui ouvrirent au bailliage de Bar une instance au cours de laquelle son fils mourut et son petit-fils, Jérôme-Philippe de Joybert devenu majeur, prit, quinze ans après la mort de sa grand'mère, le parti d'accepter l'hérédité sous bénéfice d'inventaire.

En 1787, il y avait près de trente ans que les procès duraient : la moitié des revenus de la terre de Bussy qui constituaient le plus clair de la fortune et de la succession de Marguerite-Françoise suffisait à peine à payer les frais des procès, ses dettes à elle et celles qu'avaient aussi laissées son père. C'est pourquoi son petit-fils, Jérôme-Antoine de Joybert, pour en finir avec ces procès interminables et ruineux, se faisant fort de sa qualité d'héritier bénéficiaire qui lui avait été reconnue en justice par sentence du 24 août 1775, malgré la renonciation de son père, celle de ses tantes et l'adition d'hérédité faite au titre *unde vir et uxor*, par Nicolas Antoine, son beau-grand-père, transigea à l'amiable avec la veuve et les enfants de celui-ci qui, par acte sous seing privé, fait double à Vitry le 25 octobre 1787 [2], réduisirent leurs prétentions à une somme de 12.000 livres une fois payée.

Restait alors à partager la terre de Bussy-aux-Bois [3] entre Jérôme-Antoine de Joybert, représentant sa grand'mère d'une part, et Alexandre-

---

1. La seconde moitié allant à sa fille cadette Mme Peschard d'Ambly.

2. Original en papier (*Archives de famille*), d'où j'ai tiré tous les renseignements qui précèdent. Il est signé : Hiraut veuve de Pancey ; Marianne Dantoine Dorconte; d'Anthoine d'Orconte et De Joybert.

3. Sur la terre et seigneurie de Bussy-aux-Bois voir : Vaveray, *L'élection de Vitry-le-François*, v° Bussy-aux-Bois ; — M. l'abbé Millard : *Histoire de la paroisse de Bussy-aux-Bois,* insérée dans la *Revue de Champagne et de Brie*, 1897, p. 199, 241 et 481 ; — et, plus loin, livre III, chap. ɪᴠ.

Antoine Peschart d'Ambly, René-Nicolas Peschard d'Ambly et Marie-Henriette Peschart d'Ambly, femme de François de Vyart, tous trois frères et sœurs, héritiers de Mme Peschard d'Ambly, née Antoine, leur mère [1], d'autre part, tous copropriétaires par indivis. Aussi « pour pré- « venir les embarras et difficultés d'un partage de tous les biens et droits « qui composent la ditte terre et à raison de laquelle il y a instance actuel- « lement pendante au tribunal du district de Bar...., il convenait de les « céder par forme de mutation volontaire à celui des copropriétaires qui « porterait au plus haut prix la totalité des dits biens et droits » ; et la terre de Bussy « non compris le château et ses assises [2] », fut mise en adjudication le 17 janvier 1791 à Bar, par-devant Michel et Pierre, notaires, entre les cohéritiers sur la mise à prix de « cent mille livres, cours du royaume », et, par douze surenchères successives, finalement attribuée pour la somme de 225.000 livres à Jérôme-Antoine de Joybert [3] qui en devint alors seul et unique propriétaire effectif. C'est ce qui explique que, de 1748 à 1791, aucun Joybert, pas plus qu'aucun Peschart, ne s'en soit jamais qualifié seigneur et n'y ait jamais habité [4].

La famille Antoine, originaire de Champagne et dont une branche fit ses preuves devant Caumartin en 1670, portait : *d'or à trois écrevisses de gueules*. La branche de Mme de Joybert s'était fixée dans le Barrois par le mariage de Pierre Antoine, son arrière-grand-père, lieutenant-général en la gruerie de Bar avec D^{lle} Anne d'Alençon ; ce fut son grand-père, Nicolas, marié à Vitry le 18 octobre 1672 avec D^{lle} Marie Labbé, qui acheta le 5 mai 1679 la terre et seigneurie de Bussy-aux-Bois ; et son père, Nicolas Antoine, né à Vitry le 2 juin 1675,

1. Morte à Bar-le-Duc, le 1er juillet 1785.

2. Je n'ai pu retrouver nulle part l'acte attribuant par partage ou adjudication aux Joybert le château qui paraît leur avoir appartenu avant 1791.

3. Pour paiement de cette somme, défalcation faite de ce qui lui appartenait en propre Jérôme-Antoine [de Joybert se libéra vis-à-vis de ses cohéritiers par le versement de 84.000 livres en argent, et par échange d'un corps de gagnage lui appartenant au finage de Rancourt, près de Révigny, évalué 4.000 livres, d'un autre corps de gagnage situé à Revigny, près Bar, d'un pré sis à Mussey près Bar, et de prés situés à Villers-aux-Vents et à Brabant-le-Comte, ces trois derniers articles évalués ensemble à 22.000 livres. Et tous ces biens échangés lui venant de la famille de sa mère, née Beurges.

4. Pendant la durée de cette longue indivision et des procès, la terre de Bussy fut gérée par des admoniateurs.

mort à Bussy le 23 avril 1748, fit enregistrer ses armes à l'*Armorial général de* 1696 [1]. Dom Pelleter dit [2] que « la naissance des Antoine est « fort ancienne et leur famille alliée à plusieurs maisons illustres et, « entre autres, à la maison de Chaumont qui tire son origine des « anciens comtes de Vexin. »

Du mariage de Jérôme-Philippe de Joybert et de Marguerite-Françoise Antoine, Dame de Bussy, sont nés :

1° Jean-Baptiste-Philippe, qui suit.

2° Laurent-Jérôme de Joybert, né à Villers le 26 et mort le 31 mars 1717. Parrain : Messire Laurent de Napiers, Chevalier, seigneur d'Aulnay-le-Châtel (grand-oncle de l'enfant, par sa femme D^lle Françoise Antoine, tante de Mme de Joybert); marraine : D^e Marguerite de Joybert, veuve de Messire Jean-B. Aubelin, tante de l'enfant [3].

3° Charles de Joybert, né à Villers, le 29 avril 1718, et mort à Villers le 11 mai 1722 [4]. — Parrain : Messire Charles de Fresne, chevalier, seigneur de Chevillon et autres lieux (habitait à Couvrot); marraine : noble Dame Louise-Antoinette de Ballidart (née *Antoine*, grand'tante de l'enfant).

4° Gabrielle-Françoise de Joybert, née à Villers le 25 août 1719. Parrain [5] : Messire François Feret de Varimont, seigneur de Varimont et autres lieux (cousin de sa grand'mère de Joybert); marraine, Gabrielle Debricl.

Elle épousa à Vitry le 10 mars 1761 Messire Jean-Pierre de Cazeneuve, chevalier, seigneur de Carla et Panissa, lieutenant de cavalerie au régiment de Montcalm, en garnison à Saint-Mihiel, fils de feu Messire Marc-Antoine de Cazeneuve, chevalier, seigneur de Carla et de feu Dame Jeanne Tannière [6] ; — le mariage avait été

1. Champagne, p. 203. — Sa pierre tombale se trouve encore au milieu de l'église de Bussy-aux-Bois.

2. *Nobiliaire de Lorraine*, p. 238.

3. État civil de Couvrot. — Laurent de Napiers était fils de François et d'Anne Grossetête, seigneurs d'Aulnay où ils avaient succédé aux Joybert en 1695, comme nous l'avons vu précédemment, p. 66.

4. État civil de Couvrot.

5. *Idem.*

6. État civil de Vitry.

précédé d'un contrat passé la veille à Vitry, en la maison de la dite
D^{lle} future, par-devant Mes Jacquemard et Tisserand, notaires.

M. de Cazeneuve placé comme lieutenant réformé à la suite du
régiment colonel général (cavalerie) le 1er décembre 1761, obtint sa pension de retraite le
1er mars 1763[1].

Puis il se retira avec sa femme en son château du Panissa[2] où ils faisaient leur résidence
et où ils ont dû mourir après 1790, car à la date
du 6 septembre 1790, on les voit soutenir
ensemble plusieurs procès à la cour du séné-
chal de Pamiers[3]. Lui était né au Carla le 6 novembre 1717[4].

On trouve aux *Carrés de d'Hozier*[5] les armes d'une famille de
Cazeneuve, *du diocèse de Rieux*, qui portait : « *de gueules à un
château d'argent girouetté de même, posé sur une terrasse d'azur
et surmonté d'un croissant d'argent posé entre deux étoiles d'or* ».
Sans avoir la certitude que ce soient les armes du mari de
Gabrielle-Françoise de Joybert, il y a tout lieu de le croire, puisque
dans son acte de mariage il est dit : « de la paroisse de Carla,
province de Foix, *diocèse de Rieux* en Languedoc ». Ils n'ont pas
eu de postérité.

5° Madgdeleine Louise de Joybert, née à Villers le 18 octobre
1720. Parrain J.-B.-Philippe de Joybert, son frère ; marraine :
« Très honorée Dame Madeleine de Joybert, supérieure ès religieuses à Ste Menou », sa grand'tante[6]. Elle ne se maria pas,

---

1. *États de services* fournis par le ministère de la Guerre.

2. Situé sur la commune de *Carla-le-Comte*, aujourd'hui (depuis 1879) Carla-Bayle,
canton de Fossat, arrondissement de Pamiers.

3. Extrait des plumitifs des audiences civiles de la sénéchaussée de Pamiers. *Archives
de l'Ariège*. B. 165, registre. Dans cette pièce, il est qualifié de chevalier de Saint-Louis,
distinction qui n'est pas confirmée par ses états de services. — V. aussi *Idem, ibid*. B.
163, registre.

4. État civil de Carla-le-Comte. — Les registres anciens s'arrêtent malheureusement à
1768, ce qui m'a empêché de retrouver l'époque de leurs décès qui ne s'y trouvent pas à
partir de 1803. — Leurs noms ne figurent pas non plus sur la liste des émigrés du département de l'Ariège.

5. Vol. 158, v° Cazeneuve.

6. État civil de Couvrot.

figura comme « Damoiselle, dame en partie de Loisy », sur la liste des nobles qui concoururent à la rédaction des Cahiers à Vitry le 16 mars 1789, et mourut à Vitry le 30 décembre 1791 [1].

6° Marie-Marguerite-Françoise de Joybert, née à Villers le 22 août 1723; parrain : Messire J.-J. d'Espinoys, seigneur de Songy, Coole et autres lieux; marraine : D[lle] Françoise Antoine (sa tante) [2].

Entrée vers 1742 au couvent des religieuses de la Congrégation de Notre-Dame à Sainte-Menehould, où avaient été ses grand'tantes, elle y fut conseillère de 1767 à 1771. Nommée supérieure entre le 13 juin 1774 et le 29 avril 1775, elle le demeura jusqu'en juin 1782 où elle fut remplacée, sans doute à cause de son état de santé, car elle ne signe plus aucun acte, même comme conseillère, ce qui avait lieu ordinairement. — Elle mourut à Sainte-Menehould le 10 janvier 1785 [3].

7° Marie-Madeleine-Claude de Joybert, née à Villers le 15 mars 1725. Parrain : Pierre Poisson; marraine : Claire de Rozières [4]. — Elle figura comme sa sœur et avec les mêmes qualificatifs sur la liste des membres de la noblesse du bailliage de Vitry, en 1789 : on l'appelait aussi « Mademoiselle de Baudrois [5] ».

1. État civil de Vitry.

2. État civil de Couvrot.

3. Voici son acte de décès : « Ce jourd'hui, 20 janvier 1785, a été inhumée dans « notre cimetière par M. l'abbé Sourdat, confesseur et chapelain de la congrégation de « N.-D. de S -Menehould, la mère Françoise de Joibert, nommée en religion Madeleine- « Françoise, religieuse professe, décédée hier, âgée de soixante et un an cinq mois et de « religion quarante-deux, après avoir reçu les sacrements de l'Eglise, a signé : Jeanne « Berthault, supérieure ». *Archives de la Marne.* — Fonds, non encore inventorié, de la congrégation Notre-Dame de Sainte-Menehould.

4. État civil de Couvrot.

5. Baudrois ou Baudres, aujourd'hui Beaudray, écart de la comm. d'*Osne-le-Val* près Joinville, Haute-Marne. Cette seigneurie devait provenir aux Joybert d'Apolline Cauchon seconde femme de Jean de Joybert : on ne voit cependant que Philippe de Joybert. son arrière-petit-fils et Jean-Baptiste-Philippe, petit-fils de celui-ci s'en qualifier seigneurs, En 1730, Jérôme-Philippe de Joybert, conjointement avec messire Armand du Valk, comte de Dampierre, était engagiste du bois de Baudres, du consentement de S. A. S. Mgr le duc d'Orléans (*Généalogie de 1900*, p. 23). — Par testament de 1772, Mme Anne Charlotte de Cauchon, veuve du comte de Dampierre, laissait à Jérôme-Antoine de Joybert le tiers de ce qui lui appartenait dans la dite terre d'Osne (*id.*, p. 94). — Puis, le 8 avril 1775, intervenait un arrêt du Parlement « condamnant Madeleine-Louise de Joybert et

Elle mourut à Vitry le 15 brumaire an XIV (5 novembre 1806) [1].

« Marie-Claude de Joybert, demoiselles majeures demeurant à Vitry le François, Jérôme-
« Antoine de Joybert, chevalier, seigneur de Villers sur Marne, et Philippe Aubelain,
« chevalier, seigneur de Villers-aux-Bois y demeurant, tous détenteurs et possesseurs par
« indivis de la terre et seigneurie d'Osne-le-Val à délaisser à M. le Duc d'Orléans, prince
« de Joinville, la jouissance de la dite seigneurie, faisant partie de la principauté, en
« remboursant par M. le duc d'Orléans, suivant ses offres, la somme de 30,000 livres,
« prix de l'aliénation de la dite terre à faculté de rachat perpétuel, par contrat du 18 mars
« 1609 ». *Archives de la Haute-Marne.* — Série C. Liasse 305.

1. État civil de Vitry.

CHAPITRE III

DOUZIÈME DEGRÉ

Jean-Baptiste-Philippe de Joybert, chevalier, seigneur de Villers-sur-Marne, Couvrot, Osne-le-Val, Loisy-sur-Marne, Tournizet[1] et autres lieux, naquit au château de Villers le 10 et fut baptisé le 15 février 1715; parrain : Messire Jean-Baptiste Aubelin, chevalier, seigneur de Villers-au-Bois, Loisy et autres lieux, son oncle; marraine : noble dame Marguerite Broullier de Bussy, sa grand'mère maternelle[2].

Entré au service sous le nom de « de Villers[3] », il fut nommé enseigne au régiment de Pons-infanterie (devenu Marsan) le 22 octobre 1731, lieutenant le 27 février 1732 et quitta le service le 12 juillet 1735, après avoir fait en Alsace les campagnes de 1733, 1734 et 1735[4].

1. Fief dépendant de Reims-la-Brûlée, près Vitry, et qui provenait de sa belle-mère : il s'y trouvait une maison appelée « le château » que, par suite d'arrangements de famille, J.-B.-Philippe de Joybert racheta à ses beaux-frères et belles-sœurs le 17 octobre 1760 pour 1.500 livres; c'est aujourd'hui le corps de ferme.

2. État civil de Couvrot. — Marguerite Broullier, femme de Nicolas Antoine, seigneur de Bussy.

3. *Pièces originales*, vol. 1583, n° 67. — Comme son grand-père avait servi sous le nom de « d'Ardeuil » et son arrière-grand-père sous celui de « de Ville ».

4. *États de services* fournis par les *Archives de la guerre*.

Il épousa à Bar-le-Duc, paroisse Saint-Pierre, le 23 octobre 1736, Damoiselle Thérèse de Beurges, fille de feu Messire Joseph de Beurges, vivant chevalier, seigneur de Ville-sur-Saulx, Merval et Le Buisson, ancien capitaine pour le service du roi, et d'honorée dame Anne Peschart, dame en partie de Tournizet, Ambly et autres lieux [1]. Le contrat de mariage avait été passé la veille à Bar, devant M⁰⁰ Grosjean et Grandjean, notaires : ses père et mère lui constituaient en dot la terre et seigneurie de Villers-sur-Marne [2] pour laquelle, ainsi que pour celle de Couvrot dont il hérita à la mort de son père, il rendit foy et hommage au roi le 31 juillet 1754 devant les Trésoriers de Champagne, conjointement avec ses trois sœurs « Damoiselles Gabrielle-Françoise de « Joibert, Magdeleine-Louise de Joibert de Loisie et Marie-Claude de « Joibert de Baudrois [3]. »

La famille de Beurges, d'origine lorraine, fut anoblie par le duc Jean II en 1464 ; elle porte : *d'azur au chevron d'or accompagné en chef de deux coquilles d'argent et en pointe d'un cygne de même tenant au bec une vipère au naturel* [4]. Le grand-père et l'arrière-grand-père de Mᵐᵉ de Joybert furent successivement Présidents de la Chambre des Comptes de Bar et ses deux représentants actuels, arrière-petits-neveux de Mᵐᵉ de Joybert ont épousé, l'un la fille du duc de Rohan-Chabot, l'autre la fille du chef de la maison d'Esterhazi-Galantha.

Jean-Baptiste-Philippe de Joybert, dès avant le mariage de son fils, résidait surtout à Bar où l'attirait la nombreuse parenté de sa mère et de sa femme : les Peschart d'Ambly, les Beurges, les Vyart, les Malvoisin, les d'Alençon, les Broullier, etc., véritable réseau qui l'apparentait à toutes les meilleures familles du Barrois [5].

---

1. État civil de Bar-le-Duc. — V. *Appendice E*, n⁰ 2. — M. l'abbé Millard, dans son *Histoire de la paroisse de Bussy*, déjà citée, dit que l'on fut obligé de demander une dispense de consanguinité parce que les deux fiancés étaient parents du 2ᵉ au 3ᵉ degré. C'est inexact, et le renvoi qu'il fait, p. 247, aux *Archives de la Marne,* insinuations ecclésiastiques, G. 76, f⁰ 217, r⁰, concerne une simple dispense de bans.

2. *Pièces originales*, vol. 1583, n⁰ 70.

3. Cabinet des titres, *Collection Chérin*, vol. 111, dossier Joybert. — Et *Archives de la Marne*, C., vol. 2548, f⁰ 71.

4. Dom Pelletier, *Nobiliaire de Lorraine*, p. 55. — V. à l'*Appendice K*, la parenté, par les Beurges, des Joybert avec les maisons de Lorraine, de Savoie et de Bragance.

5. Voir *La Chambre des comptes du Duché de Bar*, Bar, 1907, 1 vol. in-8⁰, *passim*,

Il habitait à la Ville-Haute le vieil hôtel des Beurges qui, dans le partage entre les frères et sœurs, était échu à sa femme et qui comprenait alors les maisons portant aujourd'hui les n°s 37 et 39 de la rue des Ducs-de-Bar, avec un fort beau jardin, par derrière, coupé par la ruelle du Rossignol. — En 1756, MM. de Beurges et de Joybert vendirent le n° 39 à M. Guérin de la Marche et M. de Joybert habita seul le n° 37. C'est là qu'il mourut le 25 mai 1764[1] : le lendemain il était inhumé en l'église Collégiale de Saint-Maxe. Sa femme lui survécut longtemps, mourut aussi à Bar le 20 mars 1788 et fut enterrée à côté de lui[2] : malheureusement Saint-Maxe fut détruit à la Révolution et les pierres tombales en furent volontairement brisées.

Dans son acte de décès on la dit âgée de soixante et dix-sept ans, ce qui la ferait naître en 1710 ou 1711; en réalité elle n'avait que soixante et quinze ans étant née à Bar le 27 octobre 1712[3] : elle était donc un peu plus âgée que son mari.

De leur mariage sont nés :

1º Alexandre-Philippe de Joybert, né et baptisé au château de Villers-sur-Marne le 22 octobre 1737; parrain : Messire Alexandre de Beurges, chevalier, seigneur de Ville-sur-Saulx, capitaine au régiment de Marsan, chevalier de Saint-Louis, son oncle maternel; marraine : noble Dame Marguerite-Françoise Antoine de Bussy, sa grand'mère paternelle[4]. Il mourut à Bar, le 2 janvier 1750, « âgé de douze ans et deux mois, dit son acte de décès[5], après

et spécialement p. 29, 34 et 126 où se trouvent en entier les généalogies des Antoine et des Beurges.

1. État civil de Bar-le-Duc. — Le 30 avril 1720, J.-B. Philippe de Joybert, âgé de cinq ans, avait été parrain à Soulanges d'un fils né du mariage de Louis de Coste et de Marie Parchappe, celle-ci petite-fille d'une Joybert. — V. livre V, chap. I.

2. *Idem.* — Par acte d'échange passé devant Me Varnesson, notaire à Ligny-en-Barrois, le 1er février 1789, leur fils Jérôme-Antoine de Joybert, alors fixé à Vitry, céda la demeure de ses parents, hôtel et jardin, à Me Claude Lapique, receveur des Domaines.

3. État civil de Bar-le-Duc.

4. État civil de Couvrot.

5. État civil de Bar-le-Duc.

D.

7

« avoir reçu les sacremens de pénitence et d'extrême-onction. Il
« n'a pas reçu le Saint Viatique, en ayant été empêché par la
« violence d'une fièvre qui luy a ôté la connaissance nécessaire
« et son corps a été inhumé le mesme jour dans l'insigne église
« Collégialle de Saint-Maxe. »

2° Jérôme-Antoine, qui suit.

CHAPITRE IV

Jérôme-Antoine de Joybert, chevalier, seigneur de Villers-sur-Marne, Couvrot et Tournizet, naquit au château de Villers le 11 juin 1740 et fut tenu, deux jours après, sur les fonts baptismaux par Messire Jérôme-Philippe de Joybert, chevalier, seigneur de Villers, Couvrot, Loisy et autres lieux, son aïeul paternel et par Damoiselle Elisabeth-Antoinette de Beurges, sa tante maternelle[1].

Trop jeune pour entrer au service en 1753, il prit l'acte de baptême de son frère aîné, Alexandre-Philippe, mort en 1750, et servit sous ses prénoms ; lieutenant le 20 septembre 1753 au régiment d'infanterie de Mailly, qui devint successivement Talaru et Chastellux, il y fut nommé capitaine le 21 juin 1759 et quitta l'armée en 1762 pour se marier, après avoir pris part en 1757, 1758 et 1761 aux campagnes d'Allemagne et en 1759 et 1760 aux campagnes des côtes de Bretagne[2].

Il épousa, par contrat passé au château d'Apremont[3] le 15 février

---

1. État civil de Couvrot.
2. *États de service* fournis par les *Archives du ministère de la Guerre*.
3. Apremont, Ardennes, arrondissement de Vouziers.

1762, par devant Charles Clerc et Claude Margaine, notaires à Apremont et Autry, et religieusement le lendemain en l'église d'Apremont[1] « haute et puissante dame Anne-Charlotte de Salse, fille de haut et « puissant seigneur Frédéric comte de Salse, chevalier, seigneur « d'Apremont et autres lieux, capitaine au Régiment de Normandie et « de feue haute et puissante dame Anne-Claude-Angélique Canel[2]. » Lui-même est qualifié de « haut et puissant seigneur Jérôme-Antoine « de Joybert, chevalier, capitaine pour le service du Roy au Régiment « de Chastellux, fils mineur de haut et puissant seigneur Jean-Baptiste « Philippe comte de Joybert, chevalier, seigneur de Villers-sur-Marne, « Tournizet et autres lieux, demeurant en son château dudit Villers et « de haute et puissante dame Thérèse de Beurges. »

Ses père et mère lui donnèrent par contrat de mariage la terre et seigneurie de Villers[3], pour laquelle il rendit foy et hommage le 3 septembre 1762[4] et dont il fournit le dénombrement le 9 mars 1764[5].

---

1. État civil d'Apremont. — V. Appendice E, n° 1.

2. Frédéric comte de Salse, né à Metz le 25 février 1705, mourut à Villers-sur-Marne le 28 mars 1789. — Anne-Claude-Angélique Canel, née à Charleville le 13 mars 1718, mourut à Apremont le 10 juillet 1745. On voit dans l'église d'Apremont, dans le pavé en avant du transept, en haut de la petite nef septentrionale, une tombe en marbre noir de 1^m,95 sur 0^m,95. En tête sont gravés deux écussons accolés, surmontés d'une couronne de marquis et tenus par deux sauvages nus ornés de massues, aux armes des Salse et des Canel. Sous les écussons on lit :

D. O. M.

CY GIST haute et puissante dame
Anne-Claude-Angélique Canel, épouse
de haut et puissant seigneur Messire
Frédéric comte de Salse, chevalier
seigneur d'Aspremont Son et autres
lieux, laquelle décéda le X juillet
1743 dans sa 27° année.

Priez Dieu pour son âme.

Les inscriptions anciennes de l'arrondissement de Vouziers, par le Dr Vincent, Reims, 1 vol. in-8°, 1892. p. 25. — La famille Canel reçut en la personne du grand-père de Mme de Salse, conseiller et avocat général en la Cour souveraine de Charleville, un titre de comte donné par le duc de Mantoue, le 10 mai 1704 ; et son fils, lieutenant-général à Charleville, obtint de Louis XV, en may 1724, des lettres de reconnaissance de noblesse. *Pièces originales*, vol. 586.

3. *Pièces originales*, vol. 1583, n° 73.

4. *Id. ibid.*, n° 74.

5. *Id. ibid.*, n° 76.

Puis, à l'avènement de Louis XVI, il rendit de nouveau foy et hommage le 14 juillet 1779. La fortune de la mariée consistait, d'après son contrat de mariage, en mille arpents de bois situés dans les cantons de Rocroy et de Renwez (Ardennes).

Anne-Charlotte de Salse, née au château d'Apremont le 24 août 1743, mourut à Vitry le 30 floréal an II (20 mai 1794)[1].

La famille de Salse, originaire de Catalogne, fit, en octobre 1667 par devant Caumartin, ses preuves remontant à 1515. Ses armes sont : *d'azur au lion d'or, armé, lampassé et couronné de gueules.* La branche qui s'était fixée en Champagne par le mariage de Pierre de Salse, arrière-grand-père de Mme de Joybert, avec Jeanne de Saint-Quentin, s'est éteinte en 1866 : je ne sais ce que sont devenues les autres dont il est question dans l'article détaillé que La Chesnaye-Desbois consacre aux Salse dans son *Dictionnaire de la noblesse.* C'était une famille exclusivement d'épée, dont bien des membres, à en croire les *Preuves* mentionnées par Caumartin, avaient eu de fort brillants états de service.

Jérôme-Antoine de Joybert fut nommé député par la noblesse de l'Élection de Vitry à l'Assemblée provinciale de la généralité de Champagne en 1787 et joua un certain rôle en 1789 dans les réunions préparatoires aux élections pour les États généraux, ainsi qu'il résulte du *Procès-verbal des séances de l'assemblée de la noblesse du bailliage de Vitry-le-François, Sainte-Menehould, Saint-Dizier, Epernay et Fismes tenues à Vitry au mois de mars 1789*[2]. Il y figure sous le nom de « Baron de Joïbert. »

Il mourut le 27 mai 1815 à Vitry où il s'était retiré et où il fut enterré dans l'ancien cimetière.

La terre de Villers qui, avec ses annexes de Couvrot et de Loisy-sur-Marne, constituait le plus clair de sa fortune, avait eu beaucoup à souffrir de l'ouragan de 1788 dont nous avons déjà parlé[3], et en avait

1. États civils d'Apremont et de Vitry-le-François. — Ses parrain et marraine furent : Messire Marius Canel, de Villé, capitaine au régiment de Fouquette cavalerie et dame Jeanne-Charlotte de Salse, épouse de Messire Jean-Joseph de Berry, chevalier, seigneur de Beauvallon, et commandant de bataillon au régiment de Normandie.

2. Inséré dans les *Recherches historiques sur la Champagne et l'histoire de France*, par M. Detorcy, Troyes, 1832, 1 vol. in-8°, p. 416 à 425.

3. V. p. 79.

été fortement dépréciée. Il possédait encore des biens à Osne-le-Val, dont il fut exproprié en 1775, à Tornizet, à Rancourt, Revigny, Mussey, Villers-aux-Vents et à Brabant-le-Comte et son hôtel à Vitry; mais tous ces biens étaient d'un maigre revenu et l'acquisition qu'il fit de la terre de Bussy au prix exagéré de 225.000 livres au moment de la suppression des droits seigneuriaux accrut l'embarras de sa situation financière, de sorte qu'à sa mort il laissait près de 80.000 francs d c dettes.

Sa succession néanmoins se partagea de la façon suivante entre ses trois enfants survivants :

Sa fortune immobilière évaluée à 508.224 francs (dont le tiers était de 169.408) comprenait trois parties distinctes : 1° le domaine de Villers (en 6 articles) estimé 169.408 francs ; — 2° celui de Bussy (en 9 articles) estimé 271.552 francs ; — 3° la ferme de Tournizet (en 1 seul article), estimée 67.264 francs.

Le premier lot composé du domaine foncier de Villers échut, sans soulte, à son fils aîné Frédéric ; — le second, composé du domaine de Bussy, échut à son fils J.-B. Claude; — le troisième, composé de celui de Tournizet, échut à Mme d'Ablancourt, et, pour égaliser les deux derniers, celle-ci prit dans le second pour 76.624 francs de bois, dans les bois de Bussy, aux lieux dits: la Maison aux bois et la Régale, plus l'étang de la Saulx, à Bussy, estimé 25.520 francs. Le partage avait eu lieu par voie de tirage au sort, à Vitry, chez Mme d'Ablancourt, le 14 février 1816 [1].

De son mariage avec Mlle de Salse il eut huit enfants :

> 1° Frédéric, qui suit.
> 2° Un fils né et mort à Villers, le 4 janvier 1764 [2].
> 3° Une fille née et morte à Villers, le 5 mai 1765 [2].
> 4° Madeleine-Hortense de Joybert, née au château de Villers-sur-Marne le 31 décembre 1767; baptisée le 5 janvier 1768, elle eut pour parrain : Messire Philippe Aubelin, chevalier, seigneur de Villers-aux-Bois, cousin germain de son grand-père

---

1. Original sur papier timbré fait en triple et sous seings privés (*Archives de famille*).
2. État civil de Couvrot.

de Joybert, et pour marraine : haute et puissante dame Madame Louise-Thérèse d'Ernecourt, vicomtesse de Salse, belle-sœur de sa mère [1].

Elle mourut le 30 septembre 1836 à Vitry, sans enfants de son mariage qui y avait été célébré le 12 pluviôse an XIII (10 février 1805) avec François-Roch Le Picart d'Ablancourt, ancien capitaine d'infanterie, né à Ablancourt le 22 juillet 1764, mort à Vitry le 5 octobre 1843 [2], fils d'Antoine-Louis, ancien major au régiment de Provence et de Scholastique de Maillard et veuf, s. p., de Marie-Madeleine Marchand de Christon de Nuisement.

Le Picart porte : *d'argent à deux fasces de sable, au pal de gueules sur le tout* [3].

La succession de Madeleine-Hortense de Joybert comprenait : une maison de ferme, un enclos en dépendant compris dans une enceinte de fossés et 60 hectares de terres et prés qui constituaient ensemble l'ancien fief de Tornizet situé à Reims-la-Brûlée ; un étang, dit étang de la Saulx, d'une contenance de 21^h, 38^a, 16^c, sis à Bussy-aux-Bois ; le bois de la Régale ou de la Folie, sis également à Bussy et d'une contenance de 29^h, 68^a, 30^c ; un autre bois, dit Bois de la maison aux bois, situé sur le même territoire et contenant 34^h, 90^a, 85^c.

Par suite de partages, ventes et soultes entre cohéritiers, la branche de Rozières eut Tornizet et le bois de la Régale, celle de Bussy eut l'étang de la Saulx et le bois de la Maison aux Bois.

5° Louise-Charlotte-Victoire de Joybert, née et baptisée à Villers le 20 février 1769 [4] ; parrain : Messire Charles de Salse, chevalier de Saint-Louis, ancien capitaine de grenadiers au régiment de Languedoc, son grand-oncle maternel ; marraine : damoi-

---

1. État civil de Couvrot.
2. États civils de Vitry et d'Ablancourt.
3. Vaveray : *l'Election de Vitry-le-François*, v° Ablancourt ; — d'Hozier, *Armorial général*, Champagne, p. 304 ; — et Caumartin (exemplaire de la Bibliothèque nationale), t. II, f° 461.
4. État civil de Couvrot.

selle Madeleine-Louise de Joybert, sa grand'tante paternelle. Elle mourut célibataire à Vitry-le-François le 21 thermidor an V (10 août 1797) [1], laissant ses biens immobiliers situés à Vrizy, Vandy, Condé-sur-Aisne et Grivy [2] (provenant tous de sa quadrisaïeule de Joybert) à sa sœur Madeleine-Hortense, qui paya 576 livres pour droits de déclaration au receveur de l'Enregistrement et des Domaines à Vouziers et les vendit elle-même peu après.

6° Jean-Baptiste-Claude de Joybert né à Villers le 4 mai 1770. Baptisé deux jours après il eut pour parrain : Messire Jean-Baptiste de Salse, chevalier de Saint-Louis, ancien capitaine au régiment de Normandie, son grand-oncle paternel, et pour marraine : damoiselle Marie-Magdeleine-Claude de Joybert sa grand'tante paternelle. — Il mourut à Villers le 4 avril 1771 [3].

7° Madeleine-Henriette de Joybert, née et baptisée à Villers le 17 juin 1771 [3]; elle eut pour parrain et marraine son frère Frédéric et sa sœur Hortense, et mourut le surlendemain à Vitry où on l'avait mise en nourrice [4].

8° Jean-Baptiste-Claude, auteur de la branche de Bussy.

C'est du mariage de Jérôme-Antoine de Joybert et d'Anne-Charlotte de Salse que descendent tous les Joybert actuellement existants [5].

---

1. État civil de Vitry-le-François.
2. Comment les possédait-elle, puisqu'ils venaient des Joybert et qu'elle mourut avant son père ? — Il est probable qu'elle en avait hérité de sa marraine, morte en 1791.
3. État civil de Couvrot.
4. État civil de Vitry-le-François.
5. Voir le tableau généalogique de cette descendance au complet à l'*Appendice M*.

CHAPITRE V

Frédéric de Joybert de Villers naquit au château de Villers-sur-Marne le 22 février 1763. Il eut pour parrain, dit son acte de baptême, haut et puissant seigneur Messire Frédéric comte de Salse, chevalier, seigneur d'Apremont, son grand-père, et pour marraine : noble dame, Madame Thérèse de Beurges, sa grand'mère, épouse de haut et puissant seigneur Messire Jean-Baptiste-Philippe de Joybert, chevalier, seigneur de Tournizel et autres lieux [1].

Il fit ses preuves de noblesse pour être admis au nombre des pages élevés dans les Écuries du duc d'Orléans, et c'est à cette occasion que La Cour, généalogiste du Roi, dressa la généalogie conservée à la Bibliothèque nationale commençant à « N*** Joibert, né d'honorable famille et natif de la ville de Saint-Mard-sur-le-Mont, épouse N***, d'où : Simon, Nicolas, Jacques, Jean et Guillaume les Joibert » et s'arrêtant à Frédéric né le 22 février 1763 [2], et qu'il délivra le 25 mars 1773 un « Certificat de la noblesse de Frédéric de Joibert, page de Monseigneur le duc d'Orléans » — remontant à « Jacques Joibert, écuyer, seigneur d'Aulnay-

---

1. État civil de Couvrot.
2. *Pièces originales,* vol. 1583, n° 78 et 79.

le-Châtel, Coulemiers et d'Amblancourt, mari de Louise Bizet et fils de noble homme Jean Joibert, écuyer, seigneur de Soulanges et de défunte D^lle Marguerite Balehan[1]. »

Entré aux Pages du duc d'Orléans le 26 novembre 1773, il en sortit le 10 avril 1779 ; le 28 avril suivant, il reçut son brevet de nomination comme officier sans appointements au régiment de Cavalerie-Orléans; le 26 septembre 1779, celui de sous-lieutenant ; puis le 22 mai 1785, celui de lieutenant. Le 29 avril 1787 il lui était délivré une commission pour tenir rang de capitaine dans le même régiment[2]. Il émigra en septembre 1791, fit la campagne de 1792 à l'armée des Princes, puis, au licenciement de l'armée de Condé, resta en Allemagne jusqu'au jour où, rayé de la liste des émigrés le 14 brumaire an XI, il put rentrer en France. — A la Restauration il reçut la croix de Saint-Louis le 16 mars 1816[3].

Il épousa à Bienville[4] le 20 janvier 1806, Jeanne-Sophie de Thomassin de Bienville, fille de Louis-Maurice marquis de Thomassin, seigneur comte de Bienville, ancien grand bailli d'épée de la ville et du bailliage de Vitry-le-François, et de Jeanne-Sophie de Brienne[5].

La famille de Thomassin, d'origine champenoise, fit devant Caumartin, en juin 1668, ses preuves remontant à 1521 ; son dernier représentant est mort à Bienville le 30 décembre 1867. Elle portait : *d'argent au pin arraché de sinople surmonté d'une merlette de sable*[6].

Frédéric de Joybert, d'abord fixé à Vitry, alla s'établir en 1812 à Rozières, petit château du XVIIe siècle, au milieu d'une terre assez importante, propriété de sa femme et qui venait des Brienne. Il y

---

1. *Pièces originales*, vol. 1583, n° 77.

2. *États de services* fournis par les *Archives du ministère de la Guerre*. Seul, le grade de capitaine n'y est pas mentionné.

3. *Histoire de l'ordre de Saint-Louis*, par Al. Mazas et Th. Anne, t. III, p. 208.

4. Haute-Marne, arrondissement de Wassy. — Cette terre fut érigée en comté en octobre 1770 en faveur du grand-père de Mme de Joybert, Maurice-J.-B. de Thomassin de Bienville, bailly d'épée en la ville de Saint-Dizier (*Archives de la Marne*, C. 2507, f° 209).

5. Dernière de son nom, elle était fille unique de Charles-Jean-Baptiste-Antoine de Brienne, trésorier de France, ✝ à Bar-sur-Aube le 18 prairial an VII, et de Marie Bluget.

6. Caumartin, *Nobiliaire de Champagne*. — Cependant Laisné contestait la noblesse de cette famille en attribuant sa maintenue à l'influence de François de Thomassin, subdélégué à Joinville. — V. le *Sommaire du procès-verbal de la recherche de la noblesse de Champagne*, par E. de Barthelemy, p. 160, à la note.

mourut le 14 avril 1839 [1]. Sa femme lui survécut vingt ans, mourut à Rozières le 3 janvier 1859 et y fut enterrée au cimetière du village à côté de lui, dans une tombe surmontée des armes des Joybert. Elle était née à Bienville le 14 juillet 1772.

De leur mariage sont nés cinq enfants :

1° Jérôme-Maurice-Frédéric baron de Joybert, né à Vitry le 16 février 1807, mort à Rozières le 4 février 1878. Il avait épousé à Coin-sur-Seille (Moselle) le 10 janvier 1843 Charlotte-Emmanuelle-Aimée de Rosières, fille de Charles-Joseph-Emile comte de Rosières d'Euvezin et de Marie-Charlotte-Béatrix-Octavie de Gondrecourt, sa seconde femme.

Les Rosières, maison de chevalerie aujourd'hui éteinte, étaient originaires de Touraine et se fixèrent vers l'an 1300 dans le Barrois, puis en Lorraine, où ils ne tardèrent pas à occuper de hautes charges et où ils contractèrent les plus belles alliances. Le quadrisaïeul de Mme de Joybert reçut du duc Léopold Ier de Lorraine le titre de comte le 9 août 1713 et la terre d'Euvezin fut ensuite érigée pour lui en comté le 17 mars 1736. Les armes des Rosières étaient : *d'or à deux léopards d'azur contournés, armés, et lampassés de gueules, mis l'un sur l'autre ; à la bordure engreslée de gueules* [2].

1. Rozières (Haute-Marne), arrondissement de Wassy. — Le château et les fermes ont été vendus en 1909.

Le faire-part du décès de Frédéric de Joybert est le plus ancien de ceux qu'on a conservés dans la famille : nous le reproduisons à ce titre :

Mme de Joybert, de Villers ; M. Frédéric de Joybert ; M. et Mme Paulin de Joybert ; M. Charles de Joybert ; M. le Comte et Mme la Comtesse Albert de Hutant ; M. Le Picart d'Ablancourt ; M. le Comte et Mme la Comtesse de Bienville et Mlles Adeline et Clotilde de Bienville ont l'honneur de vous faire part de la perte douloureuse qu'ils viennent de faire de Monsieur Frédéric de Joybert, de Villers, chevalier de Saint-Louis, ancien capitaine de cavalerie, leur époux, père, beau-père et beau-frère, décédé à Rozières dans la soixante-dix-septième année de son âge.

Rozières, le 14 avril 1839.

Ce fut la dernière fois que le nom de « de Villers » fut accolé à celui du dernier Joybert qui y était né. — Les armes des Joybert et des Thomassin se trouvent sur deux des vitraux de l'église de Rozières.

2. *La Chesnaye-Desbois*, v° Rozières ; Lepage, *Complément au nobiliaire de Lorraine*,

Née à Nancy le 27 février 1816, elle mourut chez sa fille, au château de Saint-Victor-d'Epine (Eure), le 3 avril 1883, n'ayant eu que :

Marie-Sophie-Caroline de Joybert, née à Coin-sur-Seille le 13 novembre 1843, morte à Saint-Victor-d'Epine le 11 novembre 1907 et mariée à Metz le 24 novembre 1863 à *Gabriel*-Joseph comte de Vaugiraud, chef d'escadrons de cavalerie, chevalier de la Légion d'honneur, fils d'Eugène-Philippe-Étienne comte de Vaugiraud et d'Agathe-Sophie-Françoise Le Cordier de Bigards de la Londe. — Né à Versailles le 19 juillet 1829, il mourut à Saint-Victor-d'Epine le 16 octobre 1899.

La famille de Vaugiraud, originaire d'Anjou, où elle paraît au xv⁰ siècle, se transplanta aux Sables-d'Olonne ; elle porte : *d'argent à l'aigle éployée de sable.* Plusieurs de ses membres ont occupé de belles positions ; on trouve notamment un évêque d'Angers, un lieutenant général des armées de mer, grand croix de Saint-Louis, un capitaine aux gardes françaises, etc. [1]

2° Louis-Antoine-Paulin, qui suit.

3° *Adeline*-Sophie-Claudine de Joybert, née à Vitry le 19 sep-

---

p. 363 et 365 ; *La Chambre des Comptes du duché de Bar*, déjà citée, p. 97 et 115. — La famille de Gondrecourt, dont l'anoblissement, à la date du 23 juillet 1363, est le premier anoblissement connu concédé par un duc de Lorraine, a occupé aussi de hautes positions et contracté de belles alliances : elle reçut trois titres de comte les 17 juillet 1711, 27 juillet 1727 et 2 mai 1736. — Lepage, *op. cit.*, p. 248, 364 et 365.

1. La Chesnaye-Desbois, et *Biographie universelle* de Michaud et Poujoulat, v⁰ Vaugiraud. — Le Cordier, famille de robe originaire de Normandie qui possédait la seigneurie de la Londe érigée, en mai 1616, en marquisat en faveur de François Bigards dont l'arrière-petite-fille épousa un Le Cordier, président à mortier au Parlement de Rouen.

Du mariage de Marie de Joybert avec Gabriel comte de Vaugiraud sont nés :

1° *René*-Charles-Marie comte de Vaugiraud, officier de cavalerie, né à Flanville (Moselle) le 2 octobre 1864 : ⚭ à Paris le 9 juillet 1895 *Régine*-Pauline-Gabrielle de Cambourg, née à Versailles le 1er juin 1873.

2° *Marie*-Sophie-Agathe de V., née à Flanville le 24 juillet 1866, † célibataire, à Saint-Victor-d'Epine, le 6 septembre 1886.

3° *Blanche*-Thérèse-Marie de V., petite sœur des pauvres, née à Vesoul le 13 mars 1869.

tembre 1809, morte à Bienville le 7 janvier 1868 : mariée à Rozières le 19 novembre 1832 à *Albert*-Pierre-François comte de Rutant, fils d'André-Pierre-Léopold comte de Rutant, ancien officier de cavalerie, chevalier de Saint-Louis et de la Légion d'honneur, et d'Anne-Françoise-Octavie de Pons de Rennepont.

Dernier représentant d'une famille de Lorraine anoblie par le duc Charles III le 25 avril 1589, qui s'éleva rapidement à une  haute situation et reçut le titre de comte les 20 janvier 1760 et 3 mai 1779, Albert comte de Rutant naquit au château de Saulxures-les-Nancy (Meurthe) le 7 novembre 1803 et y mourut sans postérité le 25 juin 1852, laissant à sa femme la grande fortune des Rutant qui, après la mort de celle-ci, se partagea entre ses trois frères Frédéric, Paulin et Charles de Joybert.

Les Rutant portaient : *d'azur à la fasce d'argent chargée de trois têtes de lions arrachées de gueules, lampassées de même et accompagnées en chef de deux étoiles d'or et en pointe de trois besants de même 2 et 1* [1].

4° Agathe-Adèle-Adrienne-*Ernestine*, née à Bienville le 17 mars 1812, morte à Rozières le 7 février 1813.

4° *Gabrielle*-Louise-Marie de V., née à Caen le 1er octobre 1870 ; ⚭ à Saint-Victor le 30 janvier 1894, *Paul*-Marie-Alphonse, baron Paul de Kesling, né à Nancy le 26 septembre 1866, d'où :

    a : Elisabeth-Paule-Marie de K., Saint-Victor, 1er février 1895.

    b : Marie-Thérèse-Gabrielle de K., Saint-Victor, 6 novembre 1896.

    c : Geneviève-Jeanne-Marie de K., Saint-Victor, 22 janvier 1898.

    d : Henriette-Gabrielle-Renée-Jeanne-Marie de K. ; Romilly-sur-Andelle, 25 juin 1901 † Alizay, 13 juin 1908.

    e : Henri-François-Marie de K., Alizay (Eure), 2 mai 1907.

5° *Christine*-Pauline-Marie de V., née à Rozières le 28 décembre 1871, religieuse au couvent de la Visitation de Rouen.

6° *Anne*-Françoise-Marie de V., née à Saint-Victor, le 24 juin 1879 ; ⚭ à Paris le 2 octobre 1909, Joseph-Jules-Octave Charlery de la Masselière, né à Angers le 31 août 1879 † à Paris le 15 octobre 1910, d'où :

    a : René C. de la M., Paris, 20 juillet 1910.

1. Dom Pelletier, *Nobiliaire de Lorraine*, v° Rutant ; — Lepage, *op. cit.*, p. 365 et 366 — V. aussi un très intéressant article intitulé : *Saulxures et les Rutant* du journal *L'Espérance, courrier de Nancy*, du 8 août 1851, au sujet de la mort d'André-Pierre-Léopold comte de Rutant.

5° François-*Charles*-Edme, baron Charles de Joybert, né à Rozières le 21 juillet 1817, mort au château de Saulxures-les-Nancy le 26 juillet 1870.

Il épousa en premières noces au château de Crespy (Aube) le  28 juin 1842, Louise-Henriette-*Victoire* de Montangon, fille de Joseph-Justin et de Louise-Virginie de Miremont [1]. Née au château de Belval (Aisne) le 9 janvier 1820, elle mourut à Chaumont le 2 juin 1848 et fut inhumée à Rozières. — De cette première union il n'eut qu'un enfant :

a : Jérôme-Joseph-Frédéric-Henri de Joybert né à Rozières le 9 avril 1843, y mort le 16 novembre suivant.

Puis, en secondes noces, il épousa à Paris le 5 octobre 1853 Gabrielle du Fou, fille de Jules comte du Fou et de Lydie-Charlotte Marion du Rosay, née à Nantes le 18 mars 1831, morte à Saulxures-les-Nancy le 9 août 1904.

Les du Fou, d'après dom Maurice, seraient une branche  cadette des comtes de Léon qui régnèrent sur la Bretagne [2]; leur origine serait donc des plus anciennes [3] et des plus illustres : cette famille eut de fort belles alliances, notamment avec les maisons de Bretagne et de Rohan et compta, en 1454, un chevalier de l'ordre de l'Hermine [4]. Cependant, lors de leur maintenue en 1668, ils ne purent remonter, avec preuves, qu'à 1385. Leurs armes sont : *d'azur à l'aigle éployée d'or* [5]. Par lettres patentes du 25 octobre 1817 les du Fou reçurent un titre de comte héréditaire en la personne du grand-père de Mme de Joy-

---

1. Sur la famille de Montangon, voir le chapitre suivant.
2. *Preuves pour servir à l'histoire de Bretagne*, t. I, p. 11.
3. Le premier du Fou cité dans l'*Histoire de Bretagne* du même auteur, vivait en 1163, t. I, p. 105.
4. *Id., ibid.*, p. xvi et xxiv.
5. La Chesnaye-Desbois, v° du Fou.

bert qui, précédemment, avait été fait chevalier de l'empire [1].

De ce second mariage sont nées quatre filles :

b : Marie-Louise-*Jeanne* de Joybert, née à Paris le 25 octobre 1856, morte religieuse de la Visitation au monastère de Paray-le-Monial le 23 février 1901.

c : Marie-Brigitte-*Yvonne* de Joybert née à Paris le 12 avril 1858, morte à Saulxures-les-Nancy le 19 mars 1900. Elle y avait épousé le 8 septembre 1880 François-Léonel baron de la Chapelle, fils de Charles-Henri vicomte de la Chapelle et de Françoise-Gabrielle de Clavières, né à Uxelles (Saône-et-Loire) le 10 juillet 1848.

La famille de la Chapelle porte : *Écartelé au 1er d'argent à une bande de gueules chargée d'une étoile d'or entre deux*  *boucles du même en forme d'anneaux ; au 2e d'argent au lion couronné de gueules ; au 3e d'or à deux lions de sable mis en bande ; au 4e d'azur à trois fasces d'or, à la bande d'or brochant ; et, sur le tout, d'azur à la chapelle d'or soutenue du même et ouverte du champ* [2].

Elle a pour auteur Antoine Chapelle, maître de forges, anobli par lettres patentes de décembre 1597, qui acquit les seigneuries de la Porte, la Valade, Jumilhac, etc., en Périgord, et elle a formé plusieurs branches dont la plus connue est celle des la Chapelle de Jumilhac,

1. Vicomte A. Révérend, *Armorial de la Restauration*, t. III, p. 443 et *Armorial du 1er Empire*, t. II, p. 93.

2. *Encyclopédie :* planche 9 de la *Méthode du blason*.

Du mariage d'Yvonne de Joybert avec Léonel baron de la Chapelle sont nés :

1° Marie-Charlotte-*Gabrielle* de la Chapelle, née à Saulxures-les-Nancy le 6 juillet 1881 ; ⚭ au château de la Place (Rhône) le 18 septembre 1906, Louis de Valence de Minardière, officier de cavalerie, né à Paris le 4 mai 1875, d'où :

a : Yvonne, Moulins, 29 juin 1907.

b : Antoinette, Moulins, 15 août 1908.

c : Jean, Moulins, 13 juillet 1909.

2° Yves-Marie-*Bernard* de la Chapelle, né à Saulxures-les-Nancy le 31 octobr

autorisés par ordonnance du 7 décembre 1818 à relever le nom et le titre de duc de Richelieu [1].

d : Marie-Françoise-*Gabrielle* de Joybert, née à Paris le 5 février 1860 ; mariée à Paris le 30 mai 1882 à Henri comte, puis marquis de Pardieu, fils de Charles comte de Pardieu et d'Ernestine Préveraud de la Boutresse, sa seconde femme : né à Ecrainville (Seine-Inférieure) le 26 mars 1855, il mourut à Saulxures-les-Nancy le 7 février 1895.

La maison de Pardieu porte : *d'or au lion couronné de gueules*. Originaire de Normandie, elle peut compter parmi

les meilleures, tant par son ancienneté (1260), que par ses alliances : Boulainvilliers, Fautereau, Le Veneur, Clermont-Gallerande, Bailleul, Beauvau, etc., et que par ses charges et dignités : un chevalier de l'ordre du roi, deux gentilshommes de la Chambre, etc. [2].

e : Marie-Caroline-*Louise* de Joybert, née à Rozières le 16 juin 1862, morte à Paris le 19 mai 1890 sans postérité de son mariage contracté à Saulxures-les-Nancy le 4 octobre 1883 avec Louis comte, puis marquis de Saint-Belin-Mâlain, officier de cavalerie démissionnaire, né au château de Vaudrémont (Haute-Marne) le 4 juillet 1856. Fils de feus Louis comte de Saint-Belin-Mâlain et de Clotilde de Maurès de Malartic, il était cousin

1883, == à Locquénolé (Finistère) le 28 septembre 1910, *Louise*-Marie-Stéphanie-Augustine de Penguern, née à Morlaix, le 5 février 1887.

3° Hippolyte-Marie-*François* de la Chapelle, né à Saulxures-les-Nancy, le 22 mai 1886.

4° *Pierre*-Marie-Gustave de la Chapelle, né à Saulxures-les-Nancy, le 27 juin 1888.

1. Vicomte A. Révérend, *Armorial de la Restauration*, t. II, p. 89.

2. La Chesnaye-Desbois, v° Pardieu.

Du mariage de Gabrielle de Joybert avec Henri marquis de Pardieu sont nés :

1° Marie-Charlotte-*Nicolle* de Pardieu, Paris, 28 mars 1883.

2° Marie-Gabrielle-*Jeanne* de Pardieu, Saulxures-les-Nancy, 25 mai 1886.

3° *Charles*-Marie-Yves de Pardieu, Saulxures-les-Nancy, 13 septembre 1890.

de sa femme au 9° degré[1] et dernier représentant de cette illustre maison champenoise qui fut maintenue par Caumartin en décembre 1669 sur preuves remontant à 1246. Elle compte plusieurs chevaliers de l'ordre du roi, un chambellan de Louis XI, un maître d'hôtel de Charles IX, des gentilshommes de la Chambre, des Dames de Remiremont, etc., et contracta alliance dans les maisons de Baudricourt, d'Amboise, d'Haussonville, de Raigecourt, de Sommièvre,

de Mailly, d'Haraucourt, d'Ourches, de Mâlain, de Choiseul, de Ludres, de Messey, de Han, de Villers-la-Faye, etc., c'est-à-dire, suivant l'expression de la Chesnaye-Desbois, « avec tout ce qu'il y a de grand » dans les trois provinces de Champagne, Lorraine et Bourgogne[2].

Ses armes sont : *d'azur à trois têtes de béliers d'argent accornées d'or, 2 et 1, posées de front*. La terre de Bielle fut érigée pour elle en comté en mai 1662.

1.

Maurice J.-B. de Thomassin c^{te} de Bienville = Melle de Beurville.

Louis-Maurice de Thomassin c^{te} de Bienville = Jeanne Sophie de Brienne	Alexandre de Thomassin de Martheaye = Alexandrine Claudine-Félicité de Mandat.
Jeanne-Sophie-Brigitte de Thomassin de Bienville = b^{on} Frédéric de Joybert.	Henriette de Thomassin de Martheaye = Athanase c^{te} de Guitaut.
b^{on} Charles de Joybert = Gabrielle du Fou.	Berthe de Guitant = le c^{te} de Maurès de Malartic.
Louise de Joybert.	Clotilde de M. de Malartic = Louis c^{te} de St-Belin-Mâlain.
	Louis m^{is} de St-Belin-Mâlain.

2. Caumartin, *Nobiliaire de Champagne* et Le Chesnaye-Desbois, v° Saint-Belin.

D.

8

CHAPITRE VI

Louis-Antoine-Paulin, baron Paulin de Joybert, né à Vitry-le-François le 2 juin 1808 et mort au château de Belval (Aisne) le 7 septembre 1881, épousa au château de Crespy (Aube) le 12 juin 1838 *Louise*-Françoise-Caroline de Montagon, fille de Joseph-Justin de Montagon, ancien capitaine d'artillerie de la garde impériale, officier de la Légion d'honneur, et de Louise-Virginie de Miremont et sœur aînée de la première femme de son frère Charles de Joybert. Née à Belval[1] le 21 décembre 1816, elle y mourut le 11 juin 1888.

La famille de Montagon, exclusivement d'épée, est champenoise ; elle fut maintenue en novembre 1668, sur preuves remontant à 1503, par Caumartin qui lui donne pour armes : *gironné d'or et d'azur de six pièces*, tandis qu'elle porte en réalité : *gironné d'or et d'azur de douze pièces* [2].

De leur mariage sont nés trois enfants :

1° *Marie*-Louise-Frédéricque de Joybert, née au château de

---

1. Commune de Goudelancourt-les-Berrieux (Aisne).

2. Caumartin et La Chesnaye-Desbois, v° Montangon. — Quant à la famille de Miremont, qui compte de fort belles alliances, notamment avec les d'Anglure, du Châtelet, Haraucourt, Aspremont, etc., ce serait, d'après Caumartin, une branche cadette des Miremont d'Auvergne fondus en la maison de Bourbon.

Rozières le 3 mai 1839 ; mariée à Belval le 2 mai 1865 à *Arthur-Maurice-César de Guillebon*, fils de Louis-Albert-Allain et d'Eugénie-Joséphine-Mathilde d'Aix [1]. Né à Arras le 14 juin 1837, il mourut à Amiens le 3 janvier 1874 [2] ; sa femme y mourut le 11 février 1911 et tous deux furent inhumés au cimetière de Remy (Pas-de-Calais).

Les Guillebon, qui portèrent d'abord le nom de Le Toillier,

sont originaires du Beauvoisis et se sont transplantés en Picardie où ils ont tellement foisonné qu'un dicton populaire y dit : « Battez un buisson, il en sort un Guillebon. » Ils furent maintenus par l'Intendant Bignon le 27 mars 1700 sur preuves remontant à 1528. Leurs armes sont : *d'azur à la bande d'or accompagnée de trois besants de même, deux en chef et un en pointe* [3].

2° Sophie-Joséphine-*Clotilde* de Joybert, née à Rozières le 27 juin 1840, y morte le 16 décembre 1852.

3° Jérôme-Pierre-Charles-Ludovic, qui suit.

1. Dernière du nom d'une bonne famille d'Artois qui reçut le titre de baron en juillet 1784. — P. Roger : *Noblesse et chevalerie de Flandres, d'Artois et de Picardie*, p. 382.

2. Du mariage de Marie de Joybert avec Arthur de Guillebon sont nées :

    1° Marie-Louise-*Clotilde* de Guillebon, née à Amiens le 16 avril 1866 ; ⚭ à Amiens le 3 août 1887 Amédée de Franqueville, né à Amiens le 24 septembre 1857, d'où :

        a et b : jumelles nées et mortes à Remiencourt (Somme), le 9 octobre 1888.

        c : Marie-Louis-*Adalbert* de Franqueville, Amiens, 22 mars 1890.

        d : Marie-Louise-Henriette-Colette-Germaine, Remiencourt, 22 juillet 1892.

        e : Jeanne-Colette-Marie-Louise de Franqueville, Amiens, 17 novembre 1902.

    2° Marie-Joséphine-*Louise*, Amiens, 3 avril 1868 † Amiens, 2 décembre 1888.

    3° Marie-Léonide-Adeline-*Thérèse* de Guillebon, Amiens, 2 mars 1873 ; ⚭ à Amiens le 24 octobre 1894, Vast-Marie-Léon-Joseph-*Albert* de Gillès, né à Amiens le 24 avril 1864, d'où :

        a : *Marie*-Colette-Josephe-Philomène-Louise de Gillès, née à Clairy-Saulchoy (Somme) le 5 août 1895.

        b : Louis de G., né à Clairy-Saulchoy, le 9 octobre 1897.

        c : Jacques de G., né à Clairy-Saulchoy, le 13 décembre 1900.

        d : Marie-Bernard de G., né à Clairy-Saulchoy, le 25 mars 1903.

3. P. Roger, *op. cit.*, p. 252 et 348, et *Généalogie de la maison de Guillebon*, Amiens, 1893, p. 61 et 160.

CHAPITRE VII

Jérôme-Pierre-Charles-*Ludovic* comte de Joybert naquit au château de Rozières le 4 octobre 1845; entra en 1864 à l'école de Saint-Cyr, était sous-lieutenant au 5ᵉ régiment de chasseurs à cheval et officier d'ordonnance du général Frossard, lors de la déclaration de guerre en juillet 1870, lorsqu'un terrible accident de cheval l'empêcha de prendre part à la campagne, le fit d'abord mettre en non-activité pour infirmités temporaires, puis le força, en novembre 1871, à donner sa démission.

Il épousa au château de Cuiry-les-Iviers (Aisne) le 16 juin 1874 *Louise*-Marie-Charlotte de Beffroy de la Grève, fille unique d'Antoine-Louis-Rose, ancien officier d'infanterie, et de Caroline-Marie Charpentier d'Audron, née à Cuiry-les-Iviers le 31 décembre 1851.

La famille de Beffroy est de Champagne et fut maintenue par Caumartin[1], en mai 1668, sur preuves remontant à 1440 : elle compte

---

1. *Nobiliaire de Champagne.* — Outre celle de Caumartin, il existe une généalogie récente de la famille de Beffroy publiée à Reims en 1895 par le baron Ch. Remy : travail très superficiel et des plus incomplets. Il y est dit (p. 31) : Antoine-Louis-Rose, né au

un chevalier de l'ordre du roi et a plusieurs belles alliances, notamment avec les la Grève, Wignacourt, Roucy, Pavant, etc. Elle porte : *de sable au lion d'argent, armé et lampassé de gueules, la queue passée entre les jambes.*

De ce mariage sont nés :

1° *Charles*-Louis-Marie-Jérôme de Joybert, Cuiry-les-Iviers, 1er † 6 mai 1875.

2° *Raoul*-Louis-Marie-Jérôme de Joybert, Cuiry-les-Iviers, 25 mai 1877.

3° *Marguerite*-Antoinette-Louise-Marie de Joybert, Cuiry-les-Iviers, 20 juillet 1880, y † 11 juillet 1882.

château de Dollignon, dont l'article suivra; et ledit article a été oublié. Puis, au dernier tableau généalogique (seconde branche actuelle, XIV *ter*), on lit : Antoine-Louis-Rose, né en 1813, s. p. — Or, marié à Mlle Charpentier d'Audron, il en eut deux enfants : 1° Raoul de Beffroy, engagé dans la marine marchande et mort de la fièvre jaune en Amérique; 2° Mme de Joybert, devenue fille unique par le prédécès de son frère.

LIVRE III

BRANCHE

DITE

DE BUSSY-AUX-BOIS

1772 - 1911

CHAPITRE I

QUATORZIÈME DEGRÉ

Jean-Baptiste-Claude de Joybert, dit le chevalier de Joybert de Bussy, huitième et dernier enfant de Jérôme-Antoine et d'Anne-Charlotte de Salse, naquit au château de Villers-sur-Marne le 28 septembre 1772, fut baptisé le lendemain et eut pour parrain et marraine : « Messire Frédéric de Joybert » son frère aîné, et « Damoi-« selle Marie-Joseph de Lardenois, représentée par Damoiselle « Magdeleine-Hortense de Joybert, sœur du parrain [1]. »

Trop jeune pour entrer au service, il fit ce qu'avait fait son père et se servit de l'acte de baptême d'un frère plus âgé que lui, portant les mêmes prénoms, né à Villers le 7 mai 1770 et mort le 5 août 1771. De sorte qu'il entra à quinze ans, le 1er octobre 1787, comme sous-lieutenant de remplacement au régiment d'Orléans-cavalerie dans lequel servait déjà son frère Frédéric. L'année suivante, le 1er mai 1788, il fut réformé, c'est-à-dire mis en disponibilité, à la refonte du régiment.

Lorsque éclata la Révolution, il émigra avec le comte d'Artois et faisait partie de son escorte lors de son départ de France. Successi-

1. État civil de Couvrot.

vement chasseur noble à l'armée des Princes en 1791 ; passé à l'armée de Condé en 1793 ; volontaire en 1794 à l'armée anglaise où il fut incorporé dans les cadres du général d'Allonville ; attaché comme officier d'état-major à l'armée d'Anjou en 1796 ; chef, avec rang de colonel, de la 7ᵉ Légion de la division du Maine le 1ᵉʳ décembre 1799 (fonctions qu'il remplissait depuis le 11 septembre), il cessa de servir en 1801, après avoir pris part aux campagnes de 1792 à l'armée des Princes, de 1793 à l'armée de Condé, de 1794 et 1795 à l'armée anglaise et de 1796 à 1800 à l'armée de Vendée [1]. Ce fut dans ces dernières qu'il mérita le surnom de « Colonel l'Heureux » tant à cause de sa bravoure personnelle que du succès qui s'attachait à lui : il y reçut plusieurs blessures et se signala dans presque toutes les prises d'armes des Vendéens, notamment au siège du Mans par le général de Bourmont (14 octobre 1799).

Pendant une accalmie des guerres de Vendée, il épousa le 31 juillet 1797 à Grugé (Maine-et-Loire) *Agathe*-Suzanne Aveline de Narcé, fille de feu Messire Joachim-André Aveline de Narcé, écuyer, seigneur de Champiré, Grugé-l'Hôpital et autres lieux, ancien capitaine au régiment Royal-infanterie, chevalier de Saint-Louis et de feue Catherine-Jeanne Maignon, — et sœur de Mʳ de Narcé, comme lui ardent royaliste et chef de Légion, avec lequel il s'était étroitement lié d'amitié et dont le château de Champiré était son lieu de refuge. — Le mariage avait été précédé d'un contrat passé à Paris le 11 juin 1797 devant Mᵉ Edon, notaire.

La famille Aveline, aujourd'hui sur le point de s'éteindre, est venue se transplanter vers 1540 de Provence en Anjou, et y forma les deux branches de la Garenne et de Narcé. Deux de ses membres, René, seigneur de la Garenne et Laurent, seigneur de Narcé, furent en 1624 et 1639 échevins de la ville d'Angers, et jouirent, par suite, ainsi que leur descendance, des titres et prérogatives de noblesse accordés par l'édit de Louis XI, en date de 1474. Ses armes sont : *d'azur au chevron d'or accompagné en chef de deux étoiles et en pointe d'un quintefeuille de même* [2].

---

1. *États de services* fournis par le ministère de la Guerre.
2. Le Chesnaye-Desbois donne le chevron *brisé*. — Une généalogie des Aveline,

Retiré du service, le chevalier de Joybert habita d'abord une petite propriété appelée la Combaudière qu'il avait achetée en Anjou, près d'Ingrandes, puis en 1802, il revint en Champagne pour se fixer définitivement à Bussy-aux-Bois, dont il fut maire jusqu'à sa mort [1].

Lors de la première Restauration, on retrouve le colonel l'Heureux sous les armes; il y resta jusqu'à la dissolution de l'armée royale et ce fut à ce moment, qu'on lui donna le brevet de la croix de Saint-Louis (7 novembre 1814) qu'il avait reçue lorsqu'il était à l'armée de Condé. — A la seconde Restauration, présenté à Louis XVIII qui lui demanda s'il voulait être Maréchal de camp il répondit : « qu'ayant bien fidèlement servi Sa Majesté, il ne désirait qu'une chose c'est que ses enfants puissent lui consacrer leur vie. » C'est ainsi que son fils aîné entra immédiatement aux Gardes du corps, et, plus tard son second fils, aux Gardes de Monsieur.

Pour lui, il reçut le 14 avril 1816 une solde de retraite du grade de lieutenant-colonel et le brevet de colonel honoraire [2].

Il mourut au château de Bussy-aux-Bois le 23 juin 1832, emporté par le choléra, comme sa femme qui y avait succombé six jours avant lui, le 17 juin. — Elle était née à Grugé le 16 octobre 1773. — Tous deux sont enterrés dans le cimetière de Bussy.

De son mariage avec Mlle de Narcé, le chevalier de Joybert eut quatre enfants :

---

extraite de la vie de Guillaume Ménage, et qui se trouve à la Bibliothèque nationale (*Pièces originales*, vol. 152, v° *Aveline*), dit que les sieurs de la Garenne — branche aînée — portaient *d'azur à un chevron d'or accompagné en chef de deux roses et en pointe d'un quintefeuille de même*; — et que les sieurs de Narcé — branche cadette — portaient le chevron accompagné en chef de deux *étoiles*, et en pointe d'un *croissant*. — Mais les cachets de famille de la branche de Narcé portent, tous, deux étoiles et un quintefeuille et le chevron n'est pas brisé.

1. Presque tous les actes de l'état civil qu'il signa pendant près de trente ans comme maire à Bussy, sont signés : de Joybert, ou le chevalier de Joybert.

2. *États de services* fournis par le ministère de la Guerre. — A la rentrée des Bourbons, on dressa en 1814, un « Etat des officiers ayant servi dans l'armée catholique et royale « du Maine, commandée par M. le comte de Bourmont, lieutenant général, sous les ordres « immédiats de Monsieur, lieutenant général du royaume ». C'est ce que dans les Mémoires du temps, on appelle par abréviation : l'État de 1814.

Le chevalier de Joybert y est ainsi désigné :

1° Jérôme-Antoine-Alexandre qui suit.

2° Frédéric, dont la descendance viendra après celle de son frère.

3° *Madeleine*-Hortense de Joybert née à Angers le 12 vendémiaire an X (19 mars 1801) et morte à Rennes le 16 octobre 1872. — Elle épousa à Bussy-aux-Bois le 10 juin 1819 son cousin germain *René*-Adrien-Théodore vicomte du Boberil, officier de la Maison du Roi, chevalier de la Légion d'honneur, né au château du Molant (Ille-et-Vilaine) le 23 février 1791, mort au même lieu le 6 juin 1850 [1]. — Il était fils unique du second mariage de René-Joseph-Victor comte du

De Joybert (Chevalier Jean-Baptiste-Claude), dit l'Heureux, colonel, chef de la 7ᵉ légion. Propriétaire à Vitry-le-François (Marne), a reçu trois coups de feu.

États de services : âgé de quarante-deux ans ; entré sous-lieutenant dans Orléans-cavalerie en 1787 ; a émigré en 1791 ; fait la campagne de 1792 avec ses camarades à l'armée des Princes, celle de 1793 à l'armée de Condé, celle de 1794 dans les hussards de Rohan, armée anglaise ; en 1795, à l'armée du comte de Scépeaux en Anjou ; passé à l'armée du Maine où il a été nommé chef de la 7ᵉ légion avec laquelle il a eu des succès fort avantageux au parti du roi ; il y a reçu trois coups de feu, dont un au travers du corps, un dans la jambe gauche, et a eu le bras droit cassé du troisième. M. le comte de Bourmont, après un avantage signalé qu'il avait remporté, sollicita pour lui la croix de Saint-Louis qui, d'ailleurs, lui est acquise par le nombre de ses années de services. Il est père de trois enfants dont l'aîné âgé de seize ans, est Garde du corps, compagnie écossaise.

Demande : à être employé comme commandant d'un fort.

Observations : officier dès 1787, a servi beaucoup en émigration et d'une manière très distinguée sous Rochecot et Bourmont ; blessé en France de trois coups de feu.

Gentilhomme.

Histoire de la Vendée militaire par Crétineau-Joly (continuée par le P. Drochon), t. V, p. 239. — Cet extrait de l'*État de 1814* est également cité dans les *Mémoires du général d'Andigné,* t. II, p. 232, note 2.

1. « Le chevalier René-Adrien-Théodore du Boberil avait été, en 1814, gendarme « du roi ; il devint, en 1815, aide de camp du général d'Andigné, puis capitaine de « chasseurs à cheval ». *Mémoires du général d'Andigné,* t. II, p. 304, à la note.

Boberil avec Adrienne-Constance-Charlotte-Gertrude Aveline de Narcé, sœur aînée de Mme de Joybert.

Les du Boberil étaient seigneurs dudit lieu, près de Tréguier : famille d'ancienne extraction, elle fit ses preuves en Bretagne aux Réformations de 1427, 1513 et 1668 ; à cette dernière date, elle prouvait déjà dix générations. Ses armes sont : *d'argent à 3 ancolies d'azur la tige en haut* [1].

1. La Chesnaye-Desbois, v° Boberil, — et Potier de Courcy, *Nobiliaire de Bretagne*, 1846, p. 30.

Du mariage de Madeleine de Joybert avec René vicomte du Boberil, sont nés :

1° *Adrienne*-Agathe du Boberil, le Molant, 27 juillet 1821 ; = au Molant, le 3 septembre 1844, Ernest-Charles de Musino, comte du Hamel, né à Saint-Remy-en-Bouzemont (Marne), le 6 septembre 1817 † La Gaudinais, 11 mars 1883, d'où :

  A : *René*-Marie-Gabriel de Musino, comte du Hamel, Rennes, 3 mai 1846 ; † La Gaudinais, 18 octobre 1880, célibataire.

  B : Odile de Musino du Hamel, le Molant, 12 janvier 1849 ; = à Vitré, le 28 septembre 1875, *Christian*-François-Marie-Ignace Thomé, comte de Kéridec, Hennebont, 31 juillet 1833 † Vannes, 25 décembre 1892, d'où :

    a : Odile Thomé de Kéridec, Hennebont, 26 octobre 1876 = à Kerfresec (Morbihan), le 21 mai 1901, Guy Blanchard, baron de la Buharaye, né à Callac-Plumelec (Morbihan), le 1er novembre 1874, d'où :

      1° Christian Blanchard de la Buharaye, Quimperlé, 29 mars 1902.

      2° Henri, Kerfresec, 4 avril 1903.

      3° Madeleine, Quimperlé, 24 avril 1904.

      4° Yvonne, Erech-Questembert (Morbihan), 17 novembre 1905.

      5° René, Erech-Questembert, 4 décembre 1907 † 26 avril 1908.

      6° Suzanne, Erech-Questembert, 18 janvier 1911.

    b : Alain Thomé de Kéridec, Hennebont, 16 août 1878.

    c : Henri, Kerfresec, 25 novembre 1879 † Etel (Morbihan), 5 septembre 1908.

    d : René, Kerfresec, 31 août 1882 † Vannes, 2 juin 1888.

    e : Marie-Thérèse Thomé de Kéridec, Kerfresec, 15 mai 1885, = Kerfresec, 6 février 1907, Jean Marcoul, vicomte de Montmagner de Loute, Paris, 29 juillet 1879, d'où :

      1° Ghislaine Marcoul de Montmagner de Loute, née à la Boisoinière (Sarthe) le 5 décembre 1907.

  C : Guy de Musino, comte du Hamel. — Le Molant, 26 août 1851 † Paris, 8 octobre 1890, célibataire.

2° *Olivier*-Jean vicomte du Boberil. — Rennes, 31 mars 1824 † Rennes, 4 avril 1898. — Ep. à Saint-Omer, le 24 novembre 1857, Noémi de Colbert Castle-Hill, née à Pihen (P.-de-C.) le 13 juin 1836 † Le Molant, 19 septembre 1902, d'où :

  a : René-*Roger*, vicomte du Boberil, Le Molant, 4 septembre 1858.

  b : Marie-Théodore-*Henri*, vicomte Roger du Boberil, officier d'artillerie,

4° René-Victor de Joybert, né au château de Bussy-aux-Bois le 18 juin 1805; — y mort le 8 juillet 1808.

chevalier de la Légion d'honneur. — Le Molant, 12 mai 1861; = Rennes, le 10 mai 1898, *Berthe*-Renée-Marie-Anne de Menou, née à la Chapelle-Bouexic (I. et V.) le 17 août 1869, d'où :

1° Madeleine du Boberil. — Bréquigny (I. et V.), 11 mai 1899.
2° Olivier du Boberil. — Bréquigny, 30 juin 1900.
3° Jean du Boberil. — Bréquigny, 19 mai 1903.
4° Geoffroy du Boberil. — Bréquigny, 22 décembre 1907.

CHAPITRE II

QUINZIÈME DEGRÉ

Jérôme-Antoine-Alexandre de Joybert, né à La Flèche le 21 septembre 1797, mourut à Saumur le 12 janvier 1853.

D'abord, en 1815, Garde du corps du Roi, compagnie écossaise, (1re Cie) il passa avec son grade de lieutenant aux dragons du Calvados et fut réformé en 1824.

Il épousa au château de Narcé, près d'Angers, le 19 avril 1824 Atala-Joséphine Bertrand du Platon de Narcé, sa cousine [1], fille

1. Elle était sa cousine au 7e degré :

Charles-Laurent Aveline, éc., sr de Narcé
Ep. à Angers, le 19 novembre 1725
Louise Marchand de la Suardière.

Charles-Laurent Aveline, éc., sr de Narcé secrétaire de la noblesse aux Etats d'Anjou en 1789 Ep. à Angers, le 29 juillet 1754, Marie-Madeleine-Charlotte Dureau.	André-Joachim Aveline de Narcé éc., sr de Champiré, capitⁿ au Régt Royal Infanterie, chr de St-Louis, Ep. à... le 20 juin 1763, Catherine-Jeanne Maignon.
Marie Aveline de Narcé, Ep. à Angers, le 27 avril 1776 Joseph-Cyprien Bertrand, éc., sr du Platon, Gentilhomme ordinaire de la Chambre du Roi.	Agathe-Suzanne Aveline de Narcé Ep. à Grugé l'Hôpital le 31 juillet 1797 J.-B. Claude de Joybert.
Joseph Bertrand du Platon de Narcé Ep. le 19 ventôse an IX, Madeleine-Perrine- Esther Binot de la Bréjaudais.	Jérôme-Antoine-Alexandre de Joybert.
Atala-Joséphine Bertrand du Platon de Narcé.	

unique [1] de Joseph Bertrand du Platon de Narcé [2] et de Madeleine-Perrine-Marguerite-Esther Binot de la Bréjaudais, avec laquelle il habita sa propriété de la Garenne, commune de Trélazé (Maine-et-Loire). Née à Angers le 17 vendémiaire an XIII, elle mourut à Rennes le 19 février 1845.

La famille Bertrand fut anoblie en septembre 1770 par lettres données par Louis XV à Jean-Joseph Bertrand, seigneur du Platon, ancien colonel commandant à Saint-Domingue, chevalier de Saint-Louis, qui fut fait en même temps écuyer et reçut pour armes : *d'azur à la fasce d'or accompagnée en chef de deux étoiles et en pointe d'un croissant d'argent* [3] : il était le bisaïeul de Mme de Joybert qui fut la dernière de sa famille.

De son mariage avec Jérôme-Antoine-Alexandre de Joybert elle eut :

1° Joseph-Jérôme qui suit.

2° Jean-Baptiste-Armand-*Frédéric*, baron Frédéric de Joybert né à Angers le 27 juillet 1827, mort célibataire à Soncelles (Maine-et-Loire) le 19 février 1889 et inhumé à Dureil (Sarthe).

---

1. Après la mort de sa sœur cadette qui fut frappée de la foudre le 21 août 1821, sur la route d'Angers au Pont de Cé.

2. Joseph Bertrand du Platon ajouta au sien le nom de Narcé après la mort de son grand-père maternel qui lui laissa la terre de Narcé : il n'était même connu que sous le nom de M. de Narcé. — V. *Mémoire d'un royaliste* par le comte de Falloux, t. I, p. 6.

3. L'original de ces lettres de noblesse est au château de Dureil.

CHAPITRE III

Joseph-Jérôme vicomte de Joybert naquit à Angers le 14 mars
1825. Entré à l'École de Saint-Cyr en 1844, il en sortit dans la cavalerie et fut nommé sous-lieutenant le 1er octobre 1846. — Lieutenant
le 9 août 1850, capitaine le 1er mai 1854, chef d'escadrons le 12 août
1866, lieutenant-colonel le 7 janvier 1871, colonel le 8 octobre
1875 à l'âge de cinquante ans, il était sûr de parvenir au grade de
général, quand, à la suite de démêlés avec ses supérieurs (tout à son
honneur, d'ailleurs) il se fit mettre en disponibilité alors qu'il commandait le 2e régiment de dragons à Chartres, et, peu après, en 1882, fit
valoir ses droits à la retraite.

Il fit campagne de Crimée en 1855 ; puis campagne en Algérie, de
mai à décembre 1859, et de mai 1864 à avril 1867 (ce fut au cours de
cette dernière qu'il fut blessé d'un coup de feu à la cuisse au combat
de Ben-Atab, le 16 mars 1866) ; — enfin la campagne de France
1870-1871 où, parti comme chef d'escadrons commandant en second
le 4e régiment de marche de cavalerie légère, il en prit ensuite le
commandement comme lieutenant-colonel (2e armée de la Loire). —
Chevalier de la Légion d'honneur le 12 août 1864, il fut fait officier le
12 juillet 1879.

D.

Retiré dans sa propriété de Dureil[1] qu'il avait achetée en 1872, il y mourut le 25 février 1889, à la suite d'un refroidissement contracté en allant chercher le corps de son frère, mort quelques jours avant lui.

Il avait épousé au château de Renaud (commune de Fresnoy, Aube) le 5 janvier 1858 Anne-Joséphine-*Marie* Corps, fille de Jacques-Odart, et de Lucie-Marie-Joséphine Marcotte, née à Troyes le 7 mars 1839. — Les *Corps*, originaires de Troyes, seigneurs de Renaud et Courcelles, étaient d'une bonne famille de robe ; on voit en 1783, Jacques Corps, chevalier, seigneur de Renaud, Combureau et autres lieux, conseiller au Grand Conseil[2]. C'était l'arrière-grand-père de Mme de Joybert. Leurs armes sont : *d'or au chevron d'azur accompagné en chef de deux étoiles de gueules et, en pointe, d'une feuille de houx de sinople*[3].

Du mariage du colonel de Joybert avec Mlle Corps sont nés :

1° *Jacques*-Joseph-Frédéric-Marie vicomte de Joybert, né à Milianah (Algérie) le 26 septembre 1859. — Entré à l'école de Saint-Cyr en 1881, sous-lieutenant de cavalerie le 1er octobre 1883, lieutenant le 16 février 1888, capitaine le 10 juillet 1894, il fut nommé chevalier de la Légion d'honneur en janvier 1904 et est, en outre, officier de l'ordre du Lion et du soleil de Perse ; chef d'escadrons le 24 septembre 1908 ; — célibataire.

2° *Lucie*-Madeleine-Charlotte-Marie de Joybert, née à Clermont-Ferrand le 6 août 1862, — célibataire.

3° *Maurice*-Jules-Édouard-Marie, baron Maurice de Joybert, né à Mostaganem (Algérie) le 7 mars 1867. Entré à l'école de Saint-Cyr en 1886 ; sous-lieutenant de cavalerie le 1er octobre 1888, lieutenant le 1er octobre 1891 ; il mourut célibataire à Niort le 15 avril 1900.

4° *Geoffroy*-Jérôme-Maurice de Joybert, né à Libourne le 8 décembre 1873, mort au château de Dureil le 13 juin 1882.

1. Sarthe, arrondissement de La Flèche, canton de Malicorne.
2. *Archives de l'Aube*, E. 140.
3. *Armorial de l'Aube*, par A. Roserot. — Troyes, 1879.

CHAPITRE IV

Frédéric, dit d'abord le chevalier de Joybert de Bussy, puis le comte de Joybert, second fils de J.-B. Claude et d'Agathe-Suzanne Aveline de Narcé, naquit à Angers le 25 décembre 1798 et mourut au château de Bussy-aux-Bois le 26 février 1870.

Sergent à la Légion départementale de la Mayenne le 1er janvier 1816, il passa avec son grade à la 1re Légion du Nord le 26 mai 1820. Le 13 décembre suivant il entrait, avec le rang de sous-lieutenant de cavalerie, aux Gardes du corps de Monsieur. Nommé Garde du corps du roi (compagnie de Rivière) le 16 septembre 1824, il fut promu Garde de 2e classe, rang de lieutenant, le 3 mars 1825 et passa à la compagnie de Noaillés le 1er juin 1826. L'année suivante, — 9 octobre 1827 — il donna sa démission [1].

Il épousa à Nancy le 28 avril 1835 Marie-Élisabeth de Rouot, fille de J.-B. Flavien, ancien magistrat, membre du Conseil général de la Meurthe, chevalier de la Légion d'honneur, et d'Agnès-Marie-

---

1. *États de services* fournis par le ministère de la Guerre.

Scholastique de Bouteiller [1]. Née à Nancy le 13 novembre 1813, elle y mourut le 26 mars 1879.

La famille de Rouot, famille de robe, aujourd'hui éteinte, fut anoblie par le duc de Lorraine Charles IV, le 5 mai 1667, en la personne du quadrisaïeul de M*me* de Joybert et reçut pour armes : *d'azur au chevron d'argent accompagné en chef de deux croix ancrées d'or et en pointe d'un alérion de même*, cimier : une croix d'or entre deux pennes de l'écu. — Plus tard, par Lettres du roi Stanislas données à Lunéville le 5 avril 1751, son grand-père fut déclaré gentilhomme et obtint l'autorisation d'écarteler ses armes de celles de Christophe Pillement son bisaïeul, qui étaient : *d'azur à trois colombes d'argent, deux en chef et l'autre en pointe tenant en leur bec un rameau d'olivier de même* [2].

Fixé d'abord à Nancy dans le bel hôtel qui fait l'angle de la place et de la rue d'Alliance, qu'avait construit M. Lorin arrière-grand-père maternel de M*me* de Joybert, sur un terrain à lui donné par le roi Stanislas, et qui fut vendu à la Banque de France le 11 juillet 1853, au prix de 120.000 francs, il passait ses étés à Bussy, où il s'établit définitivement après cette vente.

En 1841, d'après le plan qu'il fit faire de ses propriétés situées à Bussy-aux-Bois, cette terre se composait de 117h, 85a, 53c en culture ; 79h, 30a, 44c en bois ; 22h, 52a, 61c en étangs ; 20h, 47a, 97c en prés ; auxquels, deux ans après, par suite de la succession de sa tante d'Ablancourt, il fallait ajouter : 21h, 38a, 16c, d'étangs et 34h, 90a, 85c, de bois ; soit un total de près de 300 hectares. Là-dessus, le château, ses communs et le parc n'entraient que pour 10h, 32a, 73c. Par voie d'échanges et d'acquisitions Frédéric de Joybert transforma et agrandit le parc auquel il donna une étendue de plus de 30 hectares, légèrement diminuée depuis que la ligne de Vitry à Bar-sur-Aube en a coupé une parcelle à l'extrémité. L'ancien château fut totalement détruit par un

---

1. Fille de Jean-Hyacinthe de Bouteiller, mort en 1820 Premier président de la Cour royale de Nancy, et d'Agnès Lorin, sa 1re femme, elle appartenait à une famille anoblie par le duc de Lorraine Charles III, le 1er février 1592. — V. Dom Pelletier, *Nobiliaire de Lorraine.*

2. Dom Pelletier, *loc. cit.* et Lepage et Germaine, *Complément au nobiliaire de Lorraine,* p. 194.

incendie en avril 1851 et rien du mobilier ne put être sauvé : l'habitation actuelle fut aussitôt reconstruite par Frédéric de Joybert qui dessina et planta le parc, creusa la pièce d'eau et en fit une propriété charmante et commode à habiter.

De son mariage il eut :

1° Marie-Frédéric-Henri qui suit.

2° Marie-Alexandre-*Arthur*, vicomte Arthur de Joybert, né à Nancy le 7 janvier 1838, mort au château de Soulanges le 23 avril 1877. Officier de marine et chevalier de l'ordre du Nicham-Iftikar,

il donna sa démission avant son mariage et épousa à Arras le 2 février 1865 Marie-*Jeanne*-Eulalie Watelet, née à Arras le 31 mars 1843 de Louis-Constant, ancien juge suppléant à Bourges, démissionnaire en 1830, et de Marie-Sophie-Ghislaine de Gheus ; il n'en eut pas d'enfants. Après plusieurs mois de veuvage Mᵐᵉ Arthur de Joybert entra au couvent de la Visitation à Angers puis en sortit en 1880, après la mort de sa belle-sœur pour venir aider dans l'éducation de ses huit enfants son beau-frère Gaston qu'elle épousa en secondes noces à Nancy le 22 mars 1881.

Les Watelet, famille de robe originaire de l'Artois où, au xviiiᵉ siècle, ils étaient seigneurs de la Vinelle, portent : *d'or à trois souches ou racines de sable, deux et une* [1].

3° Félix-Marie-Gaston, dont la descendance viendra après celle de son frère Henri.

1. V. *Notes historiques relatives aux offices et aux officiers du Conseil provincial d'Artois*, 1 vol. in-4°, Douai, 1823, p. 100.

CHAPITRE V

Marie-Frédéric-*Henri*, comte Henri de Joybert, né à Nancy le 8 juin 1836, suivit, une fois ses études terminées, les cours de l'École d'agriculture d'Echternach pour pouvoir faire valoir et diriger lui-même la ferme de Bussy. Il mourut à Paris le 26 janvier 1875 : son corps fut ramené à Bussy où il est enterré dans le petit cimetière qui entoure l'église, dans la même tombe que son père et que sa femme, où quelques années plus tard on transporta également les restes de ses grands-parents dont les deux pierres tombales, aux inscriptions aujourd'hui effacées, ne recouvrent plus rien. .

Il avait épousé à Strasbourg, le 24 juin 1868, Marie Sabatier, fille unique de Jean-Baptiste-Albert baron Sabatier, colonel du génie, commandeur de la Légion d'honneur, et de Louise Desèvres, sa première femme. Née à Montrouge (Seine) le 8 décembre 1843, elle mourut à Rennes le 18 décembre 1870.

Les Sabatier, originaires de Toulouse, reçurent le titre de baron, le 9 janvier 1810, en la personne du général Bonaventure-Hippolyte Sabatier, plus tard inspecteur général du génie, grand officier de la

Légion d'honneur et chevalier de Saint-Louis, grand-père de Mme de Joybert qui fut la dernière de sa famille; leurs armes étaient: *de sable à l'autruche d'argent; franc quartier à sénestre de gueules à l'épée haute d'argent* [1].

Henri de Joybert n'eut qu'un enfant : Frédéric-Marie-Jean-Baptiste-Louis qui suit.

1. *Armorial de l'Empire* par le vicomte A. Révérend, t. IV, p. 196. Le général Sabatier avait d'abord été anobli et fait chevalier de l'Empire par lettres patentes du 18 juin 1809. — *Id. ibid., id.*

CHAPITRE VI

DIX-SEPTIÈME DEGRÉ

Frédéric-Marie-Jean-Baptiste-Louis, comte Frédéric de Joybert, né à Rennes le 8 décembre 1870, entra à l'École de Saint-Cyr en octobre 1889 et en sortit sous-lieutenant de cavalerie le 1er octobre 1891. En 1893 il suivit les cours de l'École de cavalerie à Saumur d'où il sortit avec le n° 1. Lieutenant le 1er octobre 1893, il retourna à Saumur comme officier d'instruction en 1897 et en sortit un an après, avec le n° 5. — Nommé capitaine le 12 juillet 1901, capitaine commandant le 18 juillet 1905, il entra à l'École supérieure de guerre en 1907, en sortit en 1909 et fut attaché à l'État-major du 4e corps d'armée au Mans.

Il épousa au château de Bondues (Nord), le 30 novembre 1896, *Marie-Thérèse*-Georgine-Ghislaine Barbier de la Serre, née à Lille le 1er juillet 1872, fille de Jules-Gonzalve-Adalbert et de Marie-Antoinette de Hamel-Bellenglise[1].

---

1. Dernière représentante d'une des meilleures familles des Flandres françaises qui reçut, en novembre 1759, le titre de marquis. — V. P. Roger, *op. cit.*, p. 378.

La famille Barbier de la Serre, originaire de l'Agénois, porte *d'azur à trois flammes d'or, deux et une, et une étoile d'argent en pointe*[1].

Le comte Frédéric de Joybert possède le château et le parc de Bussy-aux-Bois, seuls morceaux subsistants de toute la terre dont le reste a été vendu par lui, par son père et par son oncle.

---

1. *Nobiliaire de Saint-Allais*, t. III, p. 324. — Le château de la Serre, depuis près de trois cents ans dans la famille, se trouve sur la commune de Goulens, près d'Agen, et est habité aujourd'hui par les représentants de la branche aînée.

CHAPITRE VII

SEIZIÈME DEGRÉ

Félix-Marie-*Gaston*, baron Gaston de Joybert, né au château de Bussy-aux-Bois le 13 juillet 1841, épousa en premières noces au château d'Ernemont-sur-Buchy (Seine-Inférieure) le 5 mai 1868, Marie-*Clotilde* d'André, fille de Joseph-Adolphe, ancien écuyer de Charles X, et de Marie-Henriette Grenier d'Ernemont.

La famille d'André, originaire de Provence où elle était connue dès 1456, est une famille de robe apparentée aux meilleures de cette province et dont les membres figurèrent pendant deux siècles au Parlement et à la Chambre des comptes d'Aix. Ses armes sont : *d'or au saultoir de gueules*[1]. Joseph-Balthazar d'André, Conseiller au Parlement de Provence, grand-père de Mᵐᵉ de Joybert, fut député de la

---

1. Artefeuil, *Nobiliaire de Provence*, t. I, p. 41 ; La Chesnaye-Desbois, vᵒ André ; et *Famille d'André*, travail fait par M. de Duranti la Calade (dont la grand'mère était d'André) et publié après sa mort par le marquis de Boisgelin dans le *Bulletin de la société scientifique et littéraire des Basses-Alpes*, en 1902. Un frère aîné de Joseph-Adolphe, ci-dessus, fut créé vicomte à titre personnel et non transmissible par lettres patentes du 22 décembre 1827. *Armorial de la Restauration*, par le vicomte A. Révérend, t. I, p. 38, et, plus loin, p. 145 à la note.

noblesse de la Sénéchaussée d'Aix aux États généraux de 1789 et, en cette qualité, présida plusieurs fois l'Assemblée constituante[1]. Devenu, pendant l'émigration, un des agents les plus actifs de Louis XVIII, Napoléon le considérait comme un ennemi personnel[2] et mit sa tête à prix. Ministre d'État et Directeur général de la police à la première Restauration, il fut, à la seconde, nommé Intendant des Domaines de la Couronne et fait officier de la Légion d'honneur.

Née à Paris le 18 janvier 1845, Mlle d'André mourut à Nancy le 1er février 1880, ayant eu neuf enfants :

1° *Mathilde*-Marie-Élisabeth-Joséphine de Joybert, née à La Feuillie (S^{ne}-Inf^{re}) le 20 juillet 1869 et mariée à Nancy les 8-10 janvier 1889 à Charles-François-*René* baron Guerrier de Dumast, fils unique[3] de Raymond-Louis-Joseph baron Guerrier de Dumast, Conservateur des forêts à Nancy, et de Marie-Lucie Gossin[4], né à Nancy le 21 septembre 1858[5].

Famille originaire du Roussillon et exclusivement d'épée, les Dumast sont venus s'établir à Paris après l'annexion de cette

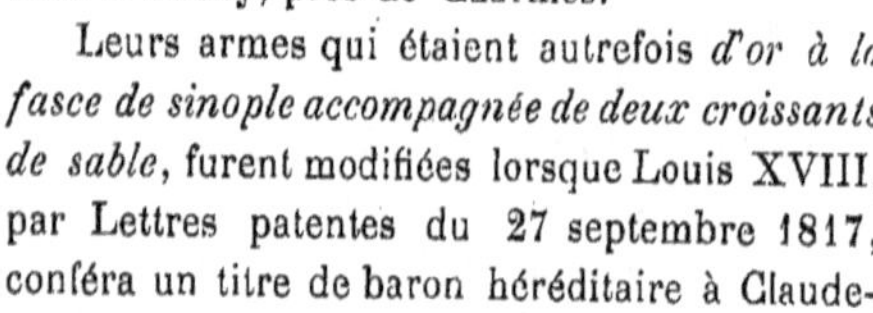

province en 1659, puis se fixèrent en Lorraine en 1779 par l'acquisition de la terre seigneuriale d'Ubexy, près de Charmes.

Leurs armes qui étaient autrefois *d'or à la fasce de sinople accompagnée de deux croissants de sable*, furent modifiées lorsque Louis XVIII, par Lettres patentes du 27 septembre 1817, conféra un titre de baron héréditaire à Claude-Joseph-François, ancien Commissaire ordonnateur des Guerres, chevalier de Saint-Louis, trisaïeul de M. de Dumast; elles sont aujourd'hui : *d'azur à une fasce d'or accompagnée de deux crois-*

---

1. Du 2 au 16 août 1790; du 22 décembre 1790 au 16 janvier 1791 ; du 8 au 22 mai et du 1er au 15 août 1791.

2. *Mémoires de Mme de Rémusat*, t. II, p. 236 à 242.

3. Par la mort de ses deux frères, Maurice, 1903 et Marcel, 1890.

4. Petite-fille de Pierre-François Gossin, dernier Lieutenant général civil et criminel au bailliage de Bar-le-Duc, député de Bar aux États généraux, qui eut une part prépondérante dans la division de la France en départements.

5. Ils étaient cousins au 17° degré :

sants d'argent, un en chef et l'autre en pointe ; parti de gueules à trois épées d'or mises en pal, deux et une [1].

Le grand-père de M. de Dumast, fut une notabilité marquante en Lorraine et à Nancy où son nom fut donné à l'une des rues de la ville après sa mort en 1883, et où un monument lui fut érigé par souscription publique, en 1885, au centre de la cour d'honneur du Palais des Facultés [2].

Pierre Broullier
Bar, juillet 1612 † Bar, 14 septembre 1701
= Marguerite-Antoinette Barbiton.

Pierre Broullier = à Bar, le 2 décembre 1662 Marie Moreau.	Simon Broullier né à Bar, le 28 octobre 1654 = Louise Gillot.
Marguerite-Fçoise Broullier = à Bar, le 31 mai 1695 Nicolas Antoine, sgr de Bussy-aux-Bois.	Simon Broullier = à Beurey, le 7 février 1718 Jeanne Claudot.
Marguerite-Françoise Antoine = à Bar, le 23 mars 1714 Jérôme - Philippe de Joybert.	Marguerite-Françoise Broullier = à Bar, le 26 avril 1741 Claude André, Ec.
J.-B. Philippe de Joybert = à Bar, le 12 octobre 1736 Thérèse de Beurges.	Marie-Gabrielle André = à Bar, le 24 novembre 1772 Sébastien-Augustin de Cheppe.
Jérôme-Antoine de Joybert = à Apremont, le 15 février 1762 Anne-Charlotte de Salse.	Charles de Cheppe = à Dugny, le 5 décembre 1803 Jeanne-Joséphine de Rouyer.
J.-B. Claude de Joybert = à Grugé l'H. le 31 juillet 1797 Agathe-Suze Aveline de Narcé.	Louise-Gabrielle de Cheppe = à Verdun, le 21 novembre 1824 Pierre-Fçois Gossin.
Frédéric de Joybert = à Nancy, le 28 avril 1835 Marie-Elisabeth de Rouot.	Marie-Gabrielle-Lucie Gossin = à Nancy, le 8 septembre 1856 Raymond-Louis-Joseph Baron Guerrier de Dumast.
Félix-Marie-Gaston de Joybert = à Ernemont, le 5 mai 1868 Marie-Clotilde d'André.	Charles-Fçois-René Baron Guerrier de Dumast.
Mathilde-Marie-Elisabeth- Joséphine de Joybert.	

1. Alcide Georgel, *Armorial des familles de Lorraine titrées au XIXe siècle*, p. 334 ; et *Armorial de la Restauration*, par le vicomte A. Révérend, t. III, p. 259.

2. V. *Auguste-Prosper-François baron Guerrier de Dumast*, 1796-1883 ; 1 vol. in-8°.

2° *Jean*-Marie-Henri-Frédéric de Joybert, né le 11 décembre 1870 à Ypres, où ses parents s'étaient réfugiés pendant la guerre.

3° Antoine-Marie-Joseph-Arthur, qui suit.

4° *Suzanne*-Marie-Françoise-Joséphine de Joybert, née le 5 avril 1873 au château de Soulanges (Marne), château moderne bâti dans le village dont les Joybert avaient été si longtemps seigneurs, que son père avait acheté en 1872 à son retour de Belgique et qui fut revendu en 1895. — Elle mourut à Nancy le 11 avril 1879.

5° *Pierre*-Marie-Joseph de Joybert, né à Soulanges le 4 mai 1874.

6° *Henri*-Marie-Louis-Joseph de Joybert qui suivra.

7° *Gaston*-Marie-Joseph-Édouard-Charles de Joybert, né à Soulanges le 25 septembre 1876, ingénieur-agronome diplômé de l'Institut agronomique.

8° Marie-Joseph-Raoul-*Claude* de Joybert qui suivra après ses deux frères.

9° *Arthur*-Marie-Joseph-Gabriel de Joybert qui suivra après ses trois frères.

En secondes noces, le baron Gaston de Joybert épousa à Nancy le 22 mars 1881 Marie-*Jeanne*-Eulalie Watelet, sa belle-sœur, veuve de son frère Arthur (V. page 133), et en eut :

10° *Anne-Marie*-Françoise-Josèphe de Joybert, née à Nancy le 25 mars 1882 et mariée à Nancy les 23-24 janvier 1905 à Marie-Pie-*Paul* de Witasse-Thézy, fils de défunts Marie-Gustave-Joseph-Henry et Marguerite-Henriette-Valentine Acquet de Férolles, né à Abbeville le 8 janvier 1871.

Nancy, 1883 ; et *Le baron Guerrier de Dumast*, par Lucien Adam, Nancy, 1883, in-8°.
Du mariage de Mathilde de Joybert avec le baron de Dumast sont nés :

1° *Jacques*-Marie-Raymond Bruno, Nancy, 15 octobre 1889 † Nancy, 3 février 1890.

2° *Gabriel*-François-Marie, Nancy, 9 mars 1891.

3° *Maxime*-Marie-Antoine, Nancy, 9 juillet 1894.

4° *Suzanne*-Françoise-Marguerite-Marie, Nancy, 29 mai 1896.

5° *Elisabeth*-Françoise-Marie-Joséphine, Nancy, 6 octobre 1897.

6° *Françoise*-Marie-Gérard-Henriette, Nancy, 31 janvier 1901.

La famille de Witasse, dont les armes sont : *d'azur à trois bandes d'or*, est originaire de la prévôté de Péronne en Picardie.

Elle fit preuves le 8 février 1532 et fut maintenue le 4 décembre 1700 par l'Intendant Bignon [1]. Elle possédait les seigneuries de Vermandovillers, du Lihu, de Saucourt, d'Omissi et de Fontaine et hérita de celle de Thézy par suite du mariage, en 1780, de Jacques-Marie-Joseph de Witasse, arrière-grand-père de Paul de Witasse-Thézy, avec Henriette-Julie de Sacquespée, dernière du nom. C'est à dater de cette époque que, pour se distinguer des autres branches, celle-ci ajouta le nom de Thézy au sien, sans cependant écarteler ses armes de celles des Sacquespée et fut désormais connue sous le nom de « de Thézy [2]. »

11° *Marguerite*-Marie-Josèphe de Joybert, née à Nancy le 16 septembre 1883 ; mariée à Nancy les 14-16 janvier 1908 à Louis-Marie-Joseph-*Edmond*-Pierre des Robert [3], né à Sathonay (Ain) le 25 mai 1878, fils de Louis-Raymond-Maurice et de Marie-Joséphine Roustan de Golberg.

La famille des Robert est originaire du Languedoc : le premier qui se fixa en Lorraine, sous Louis XIV, était capitaine d'une compagnie franche et descendait de noble Amyel de Robert qui habitait Castres dans la première moitié du seizième siècle.

Ses armes sont : *d'azur au chevron d'argent accompagné de*

---

1. Haudicquer de Blancourt, *Nobiliaire de Picardie*, 1695, p. 549 ; et P. Roger, *op. cit.*, p. 360.

2. Sur la famille de Sacquespée, ayant pour auteur Simon, bourgeois d'Arras, anobli le 5 février 1376, v. Haudicquer de Blancourt, *op. cit.*, p. 476 ; — P. Roger, *op. cit.*, p. 357 et Caumartin pour la branche fixée en Champagne. Les Sacquespée de Thézy firent enregistrer leurs armes à l'*Armorial général de France* en 1696 (Picardie), p. 22.

Du mariage d'Anne-Marie de Joybert avec Paul de Witasse-Thézy sont nés :

1° *Valentine*-Marie-Renée-Jeanne, Liercourt (Somme), 2 décembre 1905.

2° Marie-Gaston-Antoine-*Edouard*, Liercourt, 12 mai 1908.

3. Ils étaient cousins au 12ᵉ degré :

*trois grenades de même fruitées d'or; au chef cousu de gueules
chargé d'un croissant d'argent entre deux étoiles de même* [1].

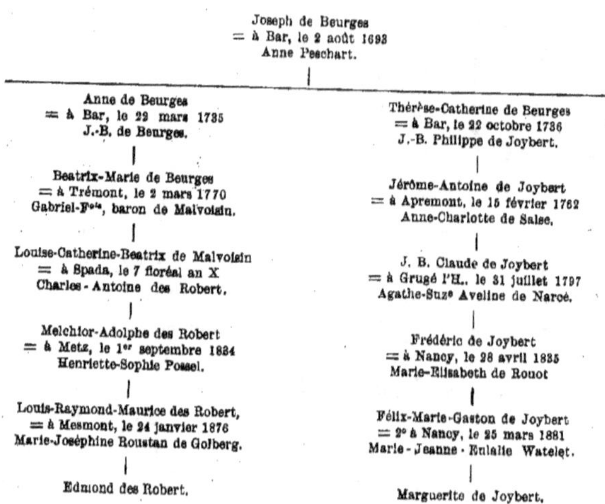

De leur mariage sont nés :

1° *Philippe*-Marie-Adolphe des Robert, Nancy, 15 octobre 1909.

2° *Marie*-Noémi-Émilie-Jeanne, Nancy, 1ᵉʳ février 1911.

1. *Catalogue général des gentilshommes de la Province de Languedoc dont les
titres de noblesse ont été remis devant M. de Bezons*, par Henry de Caux (Pezénas,
1676) p. 66 et 81. — *Armorial de la noblesse du Languedoc* par Louis de la Rocque
(Paris, 1860, t. I, p. 427) — et *Les verriers du Languedoc* par Saint-Quirin (Montpellier,
1904).

CHAPITRE VIII

DIX-SEPTIÈME DEGRÉ

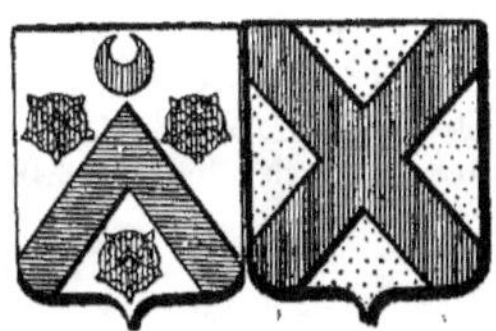

Antoine-Marie-Joseph-Arthur de Joybert, né à Ypres le 26 décembre 1871. — Engagé au 8e régiment d'artillerie à Toul en mars 1890, il fit comme sous-officier la campagne de Madagascar en 1896, puis quitta le service et fut nommé officier d'artillerie de réserve.

Il épousa au château de La Calmette (Gard), les 7 et 9 février 1901, sa cousine issue de germaine[1] *Marie-Céline*-Camille-Emilie

1. Sur la famille d'André et ses armes, v. page 139.

Antoine-Balthazar-Joseph d'André
= à Aix, le 23 décembre 1782,
Thérèse - Émilie - Fortunée Mignard.

Adolphe-Joseph-Maxime Vte d'André = à Paris le 28 mars 1820, Euphémie Célestine Gauguier.	Joseph-Adolphe d'André = à Ernemont - sur - Buchy, le 18 juin 1839, Marie-Henriette Grenier d'Ernemont.
Balthazar-Charles-Alfred d'André = à Paris, le 17 août 1861, Marie-Caroline-Valérie Mathéï de Valfons.	Marie-Clotilde d'André = à Ernemont-sur-Buchy, le 5 mai 1868, Félix-Marie-Gaston de Joybert.
Marie-Céline d'André.	Antoine de Joybert.

d'André, née à La Calmette le 19 octobre 1872, fille de feu Balthazar-Charles-Alfred d'André, lieutenant de vaisseau, chevalier de la Légion d'honneur, et de Marie-Caroline-Valérie Mathéï de Valfons[1], d'où :

1° Marie-Agnès-Jeanne-*Clotilde* de Joybert, née à La Calmette le 2 août 1902.

2° *Jeanne*-Marie-Valérie de Joybert, née au château d'Aubussargues (Gard) le 27 mai 1905.

3° *Gabrielle*-Marie-Mathilde de Joybert, née à Aubussargues le 14 mai 1908.

1. Descendante de Louis-Mathieu Mathéï de Valfons, marquis de la Calmette, Président à mortier au Parlement de Metz au xviii° siècle, frère de M. de Valfons, comte de Sebourg, qui a laissé sur le règne de Louis XV des *Mémoires* estimés.

CHAPITRE IX

DIX-SEPTIÈME DEGRÉ

Henri-Marie-Louis-Joseph de Joybert, né au château de Soulanges
le 1ᵉʳ juillet 1875, épousa au château de Lilly (Eure) le 11 juillet 1905
Jeanne-Marie-Claire Mirleau de Neuville de Belle-Isle, née à Lilly le
16 juin 1882, fille unique de Jean-Joseph-Albert Mirleau de Neuville
comte de Belle-Isle, ancien officier de cavalerie, décoré de la médaille
militaire, et de feue Marie-Clarisse-Augustine Kinon, d'où :

1° *Louis*-Marie-Joseph-Jean de Joybert, né Lilly le 21 octobre
1906, mort à Châtel-Guyon (Puy-de-Dôme) le 22 août 1910 et
inhumé à Lilly.

2° *Marie-Antoinette*-Clotilde-Henriette de Joybert, née à
Lilly le 11 août 1908.

Les Mirleau, famille de fermiers généraux [1], remontent à
Antoine-Pierre Mirleau, fermier général, mort à Paris et inhumé

1. *Mémoire contenant l'origine, les noms, les qualités, etc., de nos seigneurs les
Fermiers généraux de 1720 à 1750.*—Manuscrit 2766 de la Bibliothèque mazarine, p. 159.

en l'église Saint-Roch le 25 août 1757. — L'aîné de ses fils se fit appeler Mirleau de Neuville d'Isle ; — le second, marié à une petite-fille du grand Racine, se fit appeler Mirleau de Neuville de Saint-Héry des Radrets ; — le troisième fut abbé ; — et le quatrième, Mirleau de Neuville de Marcilly, acheta en 1769, conjointement avec sa femme, une partie de la seigneurie de Belle-Isle-en-Mer dont son fils, brigadier des armées du roi, gouverneur des Pages de Louis XVIII et arrière-grand-père de Mme Henri de Joybert, prit le nom ; il fut connu sous celui de comte de Belle-Isle.

Les deux premières branches sont éteintes et Mme Henri de Joybert est la dernière de la troisième.

Mirleau porte : *de gueules au cygne d'argent nageant sur une onde de même et surmonté de deux étoiles aussi d'argent.*

CHAPITRE IX *bis*

DIX-SEPTIÈME DEGRÉ

Gaston-Marie-Joseph-Édouard-Charles de Joybert, ingénieur-agronome diplômé de l'Institut agronomique, né au château de Soulanges le 25 septembre 1876, épousa à Blâmont (Meurthe-et-Moselle) le 24 octobre 1911, et religieusement le lendemain, sa cousine [1] Marie-Pauline-*Élisabeth* d'Hausen, née au château de Sainte-Marie

1. V. p. 131 et 132. — Ils étaient parents au 8e degré :

Jean-Hyacinthe de Bouteiller
1er président de la Cour royale de Nancy
= 1e Nancy, 2 avril 1781, Marie-Anne-Claudette-Agnès Lorin;
= 2e Nancy, 11 mai 1784, Françoise-Charlotte de Feriet.

Du 1er lit :		Du 2d lit :
Agnès-Marie-Scholastique de Bouteiller = Nancy, 8 février 1802 J.-B. Flavien de Rouot.		Marguerite-Elisabeth de Bouteiller = Nancy, 25 avril 1810 Pierre-Alexandre-Charles-Théodore d'Hausen.
Marie-Elisabeth de Rouot = Nancy, 28 avril 1835 Frédéric de Joybert.		Dominique-Théodore d'Hausen = Metz, 15 juin 1842 Thérèse-Nicole Bouvier du Molart.
Félix-Marie-Gaston de Joybert = Ernemont-sur-Buchy, 5 mai 1866 Marie-Clotilde d'André.		Pierre-Frédéric d'Hausen = Blâmont, 16 avril 1873 Marie-Marguerite-Louise Mathis de Grandseille.
Gaston de Joybert.		Elisabeth d'Hausen.

(commune de Blâmont) le 28 février 1882, fille de Pierre-Frédéric d'Hausen, ingénieur civil, et de Marie-Marguerite-Louise Mathis de Grandseille.

La famille d'Hausen, originaire de Sarrebourg, fut anoblie le 7 mai 1722 [1] par le duc Léopold, en la personne de Jean-Étienne qui vint s'établir en Lorraine, à Sarreguemines, et qui est l'auteur, au septième degré, de Mme Gaston de Joybert.

Ses armes sont : *d'azur à l'ancre d'argent mise en pal et accostée de deux étoiles de même.*

---

1. Dom Pelletier, *Nobiliaire de Lorraine,* v° Hausen. — (Les deux pages 148 *bis* et 148 *ter* ont été rajoutées en février 1912).

CHAPITRE X

DIX-SEPTIÈME DEGRÉ

Marie-Joseph-Raoul-*Claude* de Joybert, né à Nancy le 10 septembre 1878. — Appelé au 153ᵉ régiment d'infanterie le 16 novembre 1899, il passa au 11ᵉ dragons le 20 décembre suivant; entré à Saumur le 1ᵉʳ avril 1906, il en sortait, le 1ᵉʳ avril 1907, sous-lieutenant au 6ᵉ cuirassiers en garnison à Sainte-Menehould; lieutenant le 1ᵉʳ avril 1909.

Il épousa au château des Chanalets, situé sur la commune de Bourg-les-Valences (Drôme), le 25 janvier 1910, Marie-*Clotilde* Urtin, née à Valence le 5 mai 1889, fille de feu Marc-René Urtin et de Marie-Henriette Fortunet, d'où :

Jacqueline-Marie de Joybert, née à Sainte-Menehould le 28 décembre 1910.

_ 50 _

CHAPITRE XI

DIX-SEPTIÈME DEGRÉ

Arthur-Marie-Joseph-Gabriel de Joybert, né à Nancy le 2 janvier
1880 ; marié à Paris les 23 et 24 janvier 1911 à *Geneviève*-Alexan-
drine-Gabrielle Diguet, née au château de la Payennière (commune de
Montivilliers, Seine-Inférieure) le 15 mai 1890, fille de Fernand-Louis-
Georges-Raymond et de Jeanne-Virginie Lenez-Cotty de Brécourt.

LIVRE IV

BRANCHE

DES

SEIGNEURS DE COULMIERS

—

1550-1700

CHAPITRE I

SEPTIÈME DEGRÉ

Pierre de Joybert, écuyer, seigneur de Coulmiers, Soulanges et Ablancourt, troisième fils de Jacques et de Louise Bizet [1], naquit après juillet 1548 époque de l'enquête faite sur la noblesse de Jean de Joybert, son grand-père, dans laquelle il est dit que Jacques, fils de Jean, n'avait encore que deux enfants mâles, Guillaume et Jean [2], et avant le mois d'octobre 1552, date présumée de la mort de son père.

Il était encore mineur lorsque son frère Guillaume comparut pour lui à la convocation du ban et de l'arrière-ban commencée à Châlons les 16 et 17 octobre 1567 [3].

Il partagea le 17 mai 1572, avec ses deux frères, la succession de leur père où il prit pour sa part la seigneurie de Coulmiers [4], et, le 2 avril 1577, avec son frère Jean, la succession de Guillaume, leur frère aîné, dans laquelle il recueillit la seigneurie d'Ablancourt [5]. Quant

1. Voir livre I, ch. vi, p. 28.
2. *Pièces originales*, vol. 1583, n° 16.
3. *Id., ibid.*, n° 19.
4. *Id., ibid.*, n° 25.
5. *Id., ibid.*, n° 27.

à la seigneurie de Soulanges, dont il hérita pour partie de son grand-père de Joybert, il était encore indivis avec son oncle François et sa tante, Marguerite Domballe, lorsqu'il fut rendu foy et hommage pour cette terre le 2 janvier 1575 [1].

On l'appelait « *Monsieur de Coulmiers* » et il mourut avant le 19 octobre 1598, daté du mariage de sa fille, Mme de Gervaizot.

Étant encore mineur et sous la tutelle de sa mère, il épousa à Châlons le 26 août 1571, par contrat passé par devant Me de Pinteville, notaire, « Damoiselle Perrette Le Gorlier, fille de François Le Gorlier, écuyer, seigneur des Tournelles à Récy, Aulnay-sur-Marne et Saint-Martin-aux-Champs en partie, l'un des échevins de la ville de Châlons et procureur des deniers communs de cette ville et de Damoiselle Claude Godet, sa femme [2] ». Chose singulière, la généalogie Le Gorlier qui mentionne Perrette [3], n'indique ni son mariage, ni le nom de son mari.

De leur mariage, outre les enfants qui suivent, descend certainement « Jacques de Joybert, vivant écuyer, seigneur des Tournelles », dont la veuve, damoiselle Élisabeth Chevillet, épousait en secondes noces par contrat du 18 octobre 1657, reçu par Moreau et Lefèvre, notaires royaux au bailliage de Chastillon, Jean de Guérin, écuyer, seigneur de Chamvoisey et de Sauville, dont elle eut trois filles [4]. — Ce Jacques de Joybert que nous ne connaissons que par la mention qu'en fait Caumartin dans la généalogie Guérin, devait être petit-fils de Pierre et de Perrette Le Gorlier : serait-il fils d'un premier mariage, que nous ignorons, de Jacques, leur fils aîné ? ou quatrième enfant de son

---

1. Voir plus haut, p. 13 et plus loin, livre VI, ch. ii.

2. D'après le contrat dont la minute existe encore, registre 44, 1571, fos 138 et 139, à l'étude de Me Sénart, notaire à Châlons, successeur de Me de Pinteville. — C'est donc par erreur que la généalogie d'Hozier (*Dossiers bleus*, vol. 369) indique le mariage comme ayant eu lieu en 1580. — Perrette Le Gorlier était cousine au 9e degré de Geoffroy Le Gorlier qui épousa Jeanne de Joybert, sa nièce. — Il est à remarquer que dans ce contrat ne paraît aucun des deux frères du marié : sans doute ils étaient tous deux alors au service. — On n'y voit figurer que François de Joybert, seigneur de Soulanges en partie et Me Pierre Domballe, procureur général de l'Evêché de Châlons, ses oncles. — Il est à croire aussi que sa mère n'était pas encore remariée, car il n'y est question ni de son second, ni de son troisième mari. — La famille Godet, originaire de Berry et fixée au xvie siècle en Champagne, fit ses preuves devant Caumartin et était fort bien apparentée. — Pour les armes des Gorlier, voir plus haut, livre I, ch. vii, p. 35 et 38,

3. *Caumartin* de la Bibliothèque nationale, t. I, fo 287.

4. *Caumartin, Généalogie Guérin.*

mariage avec Louise Truc? ou encore, serait-ce un fils ignoré du premier mariage de Claude, troisième fils de Perrette Le Gorlier, avec Madeleine Mauclerc? Autant de questions auxquelles nous ne pouvons répondre : mais la qualification de « seigneur des Tournelles » prouve bien, à n'en pas douter, qu'il s'agit d'un descendant de Perrette Le Gorlier qui tenait de son père ladite seigneurie des Tournelles [1]. — Elle mourut en 1607 [2].

De leur mariage sont nés sept enfants :

1° Jacques, qui suit.

2° François de Joybert, écuyer, seigneur d'Ablancourt. — Il entra dans les Ordres et devint prieur de Passe-Loup [3].

Comme nous le verrons au chapitre suivant, le 10 août 1607 il partageait avec ses frères et sœurs les successions de leurs père et mère et celle de sa grand'mère paternelle, et le 4 novembre 1608 nous le voyons témoin du remariage de sa belle-sœur Louise Truc avec son cousin germain Jérôme de Joybert.

3° Claude, auteur de la branche de Soulanges, dont la descendance viendra après celle de son frère Jacques [4].

4° Françoise de Joybert « décédée sans hoirs » [5].

5° Louise de Joybert qui, par contrat passé le 19 octobre 1598 devant Blanchard et Jacob notaires royaux au bailliage de Vitry, épousa Zacharie de Gervaizot, écuyer, seigneur de La Folie [6], fils

1. Le fief des Tournelles était situé sur la commune de Récy (Marne) et appartenait au XVIe siècle à la famille Le Gorlier. — *Diocèse anc. de Châlons-sur-Marne* par Ed. de Barthélemy, t. I, p. 55.

2. D'après les preuves de la *Généalogie Joybert* dans Caumartin, où il est dit que ce fût en 1607 que Geoffroy Le Gorlier fut tuteur de Claude de Joybert.

3. Situé à La Noue, faubourg de Saint-Dizier (Haute-Marne), le prieuré de Saint-Thiebault, dit de Passe-Loup-les-Saint-Dizier, qui faisait partie de l'ancien diocèse de Châlons, était à la nomination de l'Évêque et possédait un revenu de huit cents livres. *Le Diocèse ancien de Châlons*, par Ed. de Barthélemy, t. II, p. 391.

4. V. livre V, chap. I.

5. *Inventaire de 1657*, cité par la *Généalogie de 1900*, p. 83.

6. La Folie, écart de la paroisse de Saint-Genest aujourd'hui réunie à Saint-Remy-en-Bouzemont (Marne).

de Louis, écuyer, seigneur dudit lieu, et de Damoiselle Jeanne l'Hoste, et en eut postérité [1].

1. De leur mariage naquit un fils unique :

II. Louis de Gervaizot, écuyer, seigneur de La Folie et des Tournelles en partie, † avant 1669, qui, de Marguerite de Baussancourt, eut :

1° Françoise de Gervaizot, = à La Folie par contrat du 24 février 1669, Pierre d'Argillières, écuyer, sieur d'Abbécourt et de Morambert, y demeurant, né à la Cour Saint-Fal le 9 mars 1641 † avant 1685, d'où :

Marguerite d'Argillière = par contrat du 21 mars 1694 Daniel-Jean de Bercy, sieur de Clerville, cornette au régiment de cavalerie Orléans, dont elle n'eut pas d'enfant, et dont elle fut séparée de corps le 1ᵉʳ octobre 1698.

2° Paul, qui suit.

3° Louise de Gervaizot, mariée à Jean Aubry, sieur de Nuisement, d'où :

A : Françoise Aubry de Nuisement, née vers 1674 † à Pringy le 22 décembre 1752, = vers 1696 Louis Jacobé de Pringy, arrière-petit-fils de Noel Jacobé et de Louise de Joybert (V. livre VI, chap. II), d'où une très nombreuse descendance rapportée aux pages 15, 16, 17 et 12 de la *Généalogie des Jacobé* publiée par le comte de Mauroy.

B : Edmée Aubry de Nuisement.

C : Marie Aubry de Nuisement = le 21 janvier 1706 Antoine de Coucy, écuyer, demeurant à Dampierre, d'où :

a : Louis-Antoine de Coucy, chevalier, seigneur de Lentilles et Moncetz = en 1740 Marie dé Conygham, d'où dix enfants, sur lesquels deux seulement se marient :

a′ : Antoine Nicolas qui suit.

a′ : Enguerrand de Coucy, officier, puis préfet du Jura = en 1793 Clotilde d'Allegrin, d'où :

1° Anne-Zoé-Elise de Coucy = en 1816 Louis-Édouard de Beaufort, demeurant à Frampas, près de Montierender. Elle † à Paris le 25 septembre 1881.

2° X.... de Coucy = Y. d'où :

a : Marie de Coucy = X... Ruel de Forge.

b : X... de Coucy = Y. d'où :

b¹ : Enguerrand de Coucy.

b² : Raoul de Coucy.

VI. Antoine-Nicolas de Coucy, capitaine au régiment d'Artois, chevalier de Saint-Louis, = à Merçuay (Haute-Saône) en 1778, Gabrielle Le Maignien, d'où :

1° Christine de Coucy † Paris, 27 avril 1854, = à Vitry le 5 juin 1805, Jean-François vicomte du Pin de la Guérivière, d'où :

a : Edmond vicomte du P. de la G., né à Bar en 1807 = en 1838 Emmeline Cooper, d. p.

2° Maximilien de Coucy † à l'âge de 7 ans.

3° Gustave de Coucy † à Montierender le 20 août 1852, = Mˡˡᵉ de la Bigne d'où :

a : la vicomtesse Charles de Hédouville, d. p.

a′ : Blanche de Coucy.

Les Gervaizot, qui habitaient déjà La Folie vers 1550, furent
maintenus en août 1698 par Larcher, successeur de Caumartin ; ils

4° Marie-Charlotte-*Eugénie*-Julienne de Coucy, Merçuay, 11 juillet 1791 + Bar-
le-Duc, 20 avril 1868, = à Vitry, le 18 janvier 1812, Nicolas-Charles-Marie
Oudinot, duc de Reggio, maréchal de France, grand croix de la Légion
d'honneur et de Saint-Louis, chevalier du Saint-Esprit, Bar, 25 avril 1767,
+ Paris, 13 septembre 1847, dont elle fut la seconde femme et en eut :
  a : Louise Oudinot de Reggio, + 1909 = à Jeand'heurs le 4 octobre 1837,
    Ludovic Levezou, marquis de Vezins, d. p.
  b : Charles Oudinot, comte de Reggio, 1819 + 1858 = 1855 X... Maressal
    de Marcilly d. p. éteinte.
  c : Caroline O. de R., 1817 + 1896 = 1842 Joseph Ouiller-Perron, s. p.
  d : Henri Oudinot, comte de Reggio, 1822 + 1891 = 1864 X... Mathieu de
    Faviers, s. p.

III. Paul de Gervaizot, écuyer, seigneur de La Folie et des Tournelles en partie, né
en 1642 + à La Folie le 24 décembre 1714 = 1° Marie Legrand, fille de Jean, conseiller à
la Chambre des comptes de Bar et de Jeanne de Combles sa première femme, dont une fille
qui suit ; = 2° sa cousine Marguerite de Joybert + s. p. à La Folie le 4 septembre 1707
(V. livre V, chapitre ı, huitième enfant).

IV. Marguerite de Gervaizot = à La Folie le 16 janvier 1704 Valérian Ragon, sieur de
Bange et de Balignicourt, né à Villeret le 4 octobre 1676 + 25 avril 1731, d'où :
  1° Catherine Ragon de Bange = en 1727 Louis Jacobé de Pringy, d. post. à
    Jussécourt et Pringy.
  2° Madeleine.
  3° Marguerite Ragon de Bange, La Folie, 7 avril 1710.
  4° Marguerite-Françoise R. de B., La Folie, 29 janvier 1712.
  5° Charles Joseph qui suit.

V. Charles-Joseph Ragon de Bange, chevalier, seigneur de Balignicourt, La Folie, etc.,
lieutenant au régiment de Choiseul-Beaupré, né à La Folie le 16 août 1716 + à Vitry-le-
François le 23 juin 1757 ; = à Balignicourt par contrat du 7 août 1737 Marie-Anne de
Coucy, d'où :

VI. Charles-Joseph Ragon de Bange, chevalier, seigneur de Balignicourt, La Folie, etc.,
lieutenant au régiment de Limousin, né le 28 août 1743 + le 24 juillet 1828 ; = à
Jasseines le 17 juillet 1789 Marie-Anne Mauvaix, d'où :
  1° Charles-Joseph + s. p.
  2° Charles-Louis-Elzéar, qui suit.
  3° Antoine-Barnabé-Maximilien, qui suivra après son frère.
  4° Tanche-Marianne + célibataire.

VII. Charles-Louis-Elzéar Ragon de Bange, né le 19 février 1797 + à Jasseines le
6 juin 1885 ; = à Troyes en janvier 1829 Félicité Matagrin, née en 1803 + à Jasseines le
13 février 1879, d'où :
  1° Antoine-Ernest R. de B. — Janvier 1830 + à Jasseines, mai 1907, s. a.
  2° Valentine-Marie-Henriette R. de B., 23 novembre 1833 = 29 octobre 1860
    Henri de Baudel, d'où :
    a : Marie de Baudel, 2 novembre 1861 + 25 décembre 1887, célibataire.
    b : Charles de Baudel, officier de cavalerie, Bourmont, septembre 1864 ; =

portaient : *Tiercé en fasce : d'or à la canette de sable ; — d'argent ; — et d'azur au levrier courant d'argent.*

6° Marguerite (*alias* : Perrette) de Joybert qui laissa postérité de son mariage avec Guillain de Baudier, seigneur de Berzieux,

> 27 novembre 1897, Marie-Nathalie-Pauline Dutheil de la Rochère, d'où :
> > b' : Jacques de Baudel, né à Senlis le 7 septembre 1898.
> > b' : Charlotte, née le 25 octobre 1900.
> > c : Antoinette de Baudel, née à Bourmont le 5 septembre 1871.
> 3° Nathalie R. de B., née à Jasseines en avril 1836, célibataire.
> 4° Marie R. de B., née en juin 1840 ⚭ en 1860 Gabriel Lenfant, d'où :
> > a : Marie-Camille Lenfant, Dame du Sacré-Cœur.
> > b : Thérèse Lenfant, née à Romilly-sur-Seine, ⚭ le 25 octobre 1893 Georges Bardonnaut, lieutenant-colonel du génie breveté, d'où :
> > > b' : François B. — avril 1895.
> > c : Louis Lenfant, officier d'infanterie, ⚭ Jeanne Raudot, d'où :
> > > c' : Xavier.
> > > c" : Georges.
> > > c"' : Robert.
> > > c"" : René.
> > d : Pierre Lenfant, de la Compagnie de Jésus — 1874 † 17 octobre 1898.

VII. Antoine-Barnabé-Maximilien R. de B., né le 13 octobre 1798 †.....; ⚭ à Saint-Florentin le 23 mars 1831 Louise-Edmée de Fadate de Saint-Georges, d'où :
> 1° Mathilde-Félicité R. de B., née le 19 mars 1832, célibataire.
> 2° Valerand, qui suit.
> 3° Augustin-Maximilien-Edmond R. de B., colonel d'infanterie, officier de la Légion d'honneur, né le 10 octobre 1834, habite Auxerre ; ⚭ le 29 janvier 1877 Lucie-Adèle Goupilleau, d'où :
> > a : Alice.
> > b : Clotilde.
> 4° Marie-Charlotte-Noémie, née le 20 octobre 1835, ⚭ en 1857 Édouard Levesque de Blives, ancien officier de cavalerie, d'où :
> > a : Max Levesque de Blives ⚭.... Martin Saint-Léon.
> > b : André Levesque de Blives ⚭.... de Franchessin † s. p.
> > c : Marie Levesque de Blives ⚭ Georges Rivet de Chaussepierre † s. p.
> 5° Charles-Augustin R. de B., ancien officier de l'armée pontificale, chevalier de l'Ordre de Pie IX, né le 10 mai 1837, célibataire.
> 6° Elysée-Sainte-Marie R. de B., 19 janvier 1843 † élève à Saint-Cyr le 6 mai 1863, inhumé à Balignicourt.

VIII. Valerand-Charles-Thimothée R. de B., colonel d'artillerie, commandeur de la Légion d'honneur, directeur de l'usine Cail, inventeur du canon de Bange, né le 17 octobre 1833, habite Versailles, ⚭ le 5 octobre 1868 Mathilde Gast, d'où :
> 1° Valerand.
> 2° Jeanne R. de B. ⚭ Louis Quesnel.
> 3° Marie-Angèle R. de B.

y demeurant, capitaine au régiment de Boisrufin, fils de Jean
et de Guillaine de Condé.

Les Baudier, de Champagne, furent maintenus par Caumartin,
en mars 1688, sur preuves remontant à 1457
et portaient : *d'argent à trois têtes de maures
de sable tortillées du champ, deux et une*[1].

7° Marie de Joybert, née en 1587, religieuse cistercienne en l'abbaye de Saint-Jacques-les-Vitry, où elle fit profession le 2 juillet
1605 et où sa cousine germaine Marie de Joybert[2] était déjà professe : aussi, pour la distin-
guer de celle-ci, l'appelait-on : « sœur Marie de Joybert la jeune. »
Lorsque la première, qui était devenue prieure en 1627, mourut
en 1648, elle lui succéda dans cette charge, devint coadjutrice de
l'abbesse en 1665 et mourut le 12 janvier 1672, âgée de 84 ans[3].

Il était d'usage que la coadjutrice remplaçât l'abbesse : Marie
de Joybert eût donc été abbesse de son monastère si elle eût
survécu à Madame de Persan.

Deux de ses frères et une de ses sœurs : « Jacques de Jobert
« escuyer, seigneur de Coullemiers; François de Jobert, escuyer
« sieur d'Amblancourt; Zacharie de Gervaizot, escuyer, sieur
« de la Folie et Damoiselle Louyse de Jobert, sa femme », par

---

1. Caumartin. — *Généalogie Baudier.* — Berzieux, canton de Sainte-Menehould.
Du mariage de Marguerite de Joybert avec Guillain de Baudier sont nés :

1° Christophe de Baudier, † s. p. de N... de Salnove.

2° Philippe de Baudier, tué au siège de Rocroi en 1653, célibataire.

3° Marie de Baudier.

4° Elisabeth de Baudier = Jacques des Forges, seigneur de la Motte à Courtisols,
capitaine au régiment d'Urfé (veuf de Louise de Longueil), et en
eut :

    a : Fiacre de Forges, écuyer, seigneur de Berzieux, = Anne de Boubers.

    b : Marie des Forges.

2. Fille de son oncle Jean ; voir plus haut, page 39, 6°.

3. *Registre des rentes et revenus de l'abbaye Saint-Jacques-lez-Vitry-en-Perthois,
fait en l'année 1634;* — fonds non encore classé des *Archives de la Marne.* — On y lit
(f° 43) : « Madame Marie de Joybert a fait profession le 2ᵉ juillet 1605 ; a été prieure très
« longtemps ; a veu mourir deux abbesses, Mesdames de Savoie et de Maupou et est morte
« sous Madame de Persan le 12ᵉ janvier 1672, aagée de 84 ans ; avait une tante quᵢ
« s'appelait aussi Marie de Joybert, prieure sous Mᵉ de Savoie en 1627. »

contrat du 2 juillet 1605 passé devant N. Jacobé et Laqueux,
notaires, « constituèrent à l'abbaye de Saint-Jacques, tant pour la
« pension, que vesture, entretènement et autres nécessitez de la
« dicte dame Marie de Jobert, religieuse, le somme de cent
« livres de rente, sa vie durant seulement, payable le
« 26 d'aoust[1]. »

1. *Même registre*, f° 98.

CHAPITRE II

HUITIÈME DEGRÉ

Jacques de Joybert, écuyer, seigneur de Coulmiers, Soulanges en
partie et Ablancourt, procéda avec ses frères et sœurs, par devant le
lieutenant général au bailliage de Vermandois, le 10 août 1607, au
partage noble des successions de leurs père et mère et de Louise Bizet
leur grand'mère paternelle. Les fils, c'est-à-dire Jacques, François
et Claudé y prirent chacun quatorze cents livres pour leur préciput :
Jacques, pour son droit d'aînesse y prit, en plus, la moitié de la maison
de Soulanges, jardin et bâtiments en dépendant [1]. Il y mourut le
9 novembre 1607. Sa pierre tombale en marbre noir, conservée dans
la nouvelle église, porte aux deux angles supérieurs les armes des
Joybert et, aux angles inférieurs, celles des Truc dans des losanges
entourés de la cordelière des veuves. L'inscription, à demi effacée,
ne permet plus de lire que : « Cy gist Jacques de Joibert, escuyer,
« seigneur de Coullemiers, qui décéda le 9ᵉ iour de novᵉ 1607,
« très regretté de..... Priez Dieu pour luy. »

Il avait épousé par contrat passé devant Mᵉ de Pinteville,

---

1. Caumartin. — *Généalogie Joybert*, preuves.

notaire à Châlons, le 1er décembre 1600 [1], puis religieusement à Châlons, paroisse Saint-Éloi, le 15 janvier 1601 [2], « Damoiselle Louyse « Truc, fille de noble homme M° Jérôme Truc, procureur du « Roy au marquisat de Saluces en Carmagnole et de damoiselle Jeanne « Le Goix », et en eut trois enfants :

1° Jérôme, qui suit.

2° Françoise de Joybert qui épousa en premières noces à Aulnay le 27 février 1623 [3], Hector de la Pierre, seigneur de

Ville et de Champoulain, fils de Théodore, écuyer, seigneur de Boisjoly et de la Tour à Cuis, et d'Apolline Cauchon, veuve en premières noces de son grand-oncle Jean de Joybert, de sorte qu'elle devenait par son mariage la belle-sœur de son beau-père Jérôme de Joybert, dont Hector de la Pierre était le demi-frère.

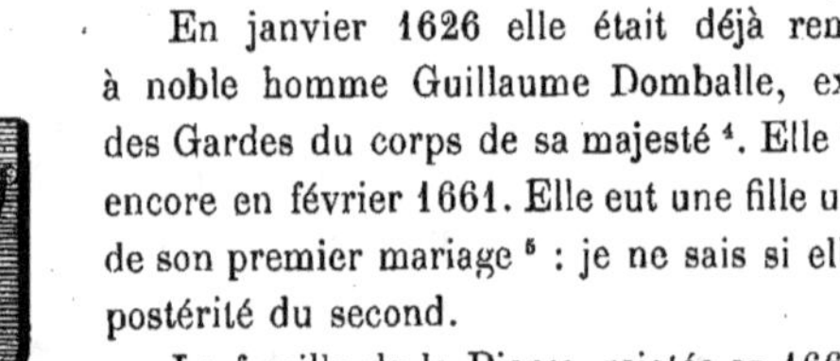

En janvier 1626 elle était déjà remariée à noble homme Guillaume Domballe, exempt des Gardes du corps de sa majesté [4]. Elle vivait encore en février 1661. Elle eut une fille unique de son premier mariage [5] : je ne sais si elle eut postérité du second.

La famille de la Pierre, rejetée en 1668, fut admise plus tard par Chevillard et Dubuisson et figure dans leur *Grand Armorial de France* [6]; elle portait : *d'azur à trois larmes d'argent; au chef d'or chargé d'un lion léopardé de gueules.*

1. *Pièces originales*, vol. 1583, n° 34.
2. État civil de Châlons-sur-Marne.
3. État civil d'Ablancourt. — Champoulain, ferme aujourd'hui détruite sur la paroisse de Cuis.
4. *Semaine religieuse du diocèse de Châlons*, 1903, p. 553.
5. Louise de la Pierre, née en 1623 ou 1624, eut pour tuteur son beau-père Guillaume Domballe et mourut sans alliance à Châlons en 1660 ou 1661. — Par acte du 5 février 1661, Françoise de Joybert employa une somme de 700 livres à faire dire des messes pour le repos de l'âme de sa fille chez les P. P. Augustins de Châlons, dans le couvent desquels elle avait sans doute été inhumée. Je n'ai pas retrouvé son acte de décès.
6. Planche 43. — V. aussi *Dossiers bleus*, vol. 523 et, plus haut, p. 33 et 34.

Les Domballe, bien apparentés à Châlons aux XVIᵉ et XVIIᵉ siècles, firent enregistrer à *l'Armorial général*, en 1696, leurs armes qui étaient : *d'azur au dauphin d'argent surmonté d'un arc d'or à la corde de sinople brochant sur le milieu du corps du dauphin*[1].

3° Jeanne de Joybert mariée par contrat du 8 septembre 1634, devant J. Oury, notaire à Saint-Amand, à Pierre Raulet, écuyer, seigneur de Mutigny et Souain, fils de Samson, écuyer, seigneur des dits lieux et de damoiselle Marguerite Berbier.

Elle était morte au 31 août 1672, laissant postérité[2].

1. *Armorial général manuscrit de d'Hozier*, Champagne, p. 196. — Un armorial manuscrit de Châlons leur donnait des armes différentes : *de gueules au chevron d'argent chargé de trois quintefeuilles d'azur et accompagné en pointe d'un casque d'or taré de front.* — V. aussi, plus loin, livre VI, chap. ı.

2. Sur la famille Raulet et ses armes, voir p. 66 et 67. — Voir aussi l'*Appendice I :* ils étaient, par les Raulet, cousins au 7ᵉ degré.

Du mariage de Jeanne de Joybert avec Pierre Raulet sont nés :

    1° Pierre Raulet, cadet en la compagnie du sieur Legrand au régiment de Rambures en 1667.

    2° Madeleine Raulet, première femme de Jérôme de Joybert, seigneur d'Aulnay (v. p. 66).

    3° Louise, qui suit :

II. Louise Raulet † à Domprot le 5 mai 1694 ══ François de Mertrus, écuyer, seigneur de Domprot et Brandonvilliers, † à Domprot le 30 janvier 1687, d'où :

    1° Pierre qui suit.

    2° Louise, Domprot, 12 décembre 1672 † jeune.

    3° Louis, Domprot, 22 novembre 1673 † Brandonvilliers, en avril 1726, s. a.

    4° Madeleine de Mertrus, Domprot, 27 janvier 1675 † Soulanges, 31 octobre 1742 ; ══ par contrat à Domprot le 29 décembre 1692, Jacques Parchappe, écuyer, seigneur de Morambert et Soulanges, capitaine au régiment du baron du Moulins, né en 1660 † à Soulanges le 15 février 1713, fils de François et de Marie de Joybert ; d. p. (Voir livre V, chap. ı, p. 179, note 5) ; ils étaient cousins au 7ᵉ degré.

    5° Louise de Mertrus, Domprot, 11 avril 1676 ; ══ 1° à Domprot le 24 août 1696 J.-B. de Lormeau, sieur de Falourdet ; ══ 2° François-Edouard Le Gras de Vaubercy.

    6° Marie, Domprot, 19 décembre 1677.

    7° François, Domprot, 29 juin 1681.

III. Pierre de Mertrus, écuyer, seigneur de Domprot ; Domprot, 21 août 1670 † Domprot, 13 mars 1723 ; ══ Anne Cavelier, † à Domprot, 9 août 1729, d'où :

    1° Anne-Elisabeth de Mertrus, Domprot, 2 novembre 1695 † en 1732 ; ══ à Dom-

Veuve, Louise Truc se remaria le 4 novembre 1608, comme nous l'avons vu, à Jérôme de Joybert, seigneur d'Aulnay, cousin germain de son mari et en eut aussi postérité [1].

prot le 25 février 1729 Claude-Gaspard de Mertrus, écuyer, seigneur de Saint-Ouen, son cousin, fils de Claude et de Marie Le Blanc, s. p. — Voir plus haut, livre I, chap. **x**, page 67, note 4.

2° Jean-Baptiste, Domprot, 15 juin 1697 ✝ Domprot, **22** octobre 1722, s. a.

3° Nicolas de Mertrus, prêtre; Domprot, 7 novembre 1698 ✝ Domprot, 30 octobre 1725.

4° Élisabeth ✝ célibataire en 1745.

5° Pierre-Jean, Domprot, 26 juin 1703 ✝ Domprot, 29 juin 1724, s. a.

V. sur cette branche des Mertrus : « *La famille de Mertrus de Saint-Ouen,* » par M. l'abbé Millard, *Revue de Champagne et de Brie*, t. XIII, p. 309 et 310, travail bien fait dans les grandes lignes, mais très inexact dans les détails. V. aussi plus haut, p. 71.

1. Sur cette seconde alliance, la famille Truc et ses armes, voir, plus haut, livre I, chapitre viii, p. 49 et 50.

CHAPITRE III

NEUVIÈME DEGRÉ

Jérôme de Joybert, écuyer, seigneur de Coulmiers, Soulanges et Ablancourt, fut baptisé à Châlons, paroisse Saint-Eloi, le 22 mars 1602[1], et mourut avant le 20 octobre 1635, époque où la garde noble de ses enfants fut confiée à leur mère[2]. — Le 28 juin 1633, il rendit foy et hommage pour sa terre de Coulmiers[3]. — Il avait épousé Damoiselle Louise Haslé, fille de Jean, seigneur de la Chaussée[4], et en eut deux enfants :

1° Jérôme de Joybert, seigneur de Coulmiers, mort au service du Roy[5].

1. État civil de Châlons-sur-Marne.

2. *Généalogie de 1900*, p. 54.

3. *Archives de la Marne*, série C, vol. 2537, f° 47.

4. Et vraisemblablement sœur aînée de « Damoiselle Marie Halé, fille de deffunt « Jean Halé, seigneur de la Chaussée et de Mutigny et de damoiselle Anne de St-Remy, « qui épousa le 19 juillet 1637, par contrat signé Oury, notaire à St-Amand, Jean de « Castre, écuyer, seigneur de Vaux, puis de la Chaussée, fils de Simon de Castre et de « Charlotte de Montguion ». — Caumartin, *Généalogie Castre*. — Il a été impossible de retrouver les armes de cette famille Haslé ou Halé qui cependant paraît être la même que les Haslé, du Valois, qui portaient *d'argent fretté de sinople*.

5. Inventaire de 1657, cité dans la *Généalogie de 1900*, p. 84.

2° Louise de Joybert, dame de Coulmiers, mariée à Pierre Mayet, natif de Mantoue, capitaine au régiment de Duras, puis, successivement, major du régiment de Rohan le 11 novembre 1673 et commandant le second bataillon du régiment de Bourgogne le 8 septembre 1681 [1], dont elle eut postérité [2].

Cette famille Maillet serait-elle la même que les Maillet de Viésart et Vertbois qui, rejetés par Caumartin, furent rétablis par sentence du 24 juillet 1753, et portaient : *d'argent à trois maillets d'azur?*

1. *Pièces originales.* — V° Mayet. — L'indication de ce mariage est fournie par la *Généalogie du xviii° siècle* où on lit par erreur *Prin* Mayet, tandis qu'il faut lire *Pierre* Mayet ou Maillet. Dans le « *Mémoire des fiefs nouveaux de Vitry dans lesquels il y a ouverture en 1685* » on lit : « *Coulmiers* ; Pierre Maillet et damoiselle de Joibert ». — Bibliothèque nationale. — *Collection de Champagne,* t. CXI.

2. Ils eurent au moins deux enfants :

II. A : Françoise Maillet (*alias :* des Maillet) femme de Tristan des Forges, chevalier, seigneur de Cortizols, La Chaussée et autres lieux, fils d'Henri et de Jacquette de Rémond, d'où :

Messire Roch des Forges, chevalier, seigneur de Coulmiers, la Chaussée et autres lieux, épouse à Châlons (Saint-Alpin) le 18 juin 1718 Marie-Louise Cuissotte, d'où :

Joseph-Roch des Forges, chevalier, seigneur de Coulmiers, ancien capitaine de grenadiers royaux, chevalier de Saint-Louis, qui signait le 5 mai 1773, comme cousin, l'acte de décès à Vitry d'Anne-Françoise de Joybert (v. p. 186) — et épousa Madeleine de Maillart, sa cousine, petite-fille de Madeleine de Joybert et de Louis de Beauvais (v. p. 177) — dont il était veuf s. p. quand il mourut à Châlons le 25 juillet 1792.

II. B : Marguerite-Louise Maillet, épouse (à la Chaussée?) en 1664 Nicolas Deu, lieutenant particulier au bailliage et siège présidial de Châlons, fils de Jacques et d'Anne Jourdain, mort à Châlons le 24 août 1682, d'où trois enfants :

1° Jacques-Joseph Deu, écuyer, seigneur de Perthes, né en 1670 † à Châlons le 1er mars 1744 : = Marie-Anne Le Vautrel, Châlons 17 novembre 1677, † Châlons, 3 septembre 1753, d'où :

a : Jeanne-Marguerite, Châlons, 16 février 1698.

b : Joseph-François, Châlons, 22 décembre 1698.

c : Joseph-Nicolas, Châlons, 30 juin 1700.

d : Marie-Louise, Châlons, 21 mars 1702.

e : Claude-François-Xavier Deu, seigneur de Perthes, Hurlus, etc., Châlons, 17 août 1704 † 7 juin 1767. = à Châlons le 4 juin 1737 Élisabeth-Thérèse Fagnier, d'où :

1° Louis-Joseph, Châlons, 8 mars 1738.

C'est par erreur que la *Généalogie de 1900* (p. 53 et 54) donne un troisième enfant du nom d'Anne à Jérôme de Joybert, puisqu'il le fait

    2° Claude J.-B., Châlons, 7 juillet 1739.

    3° Louis-Claude, Châlons, 27 septembre 1741.

    4° Pierre-Paul, Châlons, 25 janvier 1743 † 16 février 1780.

    5° Madeleine-Thérèse, Châlons, 4 décembre 1744.

    6° J.-B. Claude, Châlons, 24 avril 1747.

f : Claude-Jacques, Châlons, 3 avril 1706.

g : J.-Baptiste Deu, écuyer, seigneur de Montigny, capitaine au régiment de Picardie, Châlons, 1er avril 1710, ⚭ 1° à Châlons le 16 décembre 1738 Anne-Madeleine Hocart; Châlons, 31 mars 1712 † 1er octobre 1750, d'où :

    1° J.-B. Joseph, Châlons, 7 juillet 1740.

    2° Marie-Anne-Memmie, Châlons, 1er mars 1742; ⚭ à Châlons, le 26 avril 1763 J.-B. Pétronille Guériot de la Filonière, receveur des tailles, né à Châlons le 16 mai 1736, d'où :

        a : Claude-Gabriel Guériot de la Filonière, Châlons, 7 mai 1764.

    3° Esprit-Louis, Châlons, 29 mai 1746.

    4° Jeanne-Thérèse-Geneviève, Châlons, 17 mars 1748 † 3 mai 1763.

    J.-B. Deu ⚭ 2° à Châlons le 21 janvier 1755 Perrette-Claude de Parvillez † s. p. le 18 octobre 1760. — Lui † Châlons, 18 août 1759.

h : Marie-Anne-Ursule, Châlons, 10 septembre 1712.

i : Augustine-Zacharie, Châlons, 5 mai 1715.

2° Jeanne Deu † à Châlons le 4 mai 1703, à l'âge de 30 ans, mariée à François de Pinteville, seigneur de Montcetz et La Motte, né à Châlons le 30 août 1653, d'où quatre enfants † jeunes.

3° Marguerite Deu, ⚭ à la Chaussée le 20 mars 1687, Louis-François de Tournebulle, chevalier, seigneur de Bussemont, Saint-Lumier, Scrupt, Blesme et Sainte-Livière, d'où, outre six enfants nés à Châlons et morts jeunes :

A : Marie-Marguerite de Tournebulle née à Scrupt le 11 juin 1692 : ⚭ le 2 août 1713, Philibert Durand, chevalier, seigneur d'Auxy, Saint-Vrain, conseiller au Parlement de Bourgogne, puis grand maître des eaux et forêts de France au département des duché et comté de Bourgogne, — dont elle fut la première femme et en eut :

    a : une fille mariée à Denis-Ignace Mouret de Châtillon, comte de Montrond, président au parlement de Besançon, d'où :

        a : Claude-Philibert de Mouret.

    b : Marie-Anne-Philiberte, ⚭ le 17 septembre 1736 Alexis-Jean Durand chevalier, seigneur de Lagny, La Tour du Bost, Charmoy, etc., lieutenant de roi de la province de Champagne, mort s. p. à Chaillot en septembre 1743.

    c : une fille mariée à N... Jouffroy, seigneur d'Uzelles, au comté de Bourgogne.

    d : Marie-Madeleine Durand d'Auxy, mariée en 1750 à Nicolas-Louis-Auguste-Valentin marquis de Culant, seigneur de Savins-en-Brie, d. postérité.

B : Marie-Anne de Tournebulle, née à Scrupt le 28 juillet 1697, † à Busse-

mourir au commencement de 1679, elle aurait dû être citée dans l'*Inventaire de 1657* qui n'en parle pas : mais ce qu'il en dit doit s'appliquer au dernier enfant de Claude de Joybert et de sa seconde femme, Claude Brissier (V. livre V, chap. I. *in fine*, p. 187, 11°).

mont (Marne) le 22 juillet 1731 ; = par contrat du 26 avril 1722 Jean-Henri-François-Joseph comte de Wignacourt, né le 17 mars 1689 † à Bussemont le 11 juillet 1761, d'où :

a : Louis-Joseph, qui suit.

b : Nicolas-Hubert, 1724 † 1726.

c : Étienne, né en 1725, cornette au régiment de Noailles, cavalerie.

d : Conrad-Robert, major au régiment mestre de camp général, cavalerie.

e : Marie-Anne-Françoise, chanoinesse de Poulangis.

f : Madeleine-Scholastique, 1729 † 1755.

g : Marie-Adelaïde de Wignacourt, = 1760 Joseph-Ignace comte de Gourcy-Récicourt, d'où descendent tous les Gourcy de la branche française.

Louis-Joseph comte de Wignacourt et de Morimont, né à Bussemont le 6 janvier 1723 = par contrat du 24 octobre 1758 passé au château de Herpont, Charlotte-Louise Le Clerc de Morains, Châlons, 29 juin 1738 † Bussemont, 6 mai 1764, d'où (outre un fils célibataire 1762 † 1792) :

Louis-Joseph comte de Wignacourt et de Morimont, Bussemont 1760 † Saint-Dizier 1815 = à Fains, 1781, Anne-Geneviève de Nettancourt, Bar-le-Duc, 1762 † Châlons 1847, d'où :

    a : Gabrielle-Louise de W. 1782 † 1833 = 1820 Charles Durup de Baleine d'Ambreville † s. p.

    b : Marie-Anne-Émélie de W. 1783 † 1868 = 1817 Alexandre-Hyacinthe-François baron de Klopstein † s. p.

    c : Marie-Josèphe 1785 † 1852, célibataire.

    d : Marie-Anne de W. 1786 † 1861 = 1819 Adolphe-Martial-Édouard, comte de Trogoff-Kléau † s. p.

    : Louise-Thérèse de W. 1787 † 1863 = 1817 Charles comte du Houx de Gorhey, maréchal de camp, 1756 † 1837, d'où une fille unique :

        Anne-Caroline-Ernestine du Houx de Gorhey, 1818 † 1894 ; = 1837 Alfred-Germain-René comte de Bizemont, 1813 † 1884, d. postérité à Nancy.

LIVRE V

BRANCHE

DES

SEIGNEURS DE SOULANGES

—

1587-1778

CHAPITRE I

HUITIÈME DEGRÉ

Claude de Joybert, écuyer, seigneur de Soulanges, Ablancourt et Marson[1], troisième fils de Pierre et de Perrette Le Gorlier, était encore mineur sous la tutelle de Geoffroy Le Gorlier, lorsqu'il procéda avec ses frères et sœurs le 10 août 1607 au partage noble des successions de ses père et mère et de sa grand'mère paternelle. Le 30 juillet 1635, il se présentait en personne pour servir le Roy au ban et arrière-ban[2]. A-t-il été officier? nous l'ignorons : mais comme on l'appelait M. de Soulanges, de même que son frère Jacques s'appelait M. de Coulmiers, et son cousin germain, M. d'Aulnay, serait-ce lui qui serait ainsi désigné dans l'*Impôt du sang*, de François d'Hozier[3] : le chevalier de Soulanges, capitaine, est blessé à la levée du siège de Lérida en 1646? — Il n'y a que lui, en tout cas à qui cette supposition pourrait s'appliquer.

Il mourut avant le 11 juin 1653, date de la garde noble des sept

---

1. Marson, Marne, arrondissement de Châlons. — Seigneurie provenant des Langault famille de la mère de sa seconde femme.

2. Caumartin, *Généalogie Joybert*. — Preuves.

3. Publié par L. Paris, t. III, p. 286.

enfants mineurs qu'il laissait de sa seconde femme[1]. Il habitait Soulanges, dès avant son premier mariage, ainsi que le prouvent plusieurs lettres de lui[2] qu'il y écrivait en 1608, à son cousin M. de la Haye, procureur és sièges de Chaalons, au sujet de terres sises à Ablancourt et dépendant de la chapelle d'Aulnay dont le chapelain en exercice à cette date était Messire Adrian de la Haye que Jérôme de Joybert avait nommé le 20 décembre 1603[3].

Claude de Joybert se maria deux fois et eut onze enfants.

En premières noces, par contrat passé le 3 novembre 1609 à Vitry devant Jean Henriet et Nicolas Jacobé, notaires, il épousa Damoiselle Magdeleine Mauclerc[4], dont nous ne connaissons pas les parents. — Les Mauclerc portaient : *d'azur à un verrou d'argent, accompagné de trois trèfles d'or, deux et un*[5]. Mme de Joybert devait sans doute être fille d'un Mauclerc, seigneur de Drouilly près Vitry, puisque sa fille Perrette possédait une partie de cette terre.

De ce premier mariage il eut quatre enfants :

1° et 2° : François et Nicolas de Joybert, tués au service du Roy[6].

3° Perrette de Joybert, morte célibataire. — Elle avait chargé la terre de Drouilly de trois livres de censive envers l'église de Soulanges[7].

4° Claude de Joybert, écuyer, seigneur de Soulanges, mort

1. Caumartin, *Généalogie Joybert*. — Preuves.

2. Lettres originales (*Archives de famille*) portant l'empreinte de ses armes en cire rouge : les roses y sont héraldiques et non tigées et feuillées.

3. *Archives du château d'Aulnay*.

4. Caumartin, *Généalogie Joybert*. — Aux *Pièces originales*, vol. 1891, Mme de Joybert figure dans une liste de Mauclerc que l'on n'a pu rattacher à aucune branche des généalogies de cette famille; et il a été impossible de retrouver à Vitry trace des minutes des notaires qui ont reçu son contrat de mariage; elle ne paraît pas avoir appartenu à la branche protestante des Mauclerc de Vitry, car aucun de ses enfants n'embrassa la R. P. R. — Dans le registre 1 *bis* de l'état civil de Vitry on trouve la naissance d'une Madeleine Mauclerc ainsi libellée : « 15 mai 1581, la fille de Collas Mauclerc nommée Madeleine, » mais rien ne nous autorise à croire que ce pourrait être la femme de Claude de Joybert; elle eût été, d'ailleurs, bien plus âgée que lui.

5. *Armorial général de France* par Chevillard et Dubuisson, planche 43.

6. Inventaire de 1657, cité dans la *Généalogie de 1900*, p. 84.

7. Renseignement fourni par la *Généalogie du xviiie siècle*.

en mai 1642[1]. Il avait épousé par contrat passé devant Nicolas des Bœufs, notaire à Livry, au bailliage d'Épernay, le 15 avril 1641[2], damoiselle Antoinette de Handresson, fille de Jacques, écuyer, seigneur de Louvercy, Livry et des Grandes Loges, chevalier de la Sainte Ampoule[3], et de damoiselle Madeleine des Forges.

La famille de Handresson, originaire d'Écosse, fit en novembre 1668, devant Caumartin, ses preuves remontant à 1502; elle portait : *d'azur à la fasce d'or accompagnée en chef de trois croissants d'argent et en pointe de trois hures de sangliers d'or, 2 et 1*. Veuve, Antoinette de Handresson se remaria, par contrat passé devant le même notaire, le 4 juillet 1644 à Philippe de Thannois, écuyer dont elle eut des enfants[4]. — De Claude de Joybert elle ne laissa qu'une fille :

1. Caumartin, *Généalogie Joybert.*

2. *Id., ibid.* — Malheureusement l'état civil de Livry ne remontant actuellement qu'à 1687 et celui de Louvercy qu'à 1674, il a été impossible d'y faire aucune recherche tant pour le mariage et le décès de Claude de Joybert que pour la naissance de sa fille.

3. Ordre de chevaliers que l'on suppose avoir été institué par Clovis en l'honneur de la Sainte Ampoule. Favin, dans son *Histoire de la Navarre*, p. 1328, assure que ces chevaliers n'étaient qu'au nombre de quatre, savoir ceux qui possédaient les quatre baronnies de Terrier, de Belestre, de Sonastre et de Louvercy qui relevaient de l'abbaye de Saint-Remi de Reims, à laquelle ces barons faisaient hommage, — et qu'au sacre des rois de France, ils tenaient le dais sous lequel l'abbé ou le prieur de cette abbaye portait la Sainte Ampoule à la cathédrale de Reims. — Moréri, 1759, t. Ier, p. 483.

4. Caumartin, *Généalogies Handresson et Thannois.* — Du second mariage du 4 juillet 1644 d'Antoinette de Handresson avec Philippe de Thannois baptisé le 27 février 1614, sont nés :

1° Nicolas-Charles-François de Thannois, enseigne au régiment de Couvonge, † s. p.

2° Françoise de Thannois † célibataire à Châlons le 25 décembre 1712.

3° Antoinette de Thannois, = X... de Papillon, d'où :

A : Françoise-Antoinette de Papillon, = Louis Dupuis, seigneur de Poivre, capitaine au régiment de Saintonge.

B : Marie-Anne de Papillon = François de Gatineau de Sainte-Catherine, lieutenant-colonel du régiment de Cambrésis.

Philippe de Thannois était frère d'Anne qui figure dans les seize quartiers de Jérôme-Antoine de Joybert, v. *Appendice L.*

Madeleine de Joybert, dame de Soulanges, née en 1642, très probablement à Louvercy où elle était domiciliée lors de son mariage; à la mort de son père elle fut placée sous la tutelle de sa mère et la curatelle de son grand-père Claude de Joybert, et fut émancipée le 8 novembre 1662. — En avril 1668, elle fit ses preuves devant Caumartin [1] et n'était pas encore mariée; — mais, très peu après, le 23 juillet 1668 elle épousait à Reims, paroisse

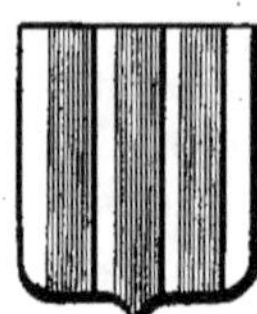

Saint-Hilaire, Louis de Beauvais, chevalier, seigneur de Saint-Pierremont, Fontenois et de la maison forte d'Autruche, y demeurant [2], fils de Louis de Beauvais, écuyer, seigneur d'Autruche, Vrizy, Neuville et Chatillon-sur-Bar, ancien lieutenant-colonel du régiment de Vandy, et de damoiselle Barbe de Dermy, dont elle eut postérité [3]. — En août 1667, lorsqu'il fit

1. Caumartin, *Généalogie Joybert*. — Preuves.
2. Autruche, Ardennes, arrondissement de Vouziers.
3. Du mariage de Madeleine de Joybert avec Louis de Beauvais sont nés :
   1° Nicolas, qui suit.
   2° Nicolas-Claude de Beauvais † à Autruche le 17 octobre 1676.
   3° Anselme de Beauvais né à Autruche en juin 1673.
   4° Jean-Philippe de Beauvais, Autruche, 22 novembre 1675 † Autruche, 3 février 1676.
   5° Madeleine de Beauvais, Autruche, 27 décembre 1676, était religieuse Bernardine à Clairefontaine en 1700.
   6° Charles-Louis de Beauvais, Autruche, 2 septembre 1678, † Autruche, 20 janvier 1679.
   7° Charles-Louis de Beauvais, Autruche, 12 février 1680, † Autruche, 16 novembre 1681.
   8° Nicolle de Beauvais, née et † à Autruche le 6 mai 1682.
   9° Gabrielle-Marguerite de Beauvais, Autruche, 19 avril 1684 † Séry (Ardennes), 6 décembre 1758. = 1° Charles-Louis de Fay d'Athies, chevalier, seigneur de Tourteron, Le Plain, Quatre-Champs, Noirval et Châtillon, Châtillon-sur-Bar, 15 février 1681 † Tourteron, 26 novembre 1711, d'où :
      A : Marguerite-Gabrielle de Fay d'Athies, née vers 1712 : = à Séry le 19 mars 1739 Henri de Sailly, né vers 1708, chevalier, seigneur de Montoy-la-Montagne, de la paroisse de Chimay, diocèse de Liège.
   Gabrielle-Marguerite de Beauvais = 2° le 5 février 1714, Roland d'Ivory, chevalier, seigneur de la Malmaison né à Séry le 10 juillet 1690 † à Rethel le 27 février 1746 et inhumé à Séry, d'où :
      B : Ursule d'Ivory † à Rethel le 20 décembre 1744, âgée de 18 ans et inhumée à Séry.

preuve devant Caumartin, il était lieutenant au régiment de Duplessis-Praslin et âgé de vingt-trois ans, ce qui lui donnerait environ deux ans de moins qu'à Madeleine de Joybert sa femme. Celle-ci mourut à Autruche le 4 avril 1693, et y fut inhumée en l'église, dans la chapelle des seigneurs de Beauvais.

  C : Anne-Françoise d'Ivory, ép. à Séry le 27 septembre 1744 Philbert-François de Sugny, chevalier, seigneur de Sainte-Marie-sous-Bourcq, demeurant à Sugny, et veuf de Charlotte-Henriette de Sugny, d'où :
    a : Charles-Antoine de Sugny, Séry, 19 décembre 1747 † Séry, 5 octobre 1748.
    b : Charles-Louis-Ambroise de Sugny, Séry 7 décembre 1748.
    c : Joseph-Louis-Roland de Sugny, Séry 11 juillet 1750.
    d : Henri-Gabriel de Sugny, Rethel, 15 avril 1752.
    e : Charlotte de Sugny † le 7 août 1754, âgée de 6 mois.
 10° Marie-Antoinette de Beauvais, Autruche, 28 juillet 1685, religieuse dominicaine à Mariendal en 1727.
 11° Nicolas-Gabriel de Beauvais, Autruche, 20 novembre 1686.

 II. Nicolas de Beauvais, chevalier, seigneur d'Autruche, de Fontenois et de Contreuve, lieutenant-colonel au régiment de Peyre cavalerie, chevalier de l'O. R. et M. de Saint-Louis, né à Châlons le 5 juin 1669 † à Autruche le 18 juin 1750 ; — ép. 1° à Gussainville le 24 juillet 1702 Anne-Louise du Hautoy, dame de Savigny † à Étain le 8 juillet 1733 et = 2° à Vouziers le 10 septembre 1741, Ursule de Lescamoussier (veuve de François Canelle) et qui mourut s. p. à Autruche le 21 novembre 1760 âgée de 89 ans. — Du 1er lit :
  1° François-Antoine-Joseph, Gussainville 5 † 31 décembre 1703.
  2° Pierre-Henri-Antoine de Beauvais, né à Metz le 17 janvier 1706.
  3° Louise-Judith Dieudonnée de Beauvais née à Metz le 28 mars 1707 † 25 avril 1755. — Ép. à Autruche le 19 mars 1724 Louis-François de Maillart, chevalier, seigneur de Gruyère et Landreville, officier au régiment de Touraine, chevalier de l'O. R. et M. de Saint-Louis, né à Landreville le 19 novembre 1700 † Metz le 19 mai 1761, d'où :
    a : Madeleine de Maillart = Joseph-Roch des Forges, chevalier, capitaine d'une compagnie de grenadiers royaux, chevalier de Saint-Louis, son cousin au 11° degré, arrière-petit-fils de Louise de Joybert, femme de Pierre Mayet, (v. p. 168), † s. p., à Châlons le 25 juillet 1791.
    b : Louis-François de Maillart, né à Autruche le 5 décembre 1731, capitaine au régiment de Touraine, chevalier de l'O. R. et M. de Saint-Louis, tué à la bataille de Minden en 1759.
    c : Jean-Henri de Maillart, capitaine au même régiment, chevalier de l'O. R. et M. de Saint-Louis, tué à Minden en 1759.
    d : Innocente-Dieudonnée de Maillart, religieuse à Vergaville, née à Saulny-près-Metz le 8 sept. 1735.
    e : Judith de Maillart † jeune.

 Sur les Beauvais, voir « *La famille de Beauvais* » par Paul Pellot, Sedan 1899, brochure *très* incomplète. — Louis-François de Maillart, époux de Judith de Beauvais, était oncle de Scholastique de Maillart, belle-mère d'Hortense de Joybert ; v. page 103.

  D.   **12**

Louis de Beauvais lui survécut jusqu'au 20 décembre 1717, jour de son décès à Autruche[1].

La famille de Beauvais, originaire de Flandre et établie en Champagne, fit preuve devant Caumartin, en août 1667, en remontant à 1538, et portait : *d'argent à trois pals de gueules.*

Veuf de Madeleine Mauclerc, Claude de Joybert épousa en secondes noces, par contrat passé à Châlons le 2 juillet 1633[2] devant Guillemin et Rambourgt, notaires, et religieusement le lendemain à la paroisse Saint-Alpin de Châlons[3], damoiselle Claude Brissier, fille de feu noble homme Michel Brissier et de damoiselle Marie Langault, dame de Marson, demeurant en la dite paroisse Saint-Alpin. — Dans l'acte religieux, il est qualifié : « Claude de Jobert, écuyer, seigneur de Soulanges et Amblancourt, de la paroisse dudit Soulanges ».

Les Brissier portaient : *d'argent au chevron brisé de gueules accompagné en chef de deux panaches d'azur et en pointe d'une tête de maure de sable bandée d'argent*[4].

De ce second mariage naquirent sept enfants qui tous étaient mineurs lors de la mort de leur père et dont la garde noble fut confiée à leur mère le 11 juin 1653, par acte passé par-devant le Lieutenant général au bailliage et siège présidial de Vitry[5]. Claude Brissier était morte avant le mariage de sa fille aînée en 1657.

Ces sept enfants furent :

5° Michel de Joybert, écuyer, seigneur de Soulanges, capitaine d'infanterie au régiment d'Espagny, mort à Leipsic en mars 1665. Il avait épousé, par contrat passé devant Jean Gœury, notaire à Vitry, le 13 février 1662, damoiselle Marie Linage, fille de François, écuyer, seigneur de Cuis et Loisy, ancien lieutenant au régiment de Vaubecourt et de D[lle] Suzanne d'Andelin. — Par sentence du Lieutenant général du bailliage de Vitry du 20

---

1. État civil d'Autruche.
2. Caumartin, *Généalogie Joybert* et *Pièces originales*, vol. 1583, n° 40.
3. État civil de Châlons-sur-Marne.
4. *Armorial général de la Bibliothèque nationale*, 1696. — Champagne, p. 343.
5. Caumartin, *Généalogie Joybert.*

septembre 1665, Marie Linage eut la tutelle et la garde noble de son fils unique pour lequel, trois ans plus tard, elle fit preuve devant Caumartin[1]. Nous la retrouvons marraine de la cloche de Soulanges, avec son neveu Jacques Parchappe, le 4 juillet 1702[2]. Elle mourut à Vitry le 23 décembre 1704, veuve de Mre Claude Labbé, sgr de Saint-Lumiér et autres lieux, conseiller du roi, lieutenant assesseur au bailliage et siège présidial de Vitry, qui était veuf de Catherine Langault, quand elle l'avait épousé en secondes noces à Vitry le 12 février 1680[3].

Michel eut pour fils : Claude de Joybert, né vers 1663 et mort à Vitry, le 3 octobre 1679[4].

6° Marie de Joybert, dame en partie de Soulanges, qui laissa postérité de son mariage célébré à Soulanges le 16 février 1657 avec François Parchappe, écuyer, sieur de Morambert, lieutenant d'une compagnie de chevau-légers pour le service de S. M. dans le régiment de M. le comte de Genséri, alors en garnison à Metz, fils de Memmon Parchappe, conseiller du roi au bailliage et siège présidial de Vitry et de D[elle] Élisabeth Mauclerc. — Le mariage avait été précédé d'un contrat[5] passé à Vitry le 5 du même mois devant Gaspard Legoux et Jean Varnier,

1. Tous renseignements puisés dans la *Généalogie Joybert* de Caumartin.
2. État civil de Soulanges.
3. État civil de Vitry. — Labbé portait : *d'argent à la tête de sanglier de sable, défendue d'argent, surmontée d'une branche de chêne de sinople englantée d'or.* Marie Linage fit enregistrer ses armes à l'*Armorial général*, en 1696. V. Champagne, p. 213. — Sur les Linage, voir p. 77 à 80.
4. État civil de Vitry. L'acte dit : « Le fils de Madamoiselle de Soulanges. »
5. Le contrat de mariage existe aux archives du château de Saint-Benoît-sur-Vanne (Aube) et m'a été gracieusement communiqué par M. Peschart d Ambly. — L'acte de mariage n'existe plus à l'état civil de Soulanges.
Du mariage de Marie de Joybert avec François Parchappe est né (fils unique) :
II. Jacques Parchappe, écuyer, seigneur de Morambert et Soulanges, capitaine au régiment du baron de Moulins, né à Soulanges en 1658 † à Soulanges le 15 février 1713 ; ═ par contrat passé à Domprot le 29 décembre 1692 sa cousine Madeleine de Mertrus,

notaires royaux : les père et mère de la mariée étaient « feuz »; elle
y est dite : « émancipée et jouissant de ses droits, demeurant à

née à Domprot le 25 janvier 1675 † à Soulanges le 31 octobre 1742 (voir page 165,
note 2), d'où :

> 1° Nicolas de Parchappe, Soulanges, 11 mai 1694.
> 2° Marie, Soulanges 21 novembre 1695 † Soulanges, 21 mai 1776; ═ Louis de
> Coste, écuyer, seigneur de Courte et de Tourteron, né en 1693 † à Soulanges
> le 26 février 1750, d'où :
>> *a :* J.-B. Philippe de Coste, écuyer, seigneur de Soulanges; Soulanges 30 août
>> 1720 † La Chaussée, 11 thermidor an VIII, célibataire; — il eut pour
>> parrain J.-B. Philippe de Joybert, son cousin, alors âgé de cinq ans
>> (V. page 97, note 1).
>> *b :* Jacques de Coste, écuyer, sieur de Brueille, était parrain à Soulanges le
>> 7 décembre 1743.
> 3° Louis, Soulanges, 21 juillet 1697 † jeune.
> 4° Paul, qui suit.
> 5° Jacques de Parchappe de Morambert, chevalier, seigneur de Souain et Sou-
> langes, capitaine au bataillon de Saint-Dizier du régiment de milices de
> Champagne; Soulanges, 14 juillet 1700 † à Egra (Bohême) vers 1743; ═ à
> Vitry le 18 avril 1730 Marie de Hédouville née à Vitry le 12 janvier 1695,
> † s. p.
> 6° Madeleine Soulanges, 23 décembre 1701 † Soulanges, 25 avril 1774, célibataire.
> 7° Anne, Soulanges, 30 décembre 1702 † Soulanges, 24 avril 1711.
> 8° Charles, Soulanges, 11 août 1704 † jeune.
> 9° Louise, Soulanges, 3 avril 1706, id.
> 10° François, Soulanges, 14 juin 1707 † Soulanges, 2 juin 1726.
> 11° Louis, Soulanges, 26 février 1709.
> 12° Pierre-Jean, Soulanges, 26 mai 1710 † Soulanges, 11 décembre 1718.

III. Paul de Parchappe de Morambert, écuyer, seigneur de Soulanges, Mutigny et
Brandonvilliers; Soulanges 25 novembre 1698 † Soulanges, 17 juin 1769 ═ en la chapelle
Sainte-Agathe de Sainte-Suzanne, paroisse de Poivres (Aube) le 29 novembre 1742
Françoise de Bruneteau, d'où :

> 1° Madeleine-Anne-Antoinette Parchappe de Morambert, Soulanges, 7 décembre
> 1743 ═ à Soulanges le 3 février 1778 Jean-Jacques-Augustin Daudé, cheva-
> lier, vicomte d'Alzon, capitaine de chevau-légers du Royal-étranger cava-
> lerie, en garnison à Béthune, de la paroisse du Vigan, d'où :
>> *a :* une fille, Mme de Peret.
> 2° Louis, lieutenant au régiment de Champagne, Soulanges, 23 mars 1745 † Sou-
> langes, 23 août 1767.
> 3° Roch-Eléonor-Joseph, qui suit.
> 4° Nicolas, Soulanges, 17 octobre 1747 † 20 juin 1748.

IV. Roch-Eléonor-Joseph de Parchappe, chevalier, sergent de Domprot, Brandonvilliers, Soulanges, Souain, etc., capitaine de cavalerie, garde du corps du roi de la compagnie de Villeroy; — Soulanges, 29 mars 1746 † Domprot, 10 août 1801 ═ à Vitry le
9 septembre 1776, Jeanne Jacobé de Frémont, sa cousine, descendante au 6° degré de
Noel Jacobé et de Louise de Joybert (V. livre VI, ch. 11), née à Vitry le 5 juin 1754
† Domprot, 23 juillet 1810, d'où deux enfants morts jeunes et :

V. Jeanne-Eléonore de Parchappe, Domprot, 12 juillet 1786 † Troyes, 25 août 1861

Soulanges » et était assistée « entre autres parents, de Pierre de Joybert, escuyer, sieur de Marson, son frère, seul parent proche. »

La famille Parchappe fut anoblie par Henri IV, par lettres données à Châlons en août 1592 à Jean, bisaïeul de François, à cause de sa valeur et de celle de cinq de ses fils au siège d'Épernay ; elle reçut pour armes : *d'azur au chevron d'or accompagné de trois colombes d'argent becquées et onglées de gueules, 2 et 1*, et fut confirmée par Caumartin en septembre 1667 [1].

François Parchappe, né à Vitry le 3 mars 1633 mourut, sans doute à Soulanges, avant 1693 ; Marie de Joybert y mourut le 12 juin 1702, « âgée de 60 ans ou environ », dit son acte de décès [2], après y avoir été marraine le 23 décembre précédent de Madeleine Parchappe sa petite-fille.

C'est à Marie de Joybert, dame Parchappe de Morambert, qu'échurent en partage le château (ou pour mieux dire, la maison

= à Vitry le 1er janvier 1807 Alexandre-Nicolas Peschard d'Ambly, baron de Levoncour, officier aux mousquetaires du roi, chevalier de Saint-Louis, Bar, 10 décembre 1776, + Saint-Benoit-sur-Vanne, 1er mai 1833, d'où :

1° Jeanne-Sabine, Domprot, 22 mars + 21 avril 1808.

2° Alexandre-Gustave, Domprot, 9 mars 1809 + Philippeville, 3 mai 1857, d. p.

3° Louis-Ernest, Domprot, 7 février 1811 + célibataire, 9 juillet 1839.

4° Rosalie-Anaïs, Domprot, 4 septembre 1813 + Chaumançon (Yonne)... février 1893 = 6 octobre 1834, Louis Vérollot, d. p.

5° Eugène-François, Domprot, 1er octobre 1815 + Saint-Benoît-sur-Vanne, 24 mars 1886, s. p. d'Adèle-Elisabeth Fortier.

6° Clémence, Saint-Benoît-sur-Vannes, 13 février 1818 + jeune.

7° Hortense-Éléonore, Saint-Benoît-sur-Vanne, 22 février 1820 + Troyes 17 avril 1898, s. p. d'Eugène Desmarets, vicomte de Palis.

8° Marie-Marcel-Léopold, Saint-Benoît-sur-Vanne, 27 février 1823 + Dijon, 6 janvier 1891, d. p.

9° Céline-Amélie, Saint-Benoît-sur-Vanne, 27 février 1823 + Troyes, 18 octobre 1889 = 12 octobre 1842 Victor Gallice, d. p.

10° Charles-Frédéric, Saint-Benoît-sur-Vanne, 1er octobre 1825 — y habite et a postérité.

(Pour ces dix enfants et leur descendance, voir *La Chambre des comptes du duché de Bar*, déjà citée, p. 418 à 420.)

1. V. d'Hozier, La Chesnaye-Desbois et Caumartin, *Généalogie Parchappe*.

2. Elle avait certainement plus de 60 ans, sans quoi elle n'aurait même pas eu 15 ans lors de son mariage. Le plus ancien registre d'état civil actuellement conservé à Soulanges ne remonte malheureusement qu'à 1693, ceux qui le précédaient ayant été détruits lors de la reconstruction de la mairie, et l'acte de décès de Marie de Joybert est le premier de ceux qui concernent sa famille. — Les dates de naissance de ses quatre frères et sœurs qui suivent sont prises dans les *Preuves* de Caumartin.

seigneuriale) de Soulanges qui, depuis la fin du xv° siècle, était
la résidence d'une partie de la famille de Joybert, et la ferme
« consistant en 50 journels de terre labourable à la raye et 10
fauchées de prés », louée annuellement 1.050 livres. Le reste des
terres ayant appartenu aux Joybert à Soulanges était, au xviii°
siècle, à la comtesse de Crillon représentant sa grand'mère et sa
grand'tante de Joybert ; je n'ai pu découvrir à quelle date le château
et les terres avaient été définitivement vendus par les Parchappe.

7° Pierre, qui suit.

8° Marguerite de Joybert baptisée à Soulanges le 13 juillet
1644. Mariée à son neveu à la mode de Bretagne, Paul de
Gervaizot, écuyer, seigneur de La Folie et des
Tournelles en partie, veuf avec postérité de
Marie Legrand, fils de Louis de Gervaizot et de
Marie de Baussancourt, et petit-fils de Zacharie

de Gervaizot et de Louise de Joybert, elle n'en
eut pas d'enfants[1]. Elle fit son testament à La
Folie le 3 septembre 1707 par devant Jean
Regnard, notaire à Arzilières, et y exprima le
désir que son corps soit enterré à Soulanges « dans l'endroit où
ses prédécesseurs sont enterrés[2] ». Elle mourut le lendemain à
La Folie et fut inhumée le 5 à Soulanges. — Lui, né en 1642,
mourut à La Folie le 24 décembre 1714[3].

1. D'après la *Généalogie du xviii° siècle.* — Ils étaient cousins au cinquième degré :

Pierre de Joybert
= Perrette Le Gorlier.

Claude de Joybert = Claude Brissier.	Louise de Joybert = Zacharie de Gervaizot.
Marguerite de Joybert.	Louis de Gervaizot = Marguerite de Baussancourt.
	Paul de Gervaizot.

Paul de Gervaizot fit enregistrer à l'*Armorial général de 1696* (Champagne, p. 320)
ses armes qui étaient : *Coupé d'or et d'azur ; le chef chargé d'une merlette de sable et la
pointe d'une levrette courante d'argent ; à la fasce d'argent brochant sur le coupé.* Ce
qui est une légère variante des armes admises par Larcher.
Sur les Gervaizot, voir plus haut, p. 157, 5°.

2. *Archives de la Marne*, série E, 85.

3. État civil de Saint-Genest, au greffe du tribunal de Vitry.

9° Claude dc Joybert, écuyer, seigneur de Soulanges et de Marson en partie, de Jasseines et des Aires [1], baptisé à Soulanges le 14 mars 1647, lieutenant au régiment d'Espagny, fit, en cette qualité la campagne de Hongrie en 1663 [2] et en était de retour lorsqu'il fit preuve en 1668 devant Caumartin. Puis il partit pour le Canada avec ses frères Pierre et Jacques et était avec Jacques témoin du mariage à Québec, le 16 octobre 1672, de Pierre avec Marie-Thérèse Chartier [3]. — Combien de temps y resta-t-il ? — Est-ce à lui ou à son frère Jacques que fut délivrée le 20 octobre 1672 une importante concession attenante à celle de son frère « le sieur de Marson » ? nous l'ignorons, mais, tandis que ses frères restaient au Canada et y mouraient, lui revint en France.

En 1692, il assistait à Domprot au mariage de son neveu Jacques Parchappe et dans le contrat est ainsi qualifié : « Messire « Claude Joybert, écuyer, seigneur de Soulanges y demeurant, « capitaine au régiment de Moulins ». — C'était le régiment de milice de la généralité de Châlons dont le baron de Moulins était colonel et où son neveu Parchappe servait également comme capitaine. — En 1695, nous le voyons être parrain à Soulanges de sa petite-nièce Marie Parchappe.

Puis, vers 1697 ou 1698, assez âgé déjà, il épousa Damoiselle

Anne de Denis, fille unique, née vers 1658, de Louis de Denis, écuyer, seigneur de Chasteaubruslé, capitaine ès régiments dc Belzunce et de Duras et de Dlle Catherine de Baussancourt.

Fixé au château des Aires, il y mourut le 13 janvier 1716 « âgé de 69 ans ou environ » et fut inhumé dans le chœur de l'église de Jasseines. Anne de Denis mourut aussi aux Aires le 30 juillet 1722 « âgée de 65 ans ou environ » et fut inhumée le lendemain à côté de son mari [4].

---

1. Jasseines (Aube). — Les Aires, annexe de Jasseines, aujourd'hui ferme.
2. Généalogie des *Dossiers bleus.*
3. *Pièces originales*, vol. 1583, n° 53, et *Cabinet d'Hozier*, vol. 196.
4. État civil de Jasseines. — La nouvelle église, construite en 1877, n'a conservé aucune trace de ces sépultures.

La famille de Denis, originaire de Bourgogne et transplantée en Champagne, fut maintenue par Caumartin en avril 1669 sur preuves remontant à 1528. Ses armes, d'après Caumartin, sont : *de gueules à l'aigle éployée d'argent*, tandis que d'après *l'Armorial général* de 1696, où le père de Madame de Joybert les fit enregistrer [1], elles sont : *de gueules à un aigle à deux têtes de vol abattues d'argent*.

De ce mariage sont nées :

A : Françoise de Joybert, dame de Soulanges, les Aires, Jasseines et autres lieux, née en 1699 (d'après l'âge porté dans son acte de décès); fut marraine de la grosse cloche à Soulanges le 26 avril 1722 ; puis épousa par contrat du 13 septembre 1723 aux Aires, et religieusement le lendemain en l'église de Jasseines [2], Jean Trudaine, écuyer, seigneur de Fourdrinoy [3], capitaine de cavalerie au régiment Royal-Cavalerie, né à Amiens [4] le 27 décembre 1686 [5], fils de Jean Trudaine, écuyer, seigneur du Quesnoy et de Fourdrinoy, ancien capitaine au régiment de Royal-Vaisseaux et de dame Marie-Françoise Eudel.

La famille Trudaine, à laquelle appartenaient les deux célèbres Intendants généraux des Finances au XVIII° siècle, portait : *d'or à trois daims de sable* [6]. Elle fut maintenue en Picardie les 4 janvier 1698 et 28 juin 1701.

Retiré du service le 26 mars 1726 comme capitaine réformé à la suite du régiment de la Ferronnays [7], Jean Trudaine se fixa

1. Champagne, p. 229.
2. État civil de Jasseines.
3. Somme, arrondissement d'Amiens.
4. D'après ses *États de services* fournis par le ministère de la Guerre. — Cependant l'acte de baptême n'a été retrouvé ni à Amiens, ni à Corbie où Jean Trudaine avait épousé, par contrat du 13 septembre 1685, Marie-Françoise Eudel, veuve de noble homme Louis Coppin, avocat à Corbie.
5. *Revue de Picardie*, t. III, 2° série.
6. Jean Trudaine, écuyer, seigneur du Quesnoy et de Fourdrinoy, ancien capitaine au régiment du Royal-Vaisseaux, fit enregistrer ses armes à l'*Armorial général* de 1696, Picardie, p. 39. — V. aussi *Revue de Picardie*, t. III, 2° série; et *Noblesse et chevalerie de Flandre, d'Artois et de Picardie*, par P. Roger, Amiens, 1843, 1 vol. in-8°, p. 359.
7. *États de services* fournis par le ministère de la Guerre.

« en sa maison seigneuriale de Fourdrinoy » où il mourut le
9 avril 1758 ; — Françoise de Joybert y mourut neuf jours plus
tard, le 18 avril, et tous deux furent « solennellement inhumés
« dans le caveau qui fait la sépulture des seigneurs et dames de
« la paroisse, qui se trouve dans l'église paroissiale du dit lieu,
« dans la chapelle de la Sainte-Vierge » [1].

1. État civil de Fourdrinoy. — Dans tous les actes où elle y figure, Françoise de
Joybert y est toujours appelée Françoise Joybert de Soulanges. — De son mariage avec
Jean Trudaine sont nés :

    1° Anne-Françoise-Élisabeth-Adrienne, qui suit.

    2° Jean-Baptiste Trudaine, né à Fourdrinoy le 28 octobre 1725.

    3° Antoine-François Trudaine, né à Fourdrinoy le 6 septembre 1726.

    4° Jean-Louis-Eléonore, né à Fourdrinoy le 29 août 1727, dit le chevalier de Tru-
        daine, capitaine au régiment d'Egmont.

    5° Marie-Joachime, née à Fourdrinoy le 23 septembre 1728.

    6° Claude-Adrien Trudaine, né à Fourdrinoy le 16 novembre 1729, devint
        prêtre, docteur en Sorbonne, vicaire général du diocèse de Senlis et mourut
        en 1768.

    7° Nicolas-Pierre-Alexandre, né à Fourdrinoy le 6 décembre 1732 † sous-lieu-
        tenant aux gardes françaises en 1753.

    8° Daniel-Charles-Soulanges, né à Fourdrinoy le 14 mai 1734, tué à Madras en
        1758, capitaine au régiment de Lorraine, célibataire.

    II. Anne-Françoise-Élisabeth-Adrienne Trudaine, née à Fourdrinoy le 18 novembre
1724 (marraine : Anne-Françoise de Joybert, sa tante). — Ep. à Paris dans la chapelle
de M. Trudaine, intendant des finances, le 7 décembre 1751, Gérard Carbon, écuyer,
conseiller-secrétaire du Roi, procureur général au conseil souverain de Saint-Domingue
† à Paris le 21 novembre 1762. Elle mourut avant son mari et n'eut qu'une fille unique,
qui accumula sur sa tête la colossale fortune de son père, tous les biens de cette branche
des Joybert et ceux des Denis et des Baussancourt.

    III. Marie-Charlotte Carbon, née à Paris en 1752 † à Paris le 14 avril 1835[*] ; — Ep.
à Paris le 10 octobre 1774[**] François-Félix-Dorothée des Balbes de Berton, comte, puis
duc de Crillon, pair de France ; né à Paris le 22 juillet 1748 † Paris le 27 janvier 1820[***]
d'où, outre une fille et 3 fils morts jeunes :

    A : Marie-Gérard-Louis-Félix Rodrigue des Balbes de Berton, duc de Crillon ; né
        le 15 décembre 1782 † 22 avril 1870 ; ép. le 15 septembre 1806 Victurnienne-
        Françoise-Zoé de Rochechouart Mortemart née en 1787 † le 3 mars 1849. — d'où :

        1° Ernestine de Crillon, 22 août 1807 † 22 août 1863, ép. le 11 mai 1829 Ferdi-
            nand marquis de Grammont † 7 juin 1889, d. postérité.

        2° Stéphanie de Crillon ; 5 mai 1809 † 7 avril 1895 ; ép. le 20 mai 1832 Sos-

    [*] Voir le *Moniteur* du 23 avril 1835.

    [**] Son faire part de mariage existe à la Bibliothèque nationale : *Pièces originales*, vol. 593 :
« Mad[e] la comtesse de l'Estourville ; M. de Trudaine, conseiller d'Etat et M. de Longuerüe ont l'hon-
« neur de vous faire part du mariage de Mad[lle] de Carbon, leur nièce et cousine, avec M. le comte de
« Crillon, 10 octobre 1774 et au dessous, à la main : rue de l'Oseille au Marais ».

    [***] V. le *Moniteur* du 31 janvier 1820. — Il était second fils du duc Louis, lieutenant-général des
armées du Roi, chevalier de la Toison d'Or, et de Françoise-Marie-Elisabeth Couvay, sa première
femme.

B : Anne-Françoise de Joybert, dame des Aires, de Soulanges, Jasseines, Balignicourt, Yèvres, Bétignicourt et autres lieux[1], née aux Aires le 6 septembre 1701[2]. Après le mariage de sa sœur qui se fixait à Fourdrinoy, elle loua les Aires[3] et se retira à Vitry où elle mourut célibataire le 4 mai 1773[4], laissant pour unique héritière sa petite-nièce Marie-Charlotte Carbon, qui devint la duchesse de Crillon[5].

10° Jacques de Joybert, écuyer, seigneur en partie de Soulangés et de Marson; baptisé à Soulanges le 4 juillet 1649. Était enseigne au régiment de Dampierre en 1668 lorsqu'il fit

thènes marquis de Chanaleilles, 1er octobre 1807 † 17 avril 1893, d. postérité.

3° Valentine de Crillon; 12 avril 1812 † 10 janvier 1890; ép. en janvier 1832 Charles-Jérôme duc Pozzo di Borgho, 2 novembre 1791 † 21 février 1868, s. p.

4° Louise de Crillon; 4 mars 1818 † 8 octobre 1885; ép. le 8 mai 1838 Victor-Antoine-Charles Riquet, duc de Caraman; 7 février 1811 † 4 avril 1868. — d. postérité.

5° Juliette de Crillon; 23 septembre 1822 † 26 mars 1900; ép. le 18 juillet 1843 Sigismond comte de Lévis-Mirepoix, 24 août 1821 † 2 juillet 1886, d. postérité.

B : Louis-Marie-Félix-Prosper des Balbes de Berton, marquis de Crillon, pair de France, né le 30 juillet 1784 † 4 mars 1869 = ép. en février 1810 Caroline-Louise d'Herbouville, 23 avril 1789 † 2 juin 1868, d'où :

1° Léontille de Crillon 1811 † 26 novembre 1867. — Ép. en première noces le 4 février 1840 Jules prince de Clermont-Tonnerre 28 mars 1813 † 8 décembre 1849; et en deuxièmes noces le 26 novembre 1851 Roger comte de Gontaud-Biron. — 15 février 1815 † 25 novembre 1877, s. p.

2° Amélie de Crillon; 13 mars 1823 † Paris 8 avril 1904; ép. le 14 juin 1842 Armand duc de Polignac, 12 août 1817 † 17 mars 1890, d. postérité[*].

1. Balignicourt, Yèvres et Bétignicourt, biens situés dans l'Aube et qui venaient des Baussancourt.

2. État civil de Jasseines.

3. *Archives de l'Aube*, E, 386.

4. État civil de Vitry-le-François.

5. Sur les Joybert, les Trudaine et les Crillon, lire l'intéressant article intitulé : *Quelques documents inédits concernant les Crillon et les Trudaine dans l'Aube*, par M. l'abbé Étienne Georges, inséré dans l'*Annuaire de l'Aube*, année 1885.

[*] J'ai arrêté là cette descendance qui, aux générations suivantes, a pris une extension énorme et que l'on retrouvera facilement soit dans le *Gotha*, soit dans l'*Annuaire de la noblesse* de Borel d'Hauterive. — Elle comprend des alliances avec les Nicolaï, Dreuz-Brézé, Maillé, Croy-Solre, Hinnisdal, Beauffort, Hunolstein, Chabrillant, Bourbon-Chalus, Gontaud-Biron, Marcieu, Saint-Chamans, Clermont-Tonnerre, Durfort, Rohan-Chabot, Pange, Rochechouart-Mortemart, Bruc, Murard, etc.

preuve devant Caumartin, puis il partit pour le Canada où il assistait au mariage de son frère Pierre à Québec, le 16 octobre 1672 [1]. — Ce fut à lui sans doute, plutôt qu'à son frère Claude, que, par lettres données à Québec le 20 octobre 1672, Jean Talon, conseiller du Roy et intendant à la nouvelle France, Isle de Terre Neufve, Acadie et autres pays de la France septentrionale donna et concéda « la quantité d'une lieue de terre de « front sur une lieue de profondeur à prendre à l'est de la rivière « Saint-Jean, au dit pays de l'Acadie, *tenant d'un côté à la « concession du sieur de Marson son frère*, commandant au « dit lieu, d'autre, aux terres non concédées ; par devant sur « la mer et par derrière aux terres non concédées : pour jouir « de la dite terre en fief et seigneurie et aux droits de moyenne « et basse justice, luy, ses hoirs et ayans cause, à charge de « foy et hommage, etc. » [2].

S'y fixa-t-il ? Il y a tout lieu de le croire, mais on ne sait rien de ce qu'il devint à partir de cette date, sinon qu'il mourut sans avoir été marié [3].

11° Anne de Joybert, baptisée à Soulanges le 28 avril 1652 ; — fit preuve devant Caumartin en 1668, resta célibataire et dut mourir à Soulanges vers 1679, où, le 5 février de cette année, elle faisait recueillir ses dernières volontés par « maistre « Jean Paris, prestre, curé de l'église parochiale de Sainct- « Hylaire à Soulanges, étant au lict, malade, saine toutefois « d'esprit » [4].

---

1. *Pièces originales*, vol. 1583, n° 53 — et *Cabinet de d'Hozier*, vol. 196.
2. *Archives de la marine*, C[7]. — 312. — Les Archives de la marine sont versées aujourd'hui aux Archives nationales.
3. *Généalogie du* XVIII° *siècle*.
4. *Généalogie de 1900*, p. 54.

CHAPITRE II

NEUVIÈME DEGRÉ

Pierre de Joybert, écuyer, seigneur en partie de Soulanges et de Marson, né à Soulanges en 1641 ou 1642 [1], servait en Portugal en 1668, comme cornette au régiment de Briquemault, lors des preuves faites devant Caumartin ; puis il passa au Canada et y devint « Commandant pour sa majesté des forts de Gemesick et de la rivière « Saint-Jean, Major de Pentagoet, commandant du pays de l'Acadie, « lieutenant de M. le chevalier de Grandfontaine, gouverneur des dits « lieux de Pentagoet et Acadie [2]. »

Il y reçut trois importantes concessions.

La première, le 20 octobre 1672, consistant en « une bande de « terre de quatre lieues de front et d'une lieue de profondeur à prendre « sur le bord Est de la rivière Saint-Jean, limitée d'un côté par le « bassin de la dicte rivière et de l'autre par les terres non encore « concédées. Ceci, avec la maison du fort Gemesick [3] dont il jouira

1. Et non en 1644, comme l'indique Mgr Tanguay dans son *Dictionnaire des familles canadiennes.*

2. Titres qu'il prend dans son contrat de mariage.

3. Le fort de Gemeseck ou Gemesick, dont il reçut la jouissance le 20 octobre 1672, puis la propriété le 16 octobre 1676, était, des deux dont il avait le commandement, le

« seulement et pendant le temps qu'il aura la commission de comman-
« dant de la dite rivière, de façon à lui procurer un lieu de résidence
« qui lui permette d'agir avec plus de liberté et de convenances en
« toutes choses se rapportant au service du Roi [1]. »

Cette première concession touchait celle accordée le même jour à son frère [2].

La seconde, à la date du 12 octobre 1676, lui fut accordée par le comte de Frontenac [3] : « Vu la requête à nous présentée par le Sieur
« Pierre de Joibert, écuyer, sieur de Soulanges et de Marson, Major
« de Pentagoet et commandant des forts de Gemeseck et de la Rivière
« Saint-Jean, à ce qu'il nous plut luy accorder en titre de fief, seigneurie,
« haute, moyenne et basse justice le lieu appelé Nachoüac, et qu'on
« appelera à l'avenir Soulanges, sur la dite Rivière Saint-Jean à
« 15 lieues de Gemeseck, contenant deux lieues de front de chaque
« côté sur la dite rivière et deux lieues de profondeur dans les terres
« aussi de chacun côté, ensemble les isles et islets qui sont dans la dite
« rivière au devant des dites lieues de front, requérant cette quantité,
« attendu le peu de bonnes terres labourables qui s'y trouvent ; nous
« ...... en considération des services que le dit sieur de Marson a
« rendus dans ce païs et désirant l'engager à les y continuer, avons au
« dit sieur de Marson accordé, donné et concédé, donnons, accordons
« et concédons par ces pntes le dit lieu appellé Nachoüac, que l'on
« appellera à l'avenir Soulanges, sur la dite rivière Saint-Jean, etc. [4] ».

La troisième, à la date du 16 octobre 1676, par Jacques Duchesneau, chevalier, seigneur de la Doussinière et Dambrault, Conseiller du Roi en ses conseils d'État et privés, Intendant de Justice, Police et Finance au Canada, Acadie, Isle de Terre-Neuve et autres païs de la France septentrionale, « sur la requête à nous présentée par Pierre Joibert,

seul qui fût habitable : c'est, sans doute, la raison pour laquelle, après sa mort, cette concession et le fort qu'elle renfermait, fut donnée à son successeur et pour laquelle, aussi, sa veuve reçut en compensation, le 23 mars 1691, une autre concession.

1. From the transactions of the Royal Society of Canada. — Seconde série, 1899, 1900, vol. V, section II. — Monographie des sites historiques dans la province du Nouveau-Brunswick, par William G. Ganong. M. A. Ph. D.

2. Même endroit. — Voir aussi, plus haut, p. 187.

3. Louis de Buade, comte de Frontenac (1620 † 1698), deux fois Gouverneur général du Canada de 1672 à 1682 et de 1689 à 1698.

4. *Archives de la Marine* : C[1]. — 312.

« écuyer, sieur de Soulanges et de Marson, major de Pentagoet,
« commandant des forts de Gemeseck et de la Rivière Saint-Jean,
« contenant que, depuis quatre années qu'il commande dans les dits forts,
« il a fait diverses réparations et augmentations à celui de Gemeseck
« afin de le rendre logeable et de le mettre en état de défenses, n'y ayant
« auparavant qu'un petit logement de bois tout en ruine entouré seule-
« ment de quelques palissades à demi-tombées par terre : en sorte que
« pour réédifier le tout, il lui aurait coûté beaucoup et se verrait encore
« contraint d'y faire de grandes dépenses pour le remettre en état à
« cause de la ruine entière qu'en ont fait les Hollandais en le faisant
« prisonnier dans le dit fort il y a deux ans et lui enlevant généralement
« tout ce qu'il y avait ; ce qui ne serait pas juste s'il n'était assuré
« d'obtenir l'effet des promesses de M. Talon, Conseiller du Roy en
« ses conseils, cy-devant Intendant de Justice, Police et Finances en
« ce dit pays, lequel lui en avait fait espérer la propriété. Pourquoy
« il requérait qu'il nous plut lui accorder pour son remboursement la
« propriété du fort ou maison de Gemeseck, avec une lieue de chaque
« côté du dit fort, faisant deux lieues de front, la devanture de la
« rivière et les isles et islets qui y sont et deux lieues de profondeur
« dans les terres, avec droits de chasse et de pêche dans l'étendue des
« dits lieux, le tout en fief et seigneurie, haute, moyenne et basse
« justice, duquel fort mond' sieur Talon luy avait promis la propriété
« attendu les dépenses et voyages qu'il avait faits dans le pays
« pour le service de S. M. — Nous, etc., en considération des
« services que le dit sieur de Marson a rendus dans ce pays, et de la
« dépense qu'il y a faite pour l'entretien et augmentation du dit fort
« de Gemeseck, de la perte qu'il y a soufferte il y a deux ans lorsqu'il
« fut pris et pillé par les Hollandais et pour aucunement le dédom-
« mager et l'engager de continuer ses services, avons au dit sieur de
« Marson, octroyé et concédé, etc. [1] ».

Pierre de Joybert, plus généralement connu au Canada sous le nom
de sieur de Marson, quelquefois aussi sous celui de sieur de Soulanges,

---

1. *Id.*, *ibid.*, *Id.* — Ces deux dernières concessions furent confirmées par arrêt du
Conseil d'État du Roy le 29 mai 1680. — Mais la dernière passa vers 1690 au sieur
d'Amours, écuyer, seigneur de Chauffours (monographie citée ci-dessus), qui était cousin
de sa femme.

était lieutenant de la compagnie d'infanterie de Grand Fontaine, dans le régiment de Poitou [1], quand il fut nommé Major d'Acadie. — Il dut se rendre le 7 août 1674 aux Hollandais qui pillèrent et détruisirent le fort de Gemeseck et l'emmenèrent prisonnier à Boston. Relâché en 1676, il revint prendre son commandement et ce fut alors que, pour l'indemniser de sa captivité et de ses pertes, on lui accorda le 16 octobre 1676 la propriété du fort de Gemeseck avec deux lieues carrés du terrain [2].

Il mourut, sans doute en Acadie, avant le 7 juillet 1678, époque à laquelle le sieur de la Vallière lui succéda [3].

Il avait épousé à Québec, par contrat passé le 17 octobre 1672 devant Gilles Rageot, notaire en cette ville, Damoiselle Marie-Françoise Chartier, fille de Louis-Théandre Chartier, écuyer, sieur de Lotbinière, Conseiller du Roy en ses Conseils, Lieutenant général civil et criminel à Québec et de Damoiselle Elisabeth d'Amours [4]. Le mariage religieux avait eu lieu le même jour en présence du comte de Frontenac, Gouverneur général de la Nouvelle-France, de l'Intendant, M. Talon, de Louis-Théandre Chartier, père, de René Chartier, frère de la mariée, de Claude de Joybert et de Jacques de Joybert (ceux-ci sans indication de parenté [5]).

---

1. *Monographie* déjà citée, p. 274.

2. V. les *Mémoires des commissaires du Roi sur les frontières de l'Acadie*, t. II.

3. Sur son rôle au Canada et les concessions qu'il y reçut, v. *Une colonie féodale en Amérique*, par M. Rameau de Saint-Père, 2 vol. in-8°, Plon, Paris, 1889. — T. Ier, p. 128, 129, 134, 141, 214, 145, 163, 204 et 206. — « Commission de M. de Frontenac en date du « 16 juillet 1678 au sieur de la Vallière pour commander en Acadie en qualité de gouver- « neur, en l'absence de M. de Chambly et *par suite de la mort de M. de Marson* qui avait « été envoyé par M. de la Barre pour commander en ce pays ». Copie de documents des *Archives de la marine*, conservée dans la bibliothèque publique d'Ottawa et communiquée par M. l'abbé Verreau dans sa lettre du 20 août 1890.

4. *Pièces originales*, vol. 1583, n° 53. — Mgr Tanguay, d'après Dom Alphonse Chartier, religieux Bernardin, donne dans son *Dictionnaire généalogique des familles canadiennes*, t. II, p. 119, une généalogie des Chartier remontant à 1345 : on y voit de fort belles alliances, bien avant leur établissement au Canada, notamment avec les maisons de Chatembourg, Châteaubriand, Polignac, La Rochefoucauld, etc. Louis Théandre y forme le dixième degré. — Quant aux d'Amours, Mgr Tanguay donne aussi leur généalogie depuis 1496 (t. Ier, p. 154) : — En 1664, Mme Chartier avait un frère, Gabriel, aumônier du Roi ; un autre frère, Pierre, maréchal de camp ; et un troisième frère, Mathieu, qui a laissé au Canada une nombreuse postérité.

5. *Analyse* de l'acte de mariage communiquée par M. l'abbé Verreau.

Les Chartier, fixés au Canada en 1646 et éteints aujourd'hui, y furent seigneurs de Lotbinière, nom sous lequel le petit-neveu de Mme de Joybert, Michel Chartier de Lotbinière, capitaine d'infanterie, chevalier de Saint-Louis, entré au service comme cadet dans les troupes de la marine en 1736, reçut par lettres données à Versailles le 25 juin 1784, le seul titre de marquis qui ait été accordé à un gentilhomme canadien. — Il y est dit : « Nous avons reconnu par titres authentiques qui nous ont été représentés, que le dit sieur Michel Chartier de Lotbinière prouvait cinq filiations de noblesse sans dérogeance et qu'il était issu d'une famille française des plus distinguée et le plus anciennement établie dans le Canada. » Ils établissaient leur filiation jusqu'à Philippe Chartier, receveur des comptes, né en 1345, et portaient : *de gueules au bâton alésé et accoté d'argent soutenant deux perdrix d'or, accompagné en pointe de trois lys au naturel tigés et feuillés, issant d'un tertre de sinople* [1].

Après la mort de son mari, Mme de Joybert, en dédommagement des pertes qu'elle avait subies, reçut le 23 mars 1691 une nouvelle et importante concession seigneuriale d' « une terre à la rivière Saint-Jean à l'Acadie, de quatre lieues de front sur la dite rivière, de deux lieues de profondeur de l'autre côté et vis-à-vis la concession du sieur de Chauffour nommée Gemeseck, le milieu desquelles quatre lieues sera vis-à-vis la maison de Gemeseck [2]. »

Elle serait née à Paris en 1647 [3], y mourut en 1732 et y fut inhumée en l'église Saint-Benoit. Elle était en effet retournée en France à la fin du XVIIe siècle [4], et joua un certain rôle à la cour de Louis XV sous le nom de Madame de Marson [5].

---

1. Les dites Lettres furent enregistrées en la Chambre des comptes de Paris le 21 avril 1785. — Mgr Tanguay. — *Dict. généalogique des familles canadiennes*, t. III, p. 20.

2. *Monographie*, p. 314. Cette concession fut confirmée le 1er mars 1693.

3. D'après Mgr Tanguay : *Dict. généalogique des familles canadiennes*. — Ses parents se seraient mariés à Paris le 16 août 1641.

4. On la voit à Paris le 6 juillet 1699, demeurant rue des Lombards; elle y signe pour son gendre un acte du nom de « M. F. Chartier de Marson », quoique appelée dans l'acte Dame de Joybert. — *Pièces originales*, vol. 2484. — Rigaud de Vaudreuil, — p. 23.

5. Charlevoix. — *Histoire de la nouvelle France*, édition in-4°, t. III, p. 362 : « Vous « avez vu à Paris Mme de Marson, et elle y est encore : voici ce que M. le Mis de Vau-

De son mariage avec Marie-Françoise Chartier, nous ne connaissons à Pierre de Joybert que trois enfants :

1° Louise-Élisabeth de Joybert, née à Rivière St Jean (Acadie) le 18 août 1673; baptisée à Québec le 15 juin 1675, elle eut pour parrain le Comte de Frontenac, gouverneur général du Canada, et pour marraine, dame Élisabeth d'Amours, sa grand'mère [1].

Elle épousa à Québec le 22 novembre 1690 (mariage célébré en la Cathédrale par l'Évêque de Québec, alors Mgr de St-Vallier) [2] Messire Philippe de Rigaud, chevalier, seigneur de Vaudreuil, Colonel commandant les troupes du Roi dans toute la Nouvelle-France [3], fils de feu Louis de Rigaud, chevalier, baron de Vaudreuil, cornette commandant l'arrière-ban de la Sénéchaussée en Lauraguais et de D[elle] Marie de Chasteauverdun. Né vers 1644, il entra en 1670 dans la 1re Compagnie des Mousquetaires du Roi, où il servait encore le 22 janvier 1676, se distingua à la

---

« dreuil, son gendre, actuellement notre gouverneur général raconta cet hyver et qu'il a
« sçu de cette dame qui n'est rien moins qu'un esprit faible. Elle était un jour fort inquiète
« au sujet de son mari lequel commandait dans un poste que nous avions en Acadie : il
« était absent et le temps qu'il avait marqué pour son retour était passé. Une femme sau-
« vage qui vit Mme de Marson en peine lui en demanda la cause et, l'ayant apprise, lui
« dit après y avoir un peu rêvé, de ne plus se chagriner, que son époux reviendrait tel
« jour et à telle heure qu'elle lui marqua, avec un chapeau gris sur la tête. Comme elle
« s'aperçut qu'elle n'ajoutait point foi à sa prédiction, au jour et à l'heure qu'elle avait
« assignés elle retourna chez elle, lui demanda si elle ne voulait pas voir arriver son mari
« et la pressa de telle sorte de la suivre qu'elle l'entraîna au bord de la rivière, à peine y
« était-elle arrivée que M. de Marson parut dans un canot, un chapeau gris sur la tête et,
« ayant appris ce qui s'était passé, assura qu'il ne pouvait pas comprendre comment la
« sauvagesse avait pu sçavoir l'heure et le jour de son arrivée... » (Extrait de la 25e lettre
à Mme la duchesse de Lesdiguières).

1. Mgr Tanguay, — *Dictionnaire généalogique des familles canadiennes* — v° Joybert.

2. Mgr Tanguay, *Id., ibid.*

3. Titres et qualités qu'il prend dans ses « articles de mariage arrestés le 19 octobre
« 1690 et reconnus le 10 novembre suivant, devant Génaple, notaire à Québec », où
l'on voit que la mariée est assistée de Mre René-Louis Chartier, son oncle maternel,
écuyer, seigneur de Lotbinière, conseiller du Roy et lieutenant général civil et criminel à
Québec, et de dame Marie-Madeleine Lambert sa femme, et par lesquels la dite dame de
Soulanges (sa mère) donne à la dite future la somme de 5.000 livres qui lui étaient dues
par Louis d'Amours, escuyer, seigneur d'Eschauffour, etc. » — *Cabinet de d'Hozier*,
vol. 196. — Aucun Joybert n'y figurant, il y a tout lieu de croire, qu'à cette date, des
deux frères de son père, l'un était déjà mort et l'autre rentré en France.

prise de Valenciennes en 1677 et fut successivement brigadier de
la dite Compagnie, Commandant du détachement de 800 hommes
de soldats de marine envoyés le 16 mars 1687 comme renfort au
Canada, Capitaine de vaisseaux le 5 mai 1695, Chevalier de
l'ordre de Saint-Louis le 1er mars 1698, Gouverneur de la ville
de Montréal et Commandant du pays de la Nouvelle France le
28 mai 1699, Gouverneur et Lieutenant général de cette colonie
le 1er août 1703, Gouverneur de la ville de Revel en Lauraguais
le 22 novembre 1710, Commandeur de l'ordre de Saint-Louis
le 18 juin 1712 et enfin Grand'croix de cet ordre le 24 avril
1721[1]. Ses titres, tels que les lui donne d'Hozier, étaient : « Philippe
de Rigaud, dit d'abord le Chevalier, puis le Marquis de Vaudreuil,
Cher, sgr et baron de Vaudreuil, de Cabanial, de Dreuil et autres
lieux, Capitaine des vaisseaux du Roi, Chevalier-Grand'croix de
l'ordre royal et militaire de St Louis, Gouverneur et Lieutenant-
général pour Sa Majesté au Canada, Gouverneur de Montréal au
dit pays de Canada et de la ville de Revel en Lauraguais[2] ».

Homme fort capable, c'est à la demande des habitants qu'il
fut choisi pour succéder à M. de Callières comme Gouverneur
général du Canada[3]. « Sous son administration douce et sage, le
pays fit bientôt par ses seuls efforts des progrès considérables. Ce
gouverneur qui était allé passer quelque temps en France revint
dans le Canada en 1716. Son influence avait grandi par le
commerce qu'il avait eu avec les ministres de Louis XIV. M. de
Vaudreuil avait, au reste, un très grand moyen d'influence à la
Cour : sa femme était sous-gouvernante des enfants du duc de
Berry. Son mérite personnel et sa conduite l'avaient fait choisir
pour remplir cette place de confiance. A la mort du duc d'Alençon, elle voulut venir rejoindre son mari au Canada, mais le duc

---

1. Garneau, *Histoire du Canada*, 4e édition, 1882, t. 1er, page 280. — Et d'Hozier,
Armorial général de France, t. VI, p. 361. — Il portait le cordon rouge dès 1713, mais
n'en reçut le brevet qu'en 1721 : « Lundi, 29 juillet 1715. — On n'a point encore donné
« le cordon rouge qu'avait Ducasse; c'est un cordon pour la marine et Vaudreuil. gouver-
« neur du Canada a l'expectative et porte le cordon rouge depuis deux ans, mais il n'en a
« point encore la pension ». *Journal de Dangeau*, Paris, Didot, 1858, — t. XV.

2. D'Hozier. — *Idem; ibid.*

3. Garneau, *Idem*, t. II, p. 24.

de Berry l'engagea à rester en France pour l'éducation de ses autres enfants[1]. » — « M. de Vaudreuil mourut le 10 octobre 1725 ; il gouvernait le pays depuis vingt et un ans. Il fut sincèrement regretté. Son administration n'avait été troublée par aucune de ces querelles qui avaient si souvent agité la colonie, divisé les fonctionnaires et paralysé les corps publics : elle fut constamment signalée par des événements heureux dus en partie à sa vigilance, à sa fermeté et à sa bonne conduite[2]. »

Il mourut donc à Québec, au château de St-Louis, le 10, et fut inhumé le 13 octobre 1725, « âgé de 82 ans[3] ».

Les Rigaud de Vaudreuil, maison de chevalerie du Languedoc remontant à 1130 et dont la dernière représentante est morte en 1900, portaient : *d'argent au lion de gueules, couronné, armé et lampassé de même, accompagné de huit écussons de gueules à la fasce d'argent, 3, 2 et 3.* — Philippe en formait le douzième degré[4].

Le 12 octobre 1702, il reçut de MM. de Callières et de Beauharnais une concession « pour ses enfants, nés et à naître, « de la moitié d'une langue de terre située au lieu dit : les « Cascades, contenant quatre lieues de terre de front sur une lieue « et demie de profondeur au plus large de la dite langue de terre et « une demie-lieue au plus estroit, à commencer vis-à-vis de l'isle « aux Tourtécs joignant icelle pareille concession accordée au « sieur de Soulanges (son beau-frère)[5] ». Cette concession forme encore aujourd'hui la plus grande partie du « comté de Vaudreuil », contigu au « comté de Soulanges ».

Louise-Élisabeth de Joybert, marquise de Vaudreuil, fut en effet choisie, pendant un des séjours qu'elle vint faire à la Cour,

---

1. Garneau, *Idem*, t. II, p. 97.
2. *Idem*, *ibid.* — t. II, p. 114.
3. Mgr Tanguay, *Loc. cit.*, v° Rigaud de Vaudreuil.
4. V. d'Hozier, *Loc. cit.* — et Moréri, *Second supplément :* v° Rigaud. — Les armes d'Hugues Rigaud, chevalier du Temple en 1130 figurent à la salle des Croisades à Versailles. — V. *La salle des Croisades* par le comte de Delley de Blancmesnil, p. 488.
5. Archives de la marine. — C^7, 340.

pour être sous-gouvernante des enfants du duc de Berry, troisième
fils du Grand Dauphin. Saint-Simon en parle ainsi dans ses
Mémoires : « Mme de St Simon fit donner la place de sous-gouvernante à Mme de Vaudreuil qui était une femme de vrai mérite.
Cela était fort au-dessous d'elle. Son mari était de bon lieu et
Gouverneur général du Canada ; mais elle avait peu de bien, beaucoup d'enfants à placer, puis à pousser, qui se sont depuis avancés
par leur mérite, et avec beaucoup d'affaires qui l'avaient fait
revenir de Québec[1]. » Et Dangeau : « Le roi a choisi pour sous-
gouvernante la Marquise de Vaudreuil, femme du Gouverneur
du Canada, dont Mme de Pompadour (gouvernante de M. d'Alençon)
et beaucoup d'autres gens lui avaient rendu bon témoignage[2]. »

Le duc d'Alençon ne vécut pas même un mois ; mais madame
de Vaudreuil conserva sa charge pour les enfants qui pouvaient
survenir : il n'y eut plus qu'une fille, née posthume le 16 juin 1714
et morte le lendemain, dont elle accompagna le corps à Saint-
Denis[3]. Elle demeura sans doute encore quelque temps à Paris
et obtint le 30 avril 1715 une pension de 3.000 livres « tant
« en considération des services distingués du sieur marquis de
« Vaudreuil dont Sa Majesté avait tout lieu d'être satisfaite,
« que de ce que par la cession faite de l'Acadie aux Anglais,
« dont son père était commandant, elle avait perdu tout son
« bien consistant en trois terres qu'elle y avait, etc.[4] », puis
retourna au Canada.

Après la mort de son mari, elle revint en France et, se
trouvant dans une situation précaire, fit en 1728 une nouvelle
demande au Roi : « représentant que son mari qui était d'une
« des plus anciennes noblesses de Languedoc, après 61 ans de

---

1. *Mémoires*, année 1712, chapitre XVII. — V. aussi l'*Edition des grands écrivains*.
Dès avant cette nomination, on voit qu'elle s'occupait déjà de ses affaires : — « Lundi
« 24 octobre 1712 : — L'après diner le Roi tint le conseil des dépêches où fut jugée et
« gagnée l'affaire de Mme de Vaudreuil ». — *Journal de Dangeau*, t. XV.

2. *Journal de Dangeau*, — 26 mars 1713.

3. V. *Journal de Dangeau*, t. XV, 16, 17 et 18 juin 1714 ; et Saint-Simon, année 1714.

4. D'Hozier, — *Armorial général de France*, t. VI, p. 361, — et Dangeau, *loc. cit.*,
30 avril 1715.

« services, dont 23 en qualité de gouverneur général du Canada,
« l'a laissée sans biens avec neuf enfants, dont six garçons et trois
« filles[1]; ..... qu'elle a encore à sa charge une sœur de feu son

1. Du mariage de Louise-Élisabeth de Joybert avec Philippe de Rigaud, marquis de Vaudreuil sont nés :

1° Louis-Philippe, qui suit.

2° Philippe-Antoine de R. de V., dit le baron de Vaudreuil, colonel d'infanterie, chevalier de Saint-Louis, né à Québec le 30 mars 1693 ✝ tué le 5 septembre 1742 et inhumé le lendemain aux Augustins de Prague.

3° Jean de R. de V., dit le vicomte de Vaudreuil, lieutenant général des armées du roi, major du régiment des Gardes-françaises, gouverneur et grand bailli de Gravelines et de Bourbourg; grand croix de Saint-Louis en 1745; — né à Québec le 23 janvier 1695 ✝ à Paris le 17 octobre 1780, ép. à Paris le 4 janvier 1759 Madeleine-Louise-Thérèse Le Clerc de Fleurigny, née à Etampes en 1735, — d'où un fils mort en nourrice et :

Jean-Louis de R. de V., dit le vicomte de Vaudreuil, mestre de camp en second du régiment de Piémont infanterie en 1785, puis colonel, chevalier de Saint-Louis, émigré; lieutenant-général des armées du roi en 1814; — Paris, 14 février 1763 ✝ Paris, 20 avril 1816, ép. à Paris le 1er mai 1781 Victoire de Riquet de Caraman, chanoinesse de Montigny en Franche-Comté, née le 7 mai 1764 ✝ Paris, 7 décembre 1834, sans postérité.

4° Pierre de R. de V., dit le marquis de Vaudreuil-Cavagnal, gouverneur des Trois-Rivières en 1733, de la Louisiane en 1742, gouverneur général de la Nouvelle France en 1755; grand-croix de Saint-Louis en 1763; — né à Québec le 22 octobre 1698 ✝ en 1764; ép. à Québec le 2 mai 1733 Louise Thérèse de Fleury d'Eschambault, née à Québec le 6 mai 1713; — d'où plusieurs enfants morts en bas-âge.

5° Hector de R. de V., Montréal, 13 décembre 1699 ✝ Québec, 2 mai 1708.

6° Marie-Louise de R. de V., Montréal, 23 juin 1701; ép. par contrat du 21 novembre 1719 Gaspard de Villeneuve, chevalier, seigneur de la Croizille et de Saint-Sernin, demeurant à La Croizille en Languedoc, né le 12 mai 1687; d'où, entre autres enfants :

Louise-Charlotte de Villeneuve de la Croizille, née le 26 septembre 1724, reçue demoiselle de Saint-Cyr le 13 août 1734.

7° François de R. de V. — Montréal, 4 octobre 1702 ✝ jeune.

8° Philippe-Armand de R. de V., dit le marquis de Vaudreuil, gouverneur de Montréal, chevalier de Saint-Louis, né à Montréal le 28 février 1705; ép. Antoinette Colombel. — s. p.

9° Joseph-Hyacinthe, dont la descendance viendra après celle de son frère aîné.

10° Marie-Josephe de R. de V., Montréal, 15 août 1708 ✝ célibataire en 1753.

11° Louise-Élisabeth de R. de V.; — Québec, 12 septembre 1709 ✝ célibataire à Paris le 10 novembre 1760 (a).

II. Louis-Philippe de Rigaud de Vaudreuil, dit le comte de Vaudreuil, chevalier, seigneur et baron de Vaudreuil et de Dreuil, chef d'escadre, lieutenant général des

(a) Pour ces onze enfants, voir d'Hozier, *Armorial général*, t. VI, p. 361 et suiv.; — complété et rectifié par Mgr Tanguay, t. I, p. 184.

« mari à qui il faisait une pension de 300 livres ; — qu'elle est
« aussi chargée de sa mère, âgée de 82 ans, qui a perdu son bien

armées navales en 1753, grand croix de Saint-Louis ; Québec, 26 septembre 1691 +
Rochefort, 27 novembre 1763 ; = à Rochefort le 22 décembre 1723, Catherine-Élisabeth
Le Moyne de Sérigny, d'où :

    1° Louis-Philippe qui suit.

    2° Louise-Élisabeth, née à Rochefort le 29 novembre 1625 (marraine : Louise-
        Élisabeth de Joybert, marquise de Vaudreuil, sa grand'mère) ; = le
        15 septembre 1749 Guy Le Gentil, chevalier, seigneur et marquis de Paroy,
        officier au régiment des Gardes françaises, lieutenant pour le roi en province
        de Champagne et de Brie, chevalier de Saint-Louis, d'où :

        a : Jean-Philippe Guy Le Gentil, marquis de Paroy, capitaine au régiment
            Dauphin-Dragons, né le 30 avril 1750.

        b : Louis-Jean-Marie Le Gentil, baron de Paroy, garde de la marine à
            Brest, né le 30 avril 1751.

        c : Cézar-Hyppolite-Joseph Le Gentil, chevalier de Paroy, officier au régi-
            ment Dauphin-Dragons, né le 10 avril 1752.

        d : Guyonne-Émilie Le Gentil, née le 3 janvier 1754, reçue chanoinesse de
            Montigny en Franche-Comté le 23 juillet 1764 ; = par contrat du 21
            mars 1773 le vicomte du Hamel, lieutenant de maire de la ville de
            Bordeaux.

        e : Guy le Gentil, garde de la marine à Brest, né le 13 décembre 1754.

        f : Guy-Miriadec le Gentil, officier au régiment Dauphin-Dragons, né le
            18 avril 1757.

        g : Louise-Adelaïde Le Gentil, née le 7 juillet 1758, reçue chanoinesse de
            Montigny le même jour que sa sœur.

    3° Louis de R. de V., dit le chevalier de Vaudreuil, capitaine des **Frégates** en
        1764, chevalier de Saint-Louis, né à Revel le 17 octobre 1728 ; = Marie du
        Breuil de Théon, d'où :

        a : Marie-Madeleine-Louise, Saintes, 24 avril 1767.

        b : Jean-Louis, Rochefort, 18 mai 1768.

III. Louis-Philippe de Rigaud de Vaudreuil, dit le marquis de Vaudreuil, chevalier,
seigneur et baron de Vaudreuil, de Dreuil et d'Issel, capitaine de vaisseaux du roi en
1765, chef d'escadre en 1777, lieutenant-général des armées navales en 1783, grand croix
de Saint-Louis en 1784, député de la noblesse de Castelnaudary aux États généraux,
défendit courageusement la famille royale dans la nuit du 5 au 6 octobre 1791 ; émigra,
puis rentra en France sous le Consulat ; né à Rochefort le 28 octobre 1724 + Paris, 14
décembre 1802, = 1° à Paris, le 13 juillet 1752 Jeanne-Rose Durand de Beauval + 20 mai
1761, d. quatre enfants nés à Rochefort et morts en bas-âge. = 2° au château de Marquein (Aude), le 13 avril 1767, Madeleine-Pétronille de Roquefort de Marquein + 1817,
d'où :

    1° Louis-Marie-Charles, Marquein, 27 avril 1768.

    2° Jean-Charles-Philippe-Joachim, qui suit.

    3° Louise-Élisabeth-Charlotte-Marie de Rigaud de Vaudreuil née le 23 novembre
        1770 + Angers, 23 octobre 1831 ; = 1° à Paris le 16 octobre 1783 Jacques-
        Godefroy-Sébastien d'Izarn, comte de Frayssinet, marquis de Valady + 5 dé-
        cembre 1793, s. p. = 2° à Londres le 27 janvier 1795 Antoine-Joseph-Phi-
        lippe Walsh, comte de Serrant, lieutenant-général des armées du roi (veuf

« par le sistème. — Outre le malheur de la mort de son mari, elle
« a perdu pour plus de 15.000 livres qu'elle faisait passer de

avec cinq enfants de Renée-Anne-Honorée de Choiseul-Beaupré), né à
Cadix le 18 janvier 1744, + en 1817, d'où :
A : Théobald-Gauthier-Philippe-Joseph-Pierre W., comte de Serrant, pair
de France. — Londres, 28 février 1796 + Paris, 18 août 1836 ; = 18
juillet 1823 Sophie-Louise Legrand, d. 3 enfants + s. p.
B : Olivier-Ludovic-Charles-Robert Walsh, dit le marquis de Serrant,
duc de la Mothe-Houdancourt et Grand d'Espagne de 1re classe du chef
de sa femme. — 1800 + 7 novembre 1842 ; = 26 mars 1824 Élise-
Honorée-Françoise-Marie-Ulrique d'Héricy + Anglesqueville, 2 mai
1891, d'où :
b : Alix-Marie Walsh de Serrant, duchesse de la Mothe-Houdancourt,
1829 + 1895 = 28 mai 1859 Aimé-Arthur-Timoléon, comte de Cossé-
Brissac, 1829 + 1890, d'où :
b' : Élisabeth de Cossé-Brissac, 1861 ; = 1° en 1883, Renaud, comte
de Moustier + 1904, s. p. ; = 2° en 1907, Valentin Hussey-
Walsh.
C : un fils + jeune.
D : Valentine Walsh de Serrant, 7 mars 1810 + 10 septembre 1887 ; =
14 septembre 1830 Charles IXe duc de La Trémoïlle, pair de France,
chevalier du Saint-Esprit, 24 mars 1774 + 10 novembre 1839. Elle fut
sa troisième femme et en eut (fils unique) :
d : Louis-Charles Xe duc de la Trémoïlle, membre de l'Institut, 26 octobre
1838, = 2 juillet 1862 Marguerite Duchâtel, 15 décembre 1840,
d'où :
d' : Louis-Charles-Marie de la Trémoïlle, prince de Tarente,
28 mars 1863 ; = 1er février 1892 Hélène Pillet-Will, 27 janvier 1875, d'où :
1° Charlotte de la Trémoïlle, 20 novembre 1892 = 12 avril
1910, Henri prince de Ligne, 29 décembre 1881.
2° Marguerite, 5 décembre 1894.
3° Hélène, 28 mars 1899.
4° Antoinette, 12 décembre 1904.
5° Louis, 8 février 1910.
d" : Charlotte de La Trémoïlle, 19 octobre 1864 ; = 19 octobre
1885 Charles vicomte de La Rochefoucauld-Doudeauville +
25 février 1907, d'où (fille unique) :
Marguerite de La Rochefoucault, 9 août 1886 ; = 2 juillet
1907 François de Rochechouart-Mortemart, prince de
Tonnay-Charente, 22 mars 1881, d'où :
1° Charles de Rochechouart-Mortemart, 18 avril
1908.
2° Louis-Victor, 13 mars 1909.
4° Louise-Pétronille-Madeleine de Rigaud de Vaudreuil, + Paris, 30 mai 1829 ;
= 28 juillet 1792 Joseph-Denis-Édouard-Bernard baron de la Tour d'Auvergne-Lauraguais, maréchal de camp, puis député, commandeur de la Légion
d'honneur ; Auzéville, 19 mars 1766 + 10 avril 1841, d'où :

« France sur le vaisseau « *le Chameau* » qui a péri à la mer.
« Joint qu'il lui en a coûté considérablement pour son passage
« en France et de 17 domestiques sur des vaisseaux marchands
« qui ne lui aurait rien coûté si le vaisseau était arrivé à bon

A : Charles-Melchior-Philippe-Bernard, dit prince de la Tour d'Auvergne-Lauraguais, 6 janvier 1794 + 16 mai 1849 = 21 mai 1821 Laurence-Marie-Louise-Félicité de Chauvigny de Blot, + 17 avril 1874, d'où :

1° Henri-Godefroy-Bernard-Alphonse de la Tour d'Auvergne-Lauraguais, prince romain, ambassadeur, ministre des Affaires étrangères, sénateur, 21 octobre 1823 + 6 mai 1871 ; = 14 août 1851 Émélie-Céleste Montault des Isles + 8 mars 1857, d'où :

Charles-Laurent-Bernard-Godefroy, prince de La Tour d'Auvergne-Lauraguais, 20 juin 1852 + 17 janvier 1903, = 8 mai 1875 Marie-Léontine-Antoinette-Françoise-Ysoré d'Hervault de Pleumartin, d'où :

Deux fils et la comtesse Gaston de Montesquiou-Fezensac.

2° Charles-Amable de la Tour d'Auvergne-Lauraguais, archevêque de Bourges, 1826 + 1879.

3° Édouard-Louis-Joseph-Melchior, général de brigade, 1828 + 1884 ; = Laurette-Émilie de Vilna + 1895, s. p.

4° Henriette-Marie-Thérèse-Adelaïde, chanoinesse, 1832 + 1858.

5° Marie-Joséphine-Hyacinthe-Victoire de Rigaud de Vaudreuil, née au Vaudreuil (Haute-Garonne) le 29 juillet 1775 + à Paris le 30 décembre 1851 ; = à Westminster le 9 septembre 1795 son cousin le comte de Vaudreuil, v. page 202, III.

IV. Jean-Charles-Philippe-Joachim de Rigaud de Vaudreuil, marquis de Vaudreuil, colonel de cavalerie, gentilhomme de la chambre du roi, chevalier de Saint-Louis, Marquein, 12 juin 1769 + Paris, 7 juillet 1848 ; = Marie-Pierre-Sophie des Innocents de Maurens 1772 + Paris, 10 avril 1839, s. p.

II. Joseph-Hyacinthe de Rigaud de Vaudreuil, dit le marquis de Vaudreuil, gouverneur général et commandant en chef de toutes les îles de Saint-Domingue sous le Vent, commandeur de Saint-Louis; Québec, 26 juin 1706 + Paris, 30 octobre 1764, = à Saint-Domingue le 12 juin 1732 Marie-Claire-Françoise Guyot de la Mirande (veuve de Dominique Hérard) + Paris, 20 avril 1778, d'où deux filles + jeunes, et :

3° Joseph-Hyacinthe-François de Paule, qui suit :

4° Marie-Joséphine de Rigaud de Vaudreuil, Paris, 3 juin 1743 + Paris, 23 novembre 1781 ; = Paris, 2 mai 1767 Charles-Armand-Fidèle de Durfort, comte de Duras, maréchal de camp, 1743 + 1804, second fils du duc de Duras, pair de France, chevalier du Saint-Esprit et de la Toison d'or, d'où :

Fidèle-Joséphine-Maclovie de Durfort-Duras, Paris, 11 mai 1780 + Villerpoz, 1er mars 1865 ; = 2 février 1803 Alexis-Charles-Philippe-Félix Petitjean, comte de Rotalier, maréchal de camp, d. postérité à Villerpoz (Haute-Saône).

« port ; et pour surcroit, elle a beaucoup perdu sur la vente de ses
« meubles et effets, ayant été obligée de donner sa vaisselle
« d'argent à 45 fr. le marc..... Elle espère, qu'en considération
« de toutes les pertes qu'elle a faites et de la triste situation où
« elle se trouve, que Sa Majesté voudra bien avoir égard aux
« demandes qu'elle avait cy-devant faites pour elle et pour ses
« enfants, ou du moins que Sa Majesté lui accordera des pensions

III. Joseph-Hyacinthe-François de Paule de Rigaud de Vaudreuil, dit le comte de Vaudreuil (a), colonel de gendarmerie, puis lieutenant-général des armées du roi, grand Fauconnier de France en 1780, chevalier du Saint-Esprit le 1er janvier 1784, émigré, puis pair de France, membre de l'Institut et gouverneur du Louvre en 1814, né à Saint-Domingue le 2 mars 1740 † Paris, 17 janvier 1817 ; = à Westminster le 9 septembre 1795, sa nièce à la mode de Bretagne, Marie-Joséphine-Hyacinthe-Victoire de Rigaud de Vaudreuil, née au Vaudreuil le 29 juillet 1775 † Paris, 30 décembre 1851, d'où :

    1° Charles-Philippe-Louis-Joseph-Alfred de Rigaud, comte de Vaudreuil, colonel, pair de France, officier de la Légion d'honneur, né à Londres le 28 octobre 1796 † à Paris le 4 février 1880, sans postérité de son mariage à Angers le 13 mai 1820 avec Jeanne-Anne-Adèle Berault de Boisgirault, née à Saint-Philbert-en-Mauges le 9 novembre 1799.

    2° Victor-Louis-Alfred, qui suit.

IV. Victor-Louis-Alfred de Rigaud, vicomte de Vaudreuil, officier, puis diplomate, né à Édimbourg le 1er janvier 1799 † Ministre plénipotentiaire de France à Munich le 3 novembre 1834, ép. à Paris le 23 août 1828 Anne-Louise Collot, née à Paris en 1807, † à Paris le 6 mars 1859 (remarié en 1837 à Aimé-Louis-Victor du Bosc, marquis de Radepont † s. p. à Versailles le 6 mars 1889), d'où :

    Marie-Marguerite-Victoire-Charlotte de Rigaud de Vaudreuil, née à Paris en 1829 † à Brugny-Vaudancourt (Marne) le 17 septembre 1900, dernière de son nom, ép. à Paris le 23 avril 1853 Amédée-Théodore-Armand-Henri-Gédéon comte de Clermont-Tonnerre, né à Bertangles (Somme) le 22 avril 1824 † à Brugny le 14 décembre 1880, d'où :

        a : Jacques comte de C.-Tonnerre, Tours, 16 juillet 1854 = 1904 Eugénie Mairet.

        b : Louise de C.-T., Fondettes (Indre-et-Loire), 28 septembre 1856, ép., 15 septembre 1881, Louis comte de Hédouville, d'où :

            b' : Françoise de Hédouville.

        c : Anne de Clermont-Tonnerre, née à Fondettes en mai 1860, ép. à Paris le 1er juin 1887 Albert Bruneel, comte romain, s. p.

(a) Sur le comte de Vaudreuil, petit-fils de Louise-Élisabeth de Joybert, grand Fauconnier de France et cordon bleu, qui joua un rôle si brillant à la Cour de Marie-Antoinette et dans l'entourage du comte d'Artois, voir les pages ravissantes que lui ont consacrées Ed. et J. de Goncourt dans leur « *Histoire de Marie-Antoinette* », Paris, 1859, p. 151, 152 et 153 : « M. le comte de Vaudreuil était le fils d'un gouverneur de St-Domingue, enrichi dans son gouvernement; son oncle, major des gardes françaises, était mort lieutenant-général et grand croix de St-Louis, etc... » — son article nécrologique dans *Le moniteur* du 25 janvier 1817 ; — enfin son portrait et l'histoire de son mariage dans l'*Histoire des émigrés* de Forneron, t. I, p. 256 et 257 et t. II, p. 145.

« pour ses filles afin de les entretenir suivant leur condition et
« les établir convenablement, etc. [1] »

Louise-Élisabeth de Joybert, marquise de Vaudreuil fit son testament à Paris, le 19 janvier 1740 [2] et y mourut le lendemain :
elle habitait sur la paroisse Saint-Sulpice [3].

2° Pierre-Jacques de Joybert, qui suit.

3° Lucie-Élise de Joybert née posthume à Rivière Saint-Jean
(Acadie) le 18 août 1678 [4], et morte jeune.

1. *Archives de la Marine,* C⁷, 340.

2. D'Hozier, *Armorial général,* t. VI, p. 361.

3. Le comte de Chastellux, *Notes prises aux archives de l'état civil de Paris,* 1 vol.
in-8°, 1875, p. 352.

4. Renseignement fourni par la *Revue nobiliaire historique* de Dumoulin, année 1872,
p. 267, mais dont je n'ai pas trouvé confirmation dans le *Dictionnaire généalogique* de
Mᵍʳ Tanguay. — Pierre de Joybert n'a dû avoir que ces trois enfants, car Mᵐᵉ de Vaudreuil est du 18 août 1673 ; — Pierre-Jacques est du 8 juillet 1677 et dans l'intervalle
de ces deux naissances leur père, fait prisonnier le 7 août 1674 et emmené à Boston, ne
fut relâché qu'en 1676.

La famille de Beaujeu, aujourd'hui seule représentant des Joybert au Canada, possède
le portrait de *Pierre de Joybert,* et plusieurs objets ayant appartenu à sa famille ; portrait
et objets ont figuré à l'exposition historique organisée en 1892 à Montréal pour le
250ᵉ anniversaire de la fondation de Ville-Marie (Montréal).

CHAPITRE III

Pierre-Jacques de Joybert, seigneur de Soulanges et de Gemesick
au Canada, naquit à Québec et y fut baptisé le 8 juillet 1677. —
Enseigne de vaisseau, puis capitaine d'une compagnie du détachement
de la Marine, il obtint sur sa demande, le 12 octobre 1702, au
confluent de l'Ottawa et du Saint-Laurent une importante concession
seigneuriale à laquelle il donna le nom de Soulanges, en souvenir de
celle que son père avait reçue le 12 octobre 1676 : « Québec,
« 12 octobre 1702. — Sur la réquisition à nous faite par Pierre-Jacques-
« *Marie* de Joibert, Chevalier, seigneur de Soulanges et autres lieux,
« capitaine d'une compagnie du détachement de la marine en ce pays,
« de vouloir luy accorder la concession de la moitié d'une langue de
« terre scize au lieu dit *les Cascades*, de quatres lieües de terre de front
« sur une lieüe et demie de profondeur au plus large de la ditte langue
« de terre et d'une demie-lieüe au plus étroit, à commencer à la pointe
« des Cascades en montant, joignant la d⁰ terre accordée aux enfans nez
« et à naître de Monsieur de Vaudreuil, Gouverneur de Montréal, pour
« pouvoir par le d. sieur de Soulanges y faire un établissement et y

« placer des habitans et en jouïr par luy, ses hoirs à venir et ayant
« cause en propriété à toujours à titre de fief et seigneurie, haute,
« moyenne et basse justice, avec droit de chasse, pesche et traite avec
« les sauvages dans toute l'étendue de la d° concession ; à quoy ayant
« égard, nous, en conséquence des pouvoirs à nous conjointement
« donnés par Sa Majesté, avons accordé, donné et concédé, donnons,
« accordons et concédons par ces présentes au d. sieur de Soulanges la
« d. terre en la manière qu'elle est cy-dessus désignée, etc. » —
signé : de Callières et de Beauharnais[1]. — Cette concession forme la
plus grande partie du Comté actuel de Soulanges, l'une des plus
fertiles circonscriptions du Bas-Canada peuplée aujourd'hui de 12.000
âmes, — population entièrement française et catholique, et en général
aisée ou riche, parce que les terres y sont excellentes.

Il épousa à Québec, le 7 novembre 1702, Damoiselle Marie-Anne
Bécard de Granville, l'un des treize enfants de Pierre Bécard, sieur
de Granville, Capitaine de troupes, Lieutenant d'une compagnie
franche, de la paroisse Saint-Eustache de Paris, et d'Anne Macard.
— Il mourut deux mois après, — sans doute dans un engagement[2], et fut enterré dans la cathédrale de Québec le 16 janvier 1703.
— En 1696, il avait fait enregistrer ses armes lors de la *Recherche* : on
lit en effet dans l'*Armorial général* manuscrit de la Bibliothèque nationale : « Pierre-Jacques de Joybert, écuier, seigneur de Soulanges,
enseigne de vaisseau, porte : *d'argent à un chevron d'azur surmonté
d'un croissant de même et accompagné de trois roses de gueules, tigées
et feuillées de sinople*[3] ». Était-il à Paris à ce moment-là ? nous l'ignorons.

Sa femme, baptisée à Québec le 15 juillet 1677, mourut à Soulanges
(Canada) le 10 avril 1767. On l'appelait tantôt Mme de Soulanges,
tantôt Mme de Granville. C'est sous ce dernier nom qu'elle obtint en
1707 une nouvelle concession seigneuriale qui prit le nom de Gran-

---

1. *Archives de la marine*, C⁷, 312. — M. de Callières était « gouverneur et lieute-
« nant-général pour le roy en toute la nouvelle France » et M. de Beauharnais y était
« Intendant de justice, police et finances ».
2. On lit dans *L'Impôt du Sang* par Jean-François d'Hozier, publié par L. Paris,
t. III, p. 286 : « N... de Soulanges, enseigne de vaisseau † au Canada en 1703 ».
3. Paris, t. II, p. 1193.

ville dans le comté de Kamouraska[1], et qu'elle reçut en 1716 confirmation de celle accordée à son mari en 1702[2].

Nous n'avons pu découvrir les armes des Bécard qui occupèrent au Canada une situation des plus honorable. Le père de Mme de Joybert y reçut en 1696 une petite seigneurie et le Gouverneur et l'Intendant furent tour à tour parrain de ses enfants, ce qui fait supposer qu'il devait avoir une certaine naissance : tous moururent jeunes à l'exception de Mme de Joybert[3]. On trouve un Paul Bécard, écuyer, sgr de Fontville, ch^er de Saint-Louis, capitaine d'une Cie de troupes du détachement de la marine en garnison à Québec, qui avait été fait Enseigne en second le 1er janvier 1712 et qui vivait encore à Québec le 1er octobre 1750[4] : ce devait être un fils du Procureur du Roi, frère de son père.

Du si court mariage de Pierre-Jacques de Joybert et de Marie-Anne Bécard de Granville naquit un enfant posthume :

Marie-Geneviève de Joybert, Dame de Soulanges au Canada.

Née à Québec et baptisée le 6 octobre 1703, elle eut pour parrain son oncle le marquis de Vaudreuil qui venait d'être nommé Gouverneur général, et mourut à Soulanges (Canada) le 12 novembre 1766, ayant épousé à Québec le 19 novembre 1728 Paul-Joseph Le Moyne, chevalier de Longueuil, fils de Charles Le Moyne, baron de Longueuil, Gouverneur de Montréal et chevalier de Saint-Louis[5], et de d^elle X*** Souart d'Adoncourt. — Né le 17 septembre 1701 au château-fort de Longueuil (Canada)

1. Renseignement donné par M. Rameau de Saint-Père, dans une lettre du 6 novembre 1889.

2. « S. M. de l'avis de M. le Duc d'Orléans, Régent, a confirmé et ratifié la d. con« cession voulant que la D^e de Granville, veuve du d. feu sieur de Soulanges, ses héri« tiers et ayant cause en jouissent à perpétuité comme de leurs propres à titre de fief et « de seigneurie, haute, moyenne et basse justice, etc. », séance du Conseil de marine tenu au Louvre le 5 mai 1716, — signé L. A. de Bourbon et le maréchal d'Estrées. — *Archives de la marine*, C^7, 312.

3. Renseignements fournis par M. l'abbé Verreau dans une lettre datée de Montréal, 20 août 1890.

4. *Archives de la marine*, C^7, 128.

5. « M. Talon donna à M. Charles Le Moyne toutes les terres non concédées sur le « bord du fleuve St-Laurent, depuis le sieur de Varenne jusqu'à la seigneurie de la Prairie.

il fut d'abord Gouverneur du Détroit, puis le dernier Gouverneur des Trois-Rivières et chevalier de Saint-Louis. — Après la mort de sa femme, Joseph Le Moyne, baron de Longueuil, vint en France et mourut à Tours où il fut enterré le 12 mai 1778[1]. Ses armes étaient : « *d'azur à trois rosettes d'or, au chef cousu de gueules chargé d'un croissant d'or entre deux étoiles de même* [2] ».

« Par là il voulut reconnaître les services que ce brave et dévoué colon avait rendus depuis « tant d'années au Canada, surtout à l'île de Montréal, services qui étaient restés sans « récompense avant l'arrivée des troupes : car la grande Compagnie (des Indes) si géné- « reuse pour tant d'autres, n'avait fait à Charles Le Moyne aucune faveur. — En 1668, « le roi, pour le récompenser, l'avait anobli, en le qualifiant dans ses lettres de noblesse « sieur de Longueuil », du nom que Charles Le Moyne avait donné à l'une de ses terres. « Comme elles formaient trois fiefs distincts, l'intendant du Canada en 1676, M. Duches- « neau, voulant de plus en plus lui témoigner la satisfaction du roi, les réunit en un seul « sous le nom de fief de Longueuil qui resta depuis à l'aîné de la famille Le Moyne. « Charles avait pris ce nom d'un village de Normandie, aujourd'hui chef-lieu de canton, « dans l'arrondissement de Dieppe, sa patrie. » — *Hist. de la colonie française au Canada*, par M. l'abbé Faillon, Montréal, 3 vol. in-4°, 1865. — T. III, p. 350.

1. Toutes les dates d'état civil rapportées dans ce chapitre sont prises dans le *Dictionnaire généalogique des familles canadiennes*, par M⁣ᵍʳ Tanguay, t. I, p. 42 et 184. — T. III, p. 283.

2. *Collection Chérin*, vol. 138.

Du mariage de Marie-Geneviève de Joybert avec le baron de Longueuil sont nés :
1° Marie-Élisabeth : 1ᵉʳ juillet 1729 ✝ 26 mai 1730.
2° Marie-Jeanne-Agathe, Montréal, 2 mai 1730 ✝ jeune.
3° Jean-Joseph, 18 ✝ 23 juin 1731.
4° Marie-Joseph, 10 mai 1732 ✝ 5 janvier 1733.
5° Louis-Joseph, 17 septembre 1733 ✝ 15 mai 1734.
6° Élisabeth-Charlotte, 15 septembre 1734 ✝ 24 février 1768.
7° Marie-Geneviève, qui suit.
8° Joseph-Dominique-Emmanuel Le Moyne, baron de Longueuil, seigneur de Soulanges, la nouvelle Longueuil et la Pointe à l'Orignal, colonel du régiment des Royaux-canadiens, né au manoir de Soulanges (Canada) le 2 avril 1738 ✝ à Montréal le 19 janvier 1807. — Ep. à Montréal le 6 mars 1770 Marie-Louise Prudhomme, veuve du chevalier de Bonne de Lesdiguières, tué en 1759 au siège de Québec, — et n'en eut pas d'enfants (a).
9° Louise-Françoise, 31 mars 1739 ✝ 14 janvier 1747.
10° Marie-Anne, 1741 ✝ 26 mars 1763.
11° Marie-Antoinette, 13 novembre 1743 ✝ 7 février 1747.

II. Marie-Geneviève Le Moyne de Longueuil, née à Montréal le 21 septembre 1735 ✝ à Montréal le 28 décembre 1803. Épousa à Québec le 22 février 1753 Louis Liénard, sieur

a : « *Documents inédits sur le colonel de Longueuil* », annotés et publiés par Monóngahéla de Beaujeu, Montréal, 1890. — De son 1ᵉʳ mari, Mᵐᵉ de Lesdiguières n'avait eu qu'un fils, Pierre Amable de Bonne de Lesdiguières, marié à la fille de Michel Chartier, marquis de Lotbinière.

La plupart des renseignements recueillis sur la branche des Joybert qui joua un rôle si honorable au Canada et y subsista en nom pendant un siècle (1670 à 1767) m'ont été fournis par M. Rameau de Saint-Père, auteur de l'ouvrage cité sur l'Acadie, par M. Hector Fabre, agent général du Canada à Paris, — par M. Monongahéla de Beaujeu, descendant des Joybert, et par M. l'abbé Verreau, principal de l'école normale Jacques Cartier à Montréal, qui tous les quatre, — et tout spécialement ce dernier, ont bien voulu m'envoyer des détails nombreux et précis.

de Beaujeu et de Villemonde, commandant une compagnie de troupe de la marine, chevalier de Saint-Louis, né en 1716, — fils de Louis, et veuf de Louise-Charlotte Cugnet. — d'où :

    1° Élisabeth-Geneviève Liénard de Beaujeu, Québec, 26 novembre 1753.
    2° Marie-Louise, Québec, 25 janvier 1755.
    3° X, né et mort le 8 novembre 1755.
    4° François, Québec, 8 novembre 1756.
    5° Marie-Angélique, La Pointe aux Trembles, 20 novembre † 12 décembre 1757.
    6° Jean-Philippe, qui suit.

III. Jean-Philippe Liénard de Beaujeu † 1832 = Catherine Chaussegros de Léry, d'où :

IV. Georges-René Liénard de Beaujeu, seigneur de Soulanges et de la Nouvelle Longueuil.

LIVRE VI

BRANCHE

DES

SEIGNEURS DE PRINGY

—

1520-1650

CHAPITRE I

CINQUIÈME DEGRÉ

Ainsi qu'il a été dit à la page 22, Jean de Joybert, écuyer, seigneur de Soulanges, veuf de Marguerite de Balhan, épousa en secondes noces à Troyes, damoiselle Nicolle Bizet, dont est issue la branche dite des seigneurs de Pringy[1], branche entièrement éteinte lorsque les Joybert firent leurs preuves en 1668, ce qui explique le silence de Caumartin au sujet de ce second mariage et des enfants qui en sortirent : et cependant ce mariage est prouvé, non seulement par la généalogie Bizet, comme nous l'avons vu, mais encore par le *Procès verbal d'enqueste* du 6 au 9 juillet 1548 où il est dit : « Les témoins déposent..... que le dit « Jean avait espousé en 2des nopces en la ville de Troyes Damoiselle « Nicolle Bizet, aussy noble femme, duquel mariage étaient issus, entre « autres enfants, François Joibert, écuyer, D^{elle} Perrette Joibert, femme « de noble homme Jacques Raulet, bourgeois et marchand de Châlons, « Remi Joibert et Marguerite Joibert, jeunes enfants à marier[2]. »

---

1. Pringy (Marne), à un kilomètre et demi au sud-ouest de Soulanges.
2. *Pièces originales*, vol. 1583, n° 16.

Ils eurent donc pour enfants :

1° François, qui suit.

2° Perrette qui, en juillet 1548, était mariée à noble homme Jacques Raulet, bourgeois et marchand de Châlons, fils de Claude, écuyer, seigneur de Vitry-la-Ville et Souain, bailli de Châlons, et de Marguerite Le Tartier, dont on ne croit pas qu'elle ait eu postérité[1]; — et qui épousa en secondes noces Nicolas Cuissotte, seigneur de Bierges et de Gizaucourt, que ne mentionne pas Caumartin dans la généalogie de sa famille établie en 1667, ce qui porterait à croire qu'il n'y eut, non plus, aucune postérité de ce second mariage. Elle était morte avant 1575.

Les Cuissotte firent, en décembre 1667, leurs preuves remontant à 1447 et portaient : *d'or à la bande d'azur chargée de trois alérions d'argent, écartelé de gueules à l'aigle d'or, et, sur le tout, d'azur au chevron d'argent accompagné de trois besants d'or, deux et un*[2].

3° Remi de Joybert, d'abord clerc et tonsuré, fut nommé chapelain de la chapelle du château d'Aulnay le 1er juin 1543, sur la résignation de son frère François, par Jacques de Joybert, écuyer, seigneur d'Aulnay-le-Châtel, leur demi-frère, et remit lui-même sa démission de chapelain entre les mains de son neveu Guillaume de Joybert en 1557[3].

Sa qualité de clerc ne l'empêchant pas de se marier puisqu'il n'était pas entré dans les ordres, il épousa à Châlons par contrat du 30 avril 1557, damoiselle Louise Gruyer, fille de feu Quentin Gruyer, vivant sieur de Germinon, et de damoiselle Marguerite des Forges[4]. Il n'en eut pas d'enfants et mourut fort peu de

1. V. le tableau généalogique de la famille Raulet à *Appendice I* et ses armes, Livre I, chap. x, page 67.
2. Caumartin, *Généalogie Cuissotte.*
3. *Archives du château d'Aulnay.*
4. *Pièces originales*, vol. 1583, n° 18.

temps après car sa femme est déjà qualifiée de veuve à la date du 29 juin 1559 [1].

La famille Gruyer, que l'on appelait aussi Le Gruyer, était honorablement posée en Champagne aux xv° et xvi° siècles : on trouve, en effet, dans Caumartin, un Jean Gruyer, bailli de Joinville, marié vers 1490 à Jeanne de Braux ; un Jean Gruyer, écuyer, seigneur de Nuisement, Germinon et Cormont, bailli de Châlons au xvi° siècle, dont une fille épousa Pierre Aubelin bisaïeul de Claude, mari de Madeleine de Joybert [2] ; et une Jeanne Le Gruyer, fille de Quentin, sieur de Cormont et baron de Fresnes-en-Tardenois, qui épousa par contrat passé à Châlons le 23 août 1530, Claude de Pinteville, seigneur de Montcetz [3]. Aussi, sans pouvoir l'affirmer, y a-t-il lieu de croire que Louise Gruyer était de la famille des Le Gruyer, seigneur de Fontaines, près de Bar-sur-Aube, qui portaient : *de sable à la tour d'argent donjonnée de deux pièces à côté l'une de l'autre* [4].

4° Marguerite de Joybert qui épousa « par « contrat du 3 février 1555, devant Nicol « Chrestien, notaire à Châlons, noble homme « Pierre Domballe, licencié ès loix, procureur fiscal en l'évêché « de Châlons, fils d'honorable homme Pierre Domballe, « marchand et laboureur à Tybie » [5]. Veuve, Marguerite de Joybert vendit en 1606 à Noël Jacobé, époux de Louise de

---

1. Original en parchemin, *Archives de famille*, relatif au procès entre « Jehan Joybert, « escuyer, seigneur de Soullanges, père et héritier mobiliaire de feu Remy Joybert, son « fils, et Louise Gruyer, veuve du dict deffunct. »

2. Voir page 53.

3. Dans ce contrat de mariage, dont l'original m'a été communiqué par le colonel baron de Pinteville de Cernon, figure parmi les « oncles et parents de la d° espouse », *Quentin Le Gruyer, escuïer, sieur de Germinon,* qui semble être le même que le père de Louise Gruyer.

4. V. dans l'*Almanach-annuaire de Bar-sur-Aube,* 1877, p. 227 : *Quelques seigneuries au Vallage,* par M. l'abbé Caulin.

5. *Dossiers bleus,* vol. 238, v° Domballe. — Thibie, près Châlons.

Joybert, sa nièce, sa part de seigneurie à Soulanges et ses autres biens à Pringy [1].

1. *Généalogie du* XVIII*e siècle* et, plus loin, p. 220 et 221. — Sur la famille Domballe et ses armes, voir page 164.

Du mariage de Marguerite de Joybert avec Pierre Domballe est né Guillaume Domballe, marié par contrat du 20 juillet 1587 passé à Châlons devant Lemaistre, notaire, à Marguerite Gargam, fille d'honorable homme Nicolas Gargam, marchand bourgeois de Châlons, et de damoiselle Guillemette Hannequin, ses père et mère (*Pièces originales*, vol. 1009, v° Domballe, f° 10). — Je ne sais s'il fut fils unique, ni s'il eut postérité : il se peut, cependant, d'après les dates, qu'il fût père de Guillaume Domballe, exempt des gardes du corps de S. M., que nous avons vu (page 164) être, en 1626, le second mari de Françoise de Joybert.

CHAPITRE II

SIXIÈME DEGRÉ

François de Joybert, écuyer, seigneur de Soulanges et de Pringy,
d'abord clerc au diocèse de Châlons, fut nommé chapelain de la chapelle
du château d'Aulnay par Jacques de Joybert, son demi-frère, seigneur
du dit Aulnay, le 18 février 1540[1], à la mort de Guillaume Petit,
dernier chapelain de la comtesse de Roucy[2], et résigna ce titre le
1ᵉʳ juin 1543 au profit de son frère Remi[3]. Puis il épousa par contrat
du 28 mars 1545, devant Jehan Pasques et Ambroise Jacobé, notaires
royaux au bailliage de Vermandois demeurants à Châlons, damoiselle
Marguerite des Forges, fille de Guillaume des Forges, écuyer, seigneur
de la Mothe à Pringy et de Germinon, qui, en 1547, était conseiller du
roi élu à Châlons, et Guillemette Le Tartier.

1. Collation en latin, — original en parchemin, — de la chapelle d'Aulnay à François
Joybert, clerc du diocèse du dict Chaalons, sur la nomination et présentation de noble
homme Jacques Joibert, escuyer, seigneur temporel du dict lieu d'Aulnay,... en présence
de noble homme Jean Joibert demeurant à Chaalons. — Et prise de possession faite le
20 février 1540 par discret homme François Joibert. — *Pièces originales*, vol. 1583, nᵒˢ 1
et 14.

2. *Archives du château d'Aulnay.*

3. *Pièces originales*, vol. 1583, nᵒ 15. — V. le chapitre précédent, page 214.

La famille des Forges, originaire de Lorraine, fut maintenue par Caumartin en 1670 et portait : *d'azur au chevron d'argent chargé de cinq croix fleuronnées au pied fiché de sable et accompagné de trois massacres de cerf d'or, deux et un*[1].

Élu Receveur des deniers communs de la ville de Châlons à l'assemblée de la Saint-Martin 1560, il fut invité à donner caution de 2.000 livres et rendit, au début de 1562, ses comptes pour l'année 1561, pendant laquelle il avait exercé cette charge, dont le traitement était de 45 livres tournois[2].

Le 2 janvier 1575, il rendit foy et hommage pour les biens qu'il possédait indivis à Soulanges avec sa sœur Marguerite et leur neveu Pierre de Joybert : « Je Françoys de Joybert, escuyer, sieur de « Soulanges en partye demeurant à Chaalons, tiens et avoue tenir en « plein fief, foy et hommage les héritages et droits cy-après descripts « dépendants de la terre et seigneurie du dict Soulanges, mouvant, « à scavoir les deux tiers du Roy nostre sire à cause de son chastel « de Vitry et l'autre tiers, du seigneur d'Aulnay-le-Chastel, et en « arrière-fief du dict seigneur Roy à cause de son dict chastel de « Vitry, à moy advenus et eschus en ligne directe par le décès et « trépas de feu Jehan de Joybert mon père, en son vivant escuyer, « sieur du dict Soulanges,... toutes lesquelles choses dessus descriptes « à moy appartiennent comme dict est par le décès du dict deffunct « mon père et à prendre par indivis contre les aultres parts appartenant « à noble homme Mᵉ Pierre Domballe, à cause de damoiselle Marguerite Joybert, sa femme, et à Pierre de Joybert, escuyer, sieur de « Coullemiers, et dont n'a esté faict aucun partaige entre nous, ains « est demeuré par indivis, etc.[3]. »

François de Joybert vivait encore le 30 janvier 1581 et était mort avant le 5 mai 1589, date du mariage de son fils Charles. — Il eut sept enfants de Marguerite des Forges :

1. Caumartin, *Généalogie des Forges*.
2. *Archives de la ville de Châlons*, p. 78, 203 et 220.
3. Original en papier avec signature et sceau, *Archives de famille*. — Au dos est écrit : « Pour Monsʳ de Coullemiers. » — Cette pièce est la preuve qu'en 1575, François et Marguerite étaient seuls survivants du mariage de leurs père et mère et que Perrette et Remi n'avaient pas laissé de postérité.

1° Élisabeth de Joybert, qui fut mariée à Jean Lallemant, avocat au Parlement, demeurant à Châlons. Les biens qu'elle avait à Soulanges furent acquis en 1620 par Claude de Joybert, seigneur de Soulanges et d'Ablancourt[1].

La famille Lallemant de Lestréc à laquelle il y a tout lieu de croire qu'appartenait le mari d'Élisabeth de Joybert, fit ses preuves devant Caumartin en 1670 et portait : *de sable au chevron d'or accompagné de trois étoiles aussi d'or, deux et une, celle de la pointe surmontée d'un besant de même*[2].

2° Anne de Joybert, qui épousa Louis Adam, conseiller du roi, sur la famille duquel nous ne savons rien et dont nous n'avons trouvé aucune trace à Châlons. On lui donne pour armes : *d'azur au chevron d'or surmonté d'une croisette de même et accompagné de deux roses d'argent en chef et d'une corne d'abondance de même en pointe* [3].

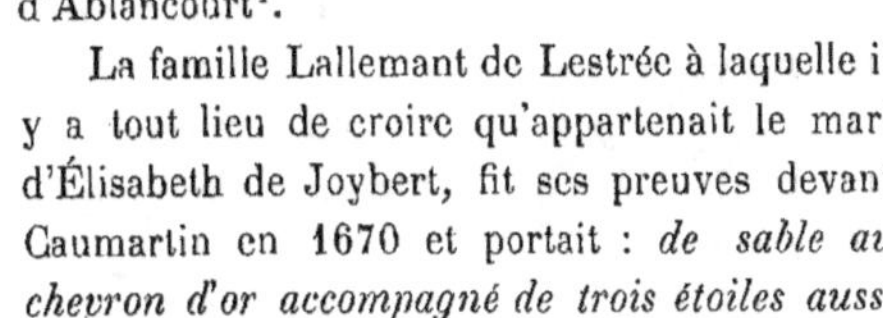

D'après la *Généalogie du xviii° siècle*, les biens qu'Anne de Joybert possédait à Soulanges furent acquis par Jacques Parchappe de Morambert et Madeleine de Mertrus, sa femme; ce qui laisserait supposer qu'elle eut postérité, car il est impossible qu'elle ait vendu elle-même des biens aux Parchappe-Mertrus, mariés en 1692.

3° Marguerite de Joybert mariée à Claude Guillemin, procureur au bailliage de Châlons. Nous ignorons également tout de lui et de sa famille. — On lui donne[4] pour armes : *d'azur au lion d'or* : ce sont celles des Guillemin, seigneur de Blossier, qui,

---

1. *Généalogie du xviii° siècle*. — Du mariage d'Élisabeth de Joybert avec Jean Lallemant, sont nées à Châlons, paroisse N.-D. : 1° Élisabeth, le 19 janvier 1596 ✝ jeune; — 2° une autre Élisabeth, le 11 octobre 1600.

2. Caumartin, *Généalogie Lallemant.*

3. Armes données, sans preuves, par Mme Jacobé de Goncourt.

4. *Idem.*

renvoyés par Caumartin au Conseil par arrêt d'octobre 1667, furent ajoutés plus tard dans l'*Armorial de Chevillard et Dubuisson* [1].

Toujours d'après la *Généalogie du XVIII° siècle*, Marguerite de Joybert vendit ses biens de Soulanges partie au sieur Parchappe de Morambert, partie à Pierre Bidault, laboureur à Soulanges. (Il est à noter que ces trois premiers enfants, quoique placés ici dans l'ordre où je les ai trouvés dans la *Généalogie du XVIII° siècle*, devraient, ce semble, être placés les trois derniers, étant donné les naissances de leurs enfants et la vente de leurs

biens, après les quatre suivants qui paraissent avoir été les aînés).

4° Marie de Joybert, qui épousa par contrat du 20 avril 1578 passé devant M° Itam, notaire à Châlons, noble homme Jean Loré, huissier à cheval au Chastelet de Paris, fils de feu noble homme Jean Loré, bourgeois et receveur des deniers communs de Châlons, et de D^lle Andriette Lallemant [2].

Je ne sais ni s'il eut postérité, ni s'il avait des armes. — Après la mort de son beau-père, il fut nommé tuteur de ceux de ses enfants qui étaient encore mineurs.

5° Louise de Joybert, mariée à Vitry le 30 janvier 1581 [3] à Noël Jacobé, écuyer, fils de Gilles, avocat au Parlement, garde des Sceaux au bailliage et siège présidial de Vitry, et de Madeleine Millet, né à Vitry le 6 juillet 1560, mort le 24 avril 1645. — Il était procureur du roi en l'élection de Vitry et devint, après son mariage, seigneur de Pringy et de Soulanges en partie par suite « de l'acquisition par moy faicte de Damoiselle Marguerite de

---

1. V. *Procès-verbal de la recherche de Caumartin*, par M. de Barthélémy, p. 173.

2. *Dossiers bleus*, vol. 402, v° Loré, et *Fonds français*, vol. 8227, f° 5.

3. Etat civil de Vitry-le-François dont c'est le premier acte : « Noel Jacobé et Loyse « de Joybert ont espousé le 30 janvier 1581. »

« Joibert, veuve de feu prudent homme M° Pierre Domballe,
« vivant advocat ès sièges de Chaalons, par acte du vingt-
« neuvième may mil six cent six passé par
« devant Dubois et Roget, notaires royaux à
« Chaalons[1] ».

Le mariage avait été précédé d'un contrat
passé à Châlons, en « l'hôtel du sieur de Joybert », le 26 décembre 1580, devant M° de
Pinteville, notaire. On y voit que François de
Joybert s'intitulait seigneur de Soulanges, et
Marguerite des Forges, dame de Pringy, qu'ils demeuraient à Châlons sur la paroisse Notre-Dame ; qu'ils donnèrent à leur fille trois
cents écus sols et ses habits nuptiaux et qu'ils payèrent la moitié
des frais et banquet de noces[2].

Les portraits originaux de Noël Jacobé et de Louise de Joybert,
datés de 1597, sont actuellement au château de Villiers
(Aube) : sur celui de Louise de Joybert les armes sont ainsi
peintes : *d'argent au chevron d'azur surmonté d'un croissant de
gueules accompagné de trois roses tigées et feuillées, le tout de
gueules.*

La famille Jacobé, qui subsiste encore et dont les nombreuses
branches dites de Soulanges, de Pringy, de Goncourt, d'Arem-
bécourt, de Montvaux, etc., ont pris des brisures différentes,
porte : *d'azur au fer à moulin d'argent.* Rejetée par Caumartin,
elle fut maintenue en 1666 par arrêt du Conseil[3].

6° Charles de Joybert, qui épousa par contrat passé à
Châlons le 5 mai 1589, par devant M° de Pinteville, notaire,
Marie Hermant, fille d'honorable homme Thibault Hermant, bour-
geois de Châlons, et de D^elle Louise Guillemin, sa femme. Lui est

---

1. Extrait de l'acte de « Foy et hommage par Noel Jacobé à cause de partie du fief
de Soulanges, reçu le 10 septembre 1610 par Hiérosme de Joybert, seigneur d'Aulnay »
— Original en parchemin, *Archives de famille.*

2. L'original de ce contrat est dans les archives de la famille Jacobé.

3. Sur les Jacobé et la descendance du mariage de Noël avec Louise de Joybert,
beaucoup trop nombreuse pour être rapportée ici, voir la « *Généalogie des Jacobé de Pringy
de Goncourt et de leurs diverses branches* » publiée en 1896 par le comte Albert de
Mauroy dans la *Revue de Champagne et de Brie.*

dit : « Fils de feu noble homme François Joibert, sieur de
« Soulanges, et de damoiselle Marguerite des Forges, ses père

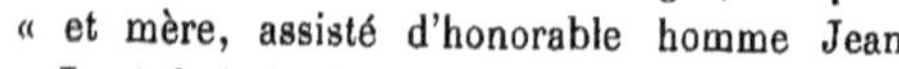

« et mère, assisté d'honorable homme Jean
« Loré, huissier à cheval au Chastelet de Paris,
« son beau-frère et tuteur et de noble homme
« Pierre des Forges, sgr de la Mothe, conseiller
« et élu pour le Roy en l'élection de Chaalons
« et Pierre Domballe, procureur général de
« l'évêché de Chaalons, ses oncles[1]. »

Je ne crois pas qu'il ait eu d'enfants. — En
1594 il assistait au mariage de sa nièce à la mode de Bretagne,
Jeanne de Joybert, avec Geoffroy Le Gorlier.

Dans l'*Armorial général* de 1696 on trouve [2] Pierre Hermant,
conseiller de ville à Châlons et Nicolas Hermant, avocat à Châlons
qui firent enregistrer leurs armes : *de gueules au chevron d'or
accompagné en chef de deux roses et en pointe d'une gerbe de
même.*

7° François qui suit.

1. *Pièces originales*, vol. 1583, n° 32.
2. *Champagne*, fos 32 et 35.

CHAPITRE III

SEPTIÈME DEGRÉ

François de Joybert, écuyer, seigneur de Soulanges et de Pringy, épousa damoiselle Rachel Jacobé, fille de Jean, avocat au Parlement, sieur de Montvaux et d'Hélène Aubelin, et cousine au 6° degré de Noël Jacobé, son beau-frère [1].

Par acte d'échange passé par-devant Blanchet et Gilles, notaires royaux au tabellionnage de Vitry-le-François, le 29 mai 1595, le dit François de Joybert céda tout ce qui lui appartenait dans la terre et seigneurie de Soulanges à Claude Cuissotte, écuyer, sieur de Gizaucourt [2].

De son mariage il eut :

1° Daniel de Joybert, écuyer, seigneur de Pringy, marié le 13 janvier 1619 à damoiselle Madeleine Ostôme, fille de Pierre Ostôme, bourgeois de Vitry, et de Judith Morel.

---

1. Sur la famille Jacobé et ses armes, voir page 221.
2. Extrait de l' « acte de foy et hommage, par Claude Cuissotte, escuyer, sieur de « Gizaucourt, à Hiérosme de Joybert, seigneur d'Aulnay. — 20 juin 1611. » Original en parchemin, avec sceau (*Archives de famille*).

Les Ostôme, qui portaient : *d'azur à deux roses d'or boutonnées de champ, et une gerbe de blé, aussi d'or liée de gueules,*

en pointe, étaient, avec les Marolles et les Mauclerc, une des trois principales familles protestantes de Vitry au début du XVIIe siècle [1].

Daniel de Joybert dut mourir jeune et sa veuve épousa en secondes noces Honoré Romsa de Campdomerc, fils d'un conseiller au Parlement de Toulouse qui avait abandonné sa charge et ses biens pour embrasser la carrière pastorale à l'apparition de la Réforme, et qui fut lui-même pasteur à Nettancourt, pendant plus de soixante ans ; il était veuf, avec enfants, de Suzanne Mauclerc [2].

Elle n'en eut pas de lui, et n'eut de Daniel de Joybert qu'une fille unique :

Rachel de Joybert, née le 1er mars 1620, qui laissa postérité de son mariage avec Jacob Garnier, seigneur du Hochot [3], fils de Jean et de Jacqueline Hullon. Les Garnier, en Champagne, portaient : *d'azur à l'épée d'or mise en bande, la pointe en bas, accompagnée en chef d'une fleur de lys et en pointe d'un rameau aussi d'or [4].*

---

1. *Diocèse ancien de Châlons-sur-Marne*, par Ed. de Barthélémy, t. II, p. 292. — Les armes sont celles que firent enregistrer à l'*Armorial général de 1696*, les Ostôme de Vitry. — V. Champagne, p. 277.

2. *La France protestante*, 2e édition, t. III, p. 671.

3. Ferme, commune de Saint-Vrain (Marne), autrefois fief dépendant de la seigneurie de Ponthieu.

4. La Chesnaye-Desbois. — Du mariage de Rachel de Joybert avec Jacob Garnier, sont nés :

1º J.-B. Garnier, réfugié à Berlin, y mourut en 1718.

2º Rachel Garnier ⚊ Daniel Tabart, chirurgien, né le 11 août 1641 (veuf de Rachel Ostôme qu'il avait épousée le 24 août 1662) et dont elle eut une fille :

    A. Esther Tabart, née le 20 novembre 1694; ⚊ à Luxémont en 1712, David Varnier, directeur (?) des vaisseaux, d'où :

        a : David-Joseph Tabart né à Vitry le 5 avril 1713, était en 1753 directeur général des fermes du roi à Fougères où il mourut.

        b : X..., second fils, était à la même date, employé dans les fermes.

2° Rachel de Joybert mariée le 16 mai 1616 à Germain Collinet, lieutenant des Eaux et Forêts à Sainte-Menehould, dont elle eut postérité [1].

3° Jean de Joybert, écuyer, seigneur de Pringy, serait né le 23 mars 1603 et aurait été baptisé le 30 janvier 1606.

Marié à damoiselle Edmée Raulet [2], fille de Jacques, seigneur de Vitry-la-Ville et Souain, et de damoiselle Élisabeth Berbier, il mourut en 1636, laissant une fille unique :

Marie de Joybert, née le 12 février 1636 et morte célibataire.

Tous les renseignements donnés sur François de Joybert, Rachel Jacobé sa femme, leurs enfants et descendants sont empruntés à la *Généalogie manuscrite du xviii° siècle*, mais surtout à un manuscrit de la Bibliothèque protestante [3] intitulé: *Généalogie des Varnier et de toutes les familles protestantes existant dans la ville de Vitry-le-François, depuis 1600, avant et après la révocation de l'Edit de Nantes et la destruction du temple de Vitry-le-François en 1685*, p. 73, 115 et 134, et il en

1. Du mariage de Rachel de Joybert avec Germain Collinet, sont nés :
  1° Marie Collinet, morte fort âgée, célibataire.
  2° Rachel Collinet, morte sans postérité de son mariage, le 11 octobre 1654, avec Barthélémy Boudet, de Sedan.
  3° Daniel Collinet, né le 26 octobre 1619 † en 1661; = le 5 juin 1644, Marie Beschefer, fille de Benjamin et de Jeanne Louis, d'où :
    a : Charles Collinet † à Londres, s. p.
    a' : Marie Collinet, mariée à Londres.
  4° Charles Collinet, bourgeois de Vitry = la fille de Benjamin Mullin, ministre à Châlons, et d'Élisabeth Mauclerc, d'où :
    b : Marie Collinet, née le 29 septembre 1662 = N... Petitpied, officier Languedocien.
    b' : Elisabeth Collinet, née le 20 décembre 1663 = N...; Lefebvre.
    b" : Thierry Collinet = Marguerite Gervaizot.
2. Sur les Raulet, voir l'*Appendice I*, et livre I, chap. x, p. 66.
3. 54, rue des Saints-Pères, à Paris.

D.

15

faut conclure que Daniel, Rachel et Jean, ou au moins leurs descendants, ont embrassé la religion dite réformée.

Les Ostôme, les Garnier, les Çollinet étaient, en effet, protestants : quant aux Raulet, qui, dans la première moitié du xviie siècle, passaient pour une des familles les plus riches de Champagne, ils furent des plus zélés et des plus ardents parmi les nombreuses familles protestantes de la région. On peut même supposer, vu les prénoms qu'ils ont donnés à leurs enfants, que François de Joybert et Rachel Jacobé étaient aussi, ou se firent protestants.

PREUVES

APPENDICE A

Inventaire des pièces contenues au dossier « *Joibert* » dans le volume 1583 de la Collection des « *Pièces originales* »[1], au Cabinet des Titres de la Bibliothèque nationale.

1re PIÈCE.

Présentation de François de Joybert, clerc du diocèse de Chalons, pour chapelain de la chapelle d'Aulnay. — 15 février 1540. — Parchemin.

2e PIÈCE.

Généalogie des Joibert, seig. d'Aulnay le Chastel, Soulanges et autres lieux, originaires de Champagne, produite par devant Mgr de Caumartin, Intendant en Champagne, au mois d'avril 1668. — Parchemin avec armoiries peintes.

3e PIÈCE.

Quittance pour Marie Grossetête, veuve de Messire Hiérosme de Joibert, chevalier, seigneur d'Aulnay.

4e PIÈCE.

Copie sur papier de l' « Enqueste originale en parchemin commencée le 4 décembre 1464 et close le mardi 8 janvier 1465 (vieux style) par Pierre de Cheppes, contrôleur du grenier à sel pour le Roy à Chaalons, tabellion royal au baage de Vermandois à Chaalons, Commissaire à ce départi par M. le bailly de Vitry, sur les raisons, articles, généalogie et noblesse de François Joibert opposant et défendeur en la cause pendante par devant M. le bailly et au baage de Vitry contre le Procureur du Roy au dit baage, demandeur ». — La dite

---

1. Les *Pièces originales* proviennent des anciennes archives de la Chambre des comptes et comprennent 68.460 dossiers reliés par lettres alphabétiques en 3.061 volumes. Les 79 pièces relatives aux Joybert, et dont nous donnons ici l'inventaire, y sont réunies sous le nom de « *Joibert* » dans le volume 1583. — On trouve aussi quelques pièces les concernant, dans le volume 1581, au nom de « *Jobert* ».

enqueste faite en la ville de Marson-Daval à la requête du dit Joibert, opposant et défendeur. — Cette enqueste signée de Cheppes, avec paraphe [1].

5e Pièce.

Copie sur papier de la Senteuce originale en parchemin rendue au baage de Vitry le 4 décembre 1465 par Jean de Véroïl, licencié es loix, conseiller du Roy, Lieutenant général de M. le bailly de Vitry, sur ce que le Procureur général du Roy au dit baage, naguères par commission du dit ser bailly, avait fait faire commandement par Jean Chastillon, sergent royal en la prévôté du dit Vitry, à François Joibert demeurant à Chaalons qu'il mit hors de ses mains certain fief qu'il tenait en la ville et terroir de Chepy, à cause que le dit Procureur général disait que le dit Joibert n'était pas noble personne.

Suit la teneur de l'acte : « ...disant François Joibert, défendeur, que ... deffunts « Pierre de Montdidier et Marguerite, sa femme, demeurant au dit Chaalons étaient « personnes nobles et jouissaient de tous privilèges de noblesse; que de leur « mariage était née Damoiselle Marie de Montdidier tenant plusieurs terres féo- « dales sur la rivière de Coole en Champagne; que la dite damoiselle fut mariée « avec Jean Saultier de Braux, jadis noble et gentilhomme, demeurant à S^{te} Ma- « nehould, qui fut longtemps lieutenant de M. le bailly de Vitry, ès prévotés de « Ste Manehould et Passavant... duquel mariage de Jean Saultier et de Marie de « Montdidier était née la dite damoiselle Laurence de Braux, jadis femme du dit « François Ogier, dit Le Gourlas, grand'père et grand'mère du dit défendeur,... « enfin le dit défendeur disait que *depuis environ dix ans qu'il était marié et qu'il* « *demeurait au dit Chaalons*, il avait été exempt de payer les redevances dues par « les personnes non nobles et que le dit défendeur, si ce n'était sa noblesse, aurait « déjà payées, attendu qu'il n'avait autre privilège qui l'en affranchît, etc. ».

6e Pièce.

Copie sur papier de l'Accord original en parchemin fait le samedi 2 juillet 1530 entre les héritiers de déf^{ts} honorable homme Jean Balhan, marchand grene-tier de Château-Thierry et de D^{elle} Jeanne Jacques, jadis sa femme, sur le partage des successions des dits def^{ts}.

7e Pièce.

Copie sur papier d'un Échange original en parchemin fait le mercredi 9 no-vembre 1530 entre noble homme et sage Me François Balahan, avocat en Parle-ment, et honorable homme Jean Jobert, seigneur de Soulanges.

8e Pièce.

Copie sur papier d'un Transport passé le 15 novembre 1531 par noble homme

1. Vu l'importance de cette pièce, elle est reproduite en entier à l'*Appendice B*.

Jean Jobert, seigneur de Soulanges, à noble homme Mᵉ François Balahan, licencié es loix, avocat en Parlement, seigneur de Montcoupot.

9ᵉ Pièce.

Copie sur papier d'un Échange original en parchemin fait aux mêmes dates, entre les mêmes : mais Jean Jobert y est qualifié : honorable homme Jean Jobert, marchand, demeurant à Chaalons.

10ᵉ Pièce.

Bulle en latin, — original en parchemin, — donnée à Rome sous le sceau de l'office de la Primatie le 3 des Nones de May du pontificat du pape Paul III, l'an 4, — (mai 1539), portant dispense pour la célébration du mariage de Jacques Joibert, laïc ou clerc, fils de Jean Joibert, avec Louise Bizet, fille de Guillaume Bizet, demeurant à Chaalons, quoique parents au quatrième degré de consanguinité.

11ᵉ Pièce.

Sans importance, — où figure Jean Joibert, écuyer, seigneur de Soulanges, demeurant au dit Soulanges. — 9 juin 1539.

12ᵉ Pièce.

Accord du 15 juillet 1539 fait entre les héritiers Balhan et haut et puissant seigneur Alpin de Béthune, baron de Baye, seigneur de Mareuil. — On y voit que les six enfants de Jean Balehan, grenetier de Château-Thierry et seigneur de Montcoupot, étaient :

1º Catherine Balehan, femme de Mᵉ Pierre Thiersault, examinateur de par le Roy au Châtelet de Paris.

2º Mᵉ François Balehan, greffier des requêtes du Palais.

3º Feue Marie Balehan, femme de feu Jean du Mont, d'où : Mᵉ Thierry du Mont, conseiller général du Roy en sa Cour des aydes; et Jeanne du Mont, femme en premières noces de feu Mᵉ Jacques Laloyau, d'où : A : Jeanne Laloyau, femme de noble homme Michel Tambonneau, conseiller du Roy, Mᵉ ordinaire en sa Chambre des comptes; B, C et D : Denise, Louis et René Laloyau, encore mineurs en 1539; et en secondes noces, de Mᵉ Jacques Grenier, notaire et secrétaire du Roy.

4º Feue Philippe Balehan, femme de Jean Alvesquin, écuyer, seigneur de Tasnières, d'où postérité.

5º Crespine Balehan, femme de Jean Thierry, Mᵈ drapier, bourgeois de Paris.

6º Feue Marguerite Balehan, femme de Jean Jobert, écuyer, seigneur de Soulanges, d'où : Jacques.

13e Pièce.

Vente du 7 février 1540 d'une pièce de terre sise à Ablancourt à noble homme Jacques Joibert, écuyer, seigneur d'Aulnay le Chastel, Coullemiers et d'Amblancourt en partie et à Damoiselle Louise Bizet, sa femme.

14e Pièce.

Copie en papier de la pièce n° 1 et prise de possession de la chapelle d'Aulnay, le 20 février 1540, par discret homme François Joibert.

15e Pièce.

Acte de nomination et présentation, — original en parchemin, — par Jacques Joibert, escuyer, seigneur d'Aulnay le Chastel, de la personne de Remy Joibert, clerc du diocèse de Chaalons, pour chapelain de la chapelle anciennement fondée au château du dit Aulnay...., sur la résignation de François Joibert, clerc du dit Chaalons, chapelain et paisible possesseur de la dite chapelle. — 1er juin 1543.

16e Pièce.

Procès-verbal d'enqueste, original en papier, commencé le 6 juillet 1548 et clos le 9 du dit mois par Nicolas Braux, l'un des élus pour le Roy en l'élection de Chaalons, à la requête de noble homme Jean Joibert, seigneur de Soulanges, impétrant de Lettres royaux et requérant l'entérinement d'icelles, demaudeur.

« Les témoins sont.....; lesquels déposent avoir bonne connaissance de « François Joibert lequel fut marié avec damoiselle Catherine Le Cerf en secondes « noces, desquels étaient issus entre autres enfants Frère Guillaume Joibert « prieur et chambrier de l'église et monastère de St-Pierre aux Monts de « Chaalons, et le dit Jean Joibert, seigneur de Soulanges, lequel à cause du dit « défunt François Joibert son père et autres ses predécesseurs était noble et « gentilhomme, tel tenu et réputé au dit Chaalons..... Que le dit Jean tenait « ci-devant et encore à présent terres nobles, fiefs et seigneuries, mesmement la « terre et seigneurie de Soulanges; qu'il avait été marié en premières noces à « Château-Thierry avec damoiselle Marguerite Balhan, femme noble, duquel « mariage était issu Jacques Joibert, fils unique, écuyer, seigneur d'Aulnay le « Chastel et de Verneuil sur Marne; que le dit Jean avait épousé en secondes « noces en la ville de Troyes damoiselle Nicole Bizet, aussi noble femme, duquel « mariage étaient issus, entre autres enfants, François Joibert, écuyer; damoi- « selle Perrette Joibert, femme de noble homme Jacques Raulet, bourgeois et « marchand de Chaalons; Remy Joybert et Marguerite Joibert, jeunes enfants à « marier. — Que le dit Jacques Joibert, fils du premier mariage du dit Jean,

« avait épousé noble damoiselle Louise Bizet duquel mariage étaient nés deux
« enfants masles, l'aisné desquels se nomme Guillaume et le puisné se nommait
« Jean. — Que le dit Jacques Joibert, comme noble, tenait encore la seigneurie
« d'Aulnay le Chastel, près Vitry, Coullemiers et Amblancourt et portion de
« la seigneurie de Verneuil sur Marne, près Chastillon sur Marne ; — que le
« dit feu François Joibert, père du dit Jean, demeurait en sa maison rue de
« la Croix des teinturiers, paroisse Ste Marguerite du dit Chaalons ; — que la
« première femme du dit feu François Joybert était sœur de la mère de Pierre
« Le Duc, beau-père de Jean Brichet, etc. »

17e Pièce.

Sans importance, du 30 août 1550.

18e Pièce.

Mariage accordé le 30 avril 1557 entre Remy de Joibert, fils de nobles
personnes Jean de Joibert, sieur de Soulanges, l'un des échevins de Chaalons
et de damoiselle Nicole Bizet, sa femme en secondes noces, — et damoiselle
Louise Gruyer, fille de feu Quentin Gruyer, vivant sieur de Germinon et de
damoiselle Marguerite des Forges, ses père et mère.

19e Pièce.

Extrait original en parchemin des registres de la convocation et assemblée
au ban et arrière-ban tenue en la ville de Chaalons, commencés les 16e et 17e
jours du mois d'octobre l'an 1567..... « où comparut Guillaume Joibert, écuyer,
seigneur d'Aulnay l'Attre, tant en son nom que se faisant fort pour damoiselle
Louise Bizet, sa mère et pour Jean et Pierre les Joibert, ses frères mineurs..... et
le dit sieur Guillaume Joibert est déclaré exempt parce qu'il sert le Roy en personne en la compagnie du seigneur Duc de Lorraine. »

20e Pièce.

Contrat de mariage accordé à Chaalons le 17 mai 1570 entre Jean Jobert,
écuyer, seigneur de la Grand'cour et Verneuil en partie, avec damoiselle Jeanne
Feret.

21e Pièce.

Procuration du 24 février 1571, donnée par Guillaume, Jean et Pierre de
Joibert.

22ᵉ Pièce.

Adveu et dénombrement pour Aulnay le Chastel par Guillaume de Joibert, escuyer, seigneur du dit Aulnay, le 24 février 1571.

23ᵉ Pièce.

Sentences de mainlevée de saisie faite sur la terre d'Aulnay pour défaut d'aveu et dénombrement, les 2 et 30 avril 1571 et 3 mai 1572.

24ᵉ Pièce.

8 juillet 1573. — Foy et hommage de Jean de Joibert, écuyer, pour le fief de la Grand'cour.

25ᵉ Pièce.

30 septembre 1574. — Où il est dit que le partage de la succession de Jacques Joibert, entre Guillaume, Jean et Pierre avait eu lieu le 17 mai 1572 ; — que la terre et seigneurie de la Grand'cour et un fief de soixante arpents de terre, sis à Passy sous Stᵉ Jame, étaient advenus en partage à Jean et provenaient à Jacques Joibert par le décès de Jean Balhan, son grand-père maternel. — Jean s'y intitule : écuyer, seigneur de la Grand'cour, Verneuil sur Marne et vicomte de Passy en partie. — On y voit qu'ils avaient eu aussi un quatrième frère, Simon Jobert, mort avant le 17 mai 1572, date du partage.

26ᵉ Pièce.

12 mai 1576. — Où il est dit que Jean Joibert, au nom et comme curateur de Jacques Joibert, son fils, acheta de damoiselle Catherine de Saarrebruche, comtesse de Roucy, la terre et seigneurie d'Aulnay et les deux tiers de la seigneurie d'Amblancourt, le 12 août 1538, — et que les dites terre et seigneuries échurent à Guillaume dans le partage du 17 mai 1572. — Il y est également fait mention du décès de Simon.

27ᵉ Pièce.

2 avril 1577. — Partage fait entre Jean de Joibert, écuyer, sieur de la Grand'cour et Verneuil en partie, demeurant au dit lieu de la Grand'cour, et Pierre de Joibert, écuyer, sieur de Coullemiers et Soulanges en partie, demeurant au dit Soulanges, des terres et seigneuries d'Aulnay et d'Amblancourt et autres héritages, tant de fief que de roture, qui leur étaient advenus par le décès de Guillaume de Joibert, leur frère.

28ᵉ Pièce.

Acte original en papier portant que le 14 mai 1577, par devant Nicole Basin licencié es loix, lieutenant général au baage de Château-Thierry, était comparu **Jean de Joibert**, écuyer, seigneur du fief de la Grand'cour, lequel en personne avait déclaré pour empêcher la cotisation que l'on pourrait faire sur lui pour l'arrière-ban, qu'il entendait faire service au Roy en personne et était garni d'armes et chevaux pour suivre Sa Majesté et prêt à partir pour aller trouver la personne du Roy au jour assigné par ses Lettres patentes, ou bien quand la Compagnie de monseigneur le duc de Lorraine sera mandée.

29ᵉ Pièce.

Même pièce du 7 août 1577.

30ᵉ Pièce.

Contrat de mariage passé à Ville en Tardenois le 9 octobre 1577 entre Jean de Joibert et Apolline Cauchon [1].

31ᵉ Pièce.

Comparution de Jean de Joibert, écuyer, seigneur pour le tout d'Aulnay le Chastel et de la Grand'cour assise à Verneuil sur Marne, à l'assemblée du ban et de l'arrière-ban tenue à Vitry le 1ᵉʳ août 1587.

32ᵉ Pièce.

Contrat de mariage accordé à Chaalons le 5 mai 1589 entre Charles Joibert et Marie Hermant.

33ᵉ Pièce.

Contrat de mariage accordé à Chaalons le 17 juin 1600 entre Jérôme de Joibert, écuyer, seigneur d'Aulnay le Chastel, et damoiselle Madeleine Braux.

34ᵉ Pièce.

Contrat de mariage accordé à Chaalons le 1ᵉʳ décembre 1600 entre Jacques de Joibert, écuyer, sieur de Coullemiers, Soulanges et Amblancourt en partie, avec damoiselle Louise Truc.

35ᵉ Pièce.

Sentence arbitrale du 18 novembre 1602 entre les enfants des deux lits de feu

1. Voir appendice E, n° 7.

Jean de Joibert, où il est dit qu'Apolline Cauchon, sa seconde femme, remariée au sieur de la Pierre, rendit les comptes à Jeanne de Joibert, dame Le Gorlier, le 1ᵉʳ mars 1595.

36ᵉ Pièce.

Contrat de mariage accordé à Soulanges le 4 novembre 1608 entre Jérôme de Joibert, écuyer, seigneur d'Aulnay le Chastel, et damoiselle Louise Truc [1].

37ᵉ Pièce.

Transaction du 11 août 1609 entre les mêmes qu'à la pièce 35.

38ᵉ Pièce.

Autre transaction du 11 août 1609, entre les mêmes, attribuant Aulnay à Jérôme de Joibert.

39ᵉ Pièce.

7 janvier 1613. — Acte de foy et hommage par Jérôme de Joybert, écuyer, pour la terre et seigneurie d'Aulnay le Chastel.

40ᵉ Pièce.

Contrat de mariage accordé à Châlons le 2 juillet 1633 entre Claude de Joybert, écuyer, seigneur de Soulanges, et damoiselle Claude Brissier.

41ᵉ Pièce.

Comparution de Jérôme de Joybert, écuyer, seigneur d'Aulnay et de Ville en partie, à l'assemblée du ban et de l'arrière-ban du baage de Vitry, le 21 août 1635.

42ᵉ Pièce.

Passe-port original en papier donné à La Haye le 6 décembre 1635 par le maréchal de Brézé à Jacques de Joibert, sieur de Ville, cavalier de la compagnie de chevau-légers, qui, par congé du dit sieur maréchal, s'en allait en France avec un valet, deux chevaux et équipages.

43ᵉ Pièce.

22 décembre 1637. — Acte de foy et hommage par Jacques de Joybert, écuyer, pour la terre et seigneurie d'Aulnay le Châtel.

1. Voir appendice E, nº 6.

44ᵉ Pièce.

Comparution de Jacques de Jobert, écuyer, seigneur d'Aulnay, à la convocation du ban et de l'arrière-ban de la noblesse du baage de Vitry. — 15 mai 1639.

45ᵉ Pièce.

Contrat de mariage accordé à Châlons le 17 janvier 1641 entre Jacques de Joybert, écuyer, seigneur d'Aulnay le Chastel, et damoiselle Madeleine Detz [1].

46ᵉ Pièce.

6 juillet 1641. — Aveu et dénombrement pour la terre et seigneurie d'Aulnay le Chastel fournis par Jacques de Joybert, écuyer, tant en son nom qu'en celui de ses sœurs Louise et Madeleine.

47ᵉ Pièce.

Partage noble entre Jacques, Louise et Madeleine de Joybert de la succession de leur père (où Jacques prend Aulnay par préciput), passé à Châlons le 16 avril 1642 dans la maison sise rue Neufbourg, appartenant à damoiselle Louise Truc, leur mère.

48ᵉ Pièce.

1ᵉʳ mars 1649. — Acte original fait en l'assemblée générale des trois États du bailliage de Vitry pour l'élection d'un député aux États généraux qui devaient être convoqués à Orléans le 15 du même mois. — Y figurent : Claude de Joibert, écuyer, seigneur de Soulanges, et Jacques de Joibert, écuyer, seigneur d'Aulnay.

49ᵉ Pièce.

22 août 1664. — Extrait des registres de la Cour des Aydes prouvant que Jacques de Joibert avait droit à la qualité d'écuyer, était noble et issu de noble race et lignée.

50ᵉ Pièce.

A : 20 novembre 1667. — Commission de capitaine d'une compagnie au régiment de la Reine donnée au sieur d'Ardeuil (Philippe de Joibert). — B : 28 janvier 1671. — Autre commission du même grade dans le même régiment, pour le même. — C : 1ᵉʳ janvier 1689. — Commission pour le même de lieutenant-

1. Voir appendice E, nᵒ 5.

colonel et de capitaine de la 2ᵉ compagnie du régiment de milice infanterie composé de dix-huit compagnies que le Roy faisait mettre sur pied dans la Généralité de Châlons sous la charge du sieur baron de Moulins. — D : 16 avril 1689. — Ordre original en papier donné au sieur d'Ardeuil de passer incessamment dans le régiment de milice infanterie de Joyeuse-Grandpré pour y servir dorénavant en la même qualité de lieutenant-colonel.

51° Pièce.

22 décembre 1667. — Certificat original en papier donné à Paris par Edmond-François Colbert, marquis de Vandières, capitaine-lieutenant des 300 mousquetaires à cheval de la garde du Roy, à Philippe de Joybert, écuyer, seigneur d'Ardeuil, l'un desdits mousquetaires.

52° Pièce.

2 juin 1668. — Copie sur papier de la pièce n° 2, également avec armoiries peintes.

53° Pièce.

Contrat de mariage accordé à Québec le 17 octobre 1672 entre Pierre de Joybert, écuyer, seigneur en partie de Soulanges et de Marson, avec damoiselle Marie-Françoise Chartier.

54° Pièce.

Contrôle des gentilshommes du baage de Châlons en Champagne qui ont servi le Roy à l'arrière-ban pendant le temps qu'il a duré jusqu'au jour que S. M. en a ordonné la révocation, fait à Metz le 22 novembre 1674 et certifié le même jour par M. le maréchal de Créquy. — Y figure en tête : Jérôme de Joybert, écuyer, seigneur d'Aulnay le Chastel, commandant la noblesse dudit baage.

55° Pièce.

Extrait du procès-verbal de comparution des nobles et autres possédant fiefs dans l'étendue du baage de Châlons pour la convocation des ban et arrière-ban.... Ensuite de quoi est la décharge de la contribution aux dits ban et arrière-ban accordée le 28 février 1675 à Jacques de Joybert et à Jérôme et Philippe, ses fils.

56° Pièce.

Contrat de mariage passé au château de Villers le 25 janvier 1677, entre Philippe de Joybert, écuyer, seigneur d'Ardeuil et aultres lieux, et damoiselle Claude Linage.

57e Pièce.

29 mars 1678. — Partage entre Jérôme et Philippe de Joybert en conséquence de l'abandonnement qui leur avait été fait par leur père et par le décès de leur mère. — On y voit que Jérôme emporte pour son préciput et droit d'aînesse paternelle la maison et château d'Aulnay entouré de fossés pleins d'eau, et pour son préciput maternel une somme de 1.500 livres que lui paiera son frère Philippe. — Et que ledit Philippe emporte la terre et seigneurie d'Ardeuil, avec droits de justice haute, moyenne et basse, une maison et dépendance à Loisy sous Bourg, acquise par deffuncte Madeleine Beschefer, son aïeule, etc.

58e Pièce.

4 juillet 1679. — Acte de baptême de Jérôme-Philippe de Joybert, extrait de l'état civil de Couvrot.

59e Pièce.

19 décembre 1682. — Acte de foy et hommage pour la terre et seigneurie de Villers sur Marne et Couvrot fourni par Philippe de Joybert.

60e Pièce.

10 janvier 1683. — Dénombrement pour la dite terre et seigneurie, par le même, signé de Joibert d'Ardeuil, et scellé en cire rouge du sceau de ses armes.

61e Pièce.

24 novembre 1693. — Acte de création de tutelle et garde-noble à Jérôme-Philippe, Joseph, Nicolas, Marguerite et Madeleine de Joibert, enfants mineurs de Philippe et de feue Claude de Linage.

62e Pièce.

22 juillet 1711. — Acte de foi et hommage pour la terre et seigneurie de Villers-sur-Marne, fourni par Jérôme-Philippe de Joybert, chevalier, seigneur de Villers-sur-Marne.

63e Pièce.

22 mars 1714. — Contrat de mariage passé à Bar-le-Duc entre Jérôme-Philippe de Joibert, chevalier, seigneur de Villers-sur-Marne, et damoiselle Marguerite-Françoise Antoine, dame de Bussy.

64ᵉ Pièce.

10 février 1715. — Acte de baptême de J.-B. Philippe de Joybert. — Extrait de l'état civil de Couvrot.

65ᵉ Pièce.

4 décembre 1722. — Acte de foy et hommage pour la terre et seigneurie de Villers-sur-Marne fourni par Jérôme-Philippe de Joybert, chevalier, seigneur de Villers-sur-Marne.

66ᵉ Pièce.

23 février 1728. — Partage entre Jérôme-Philippe de Joybert et Marguerite de Joybert, dame Aubelin de Villers, des terres et seigneuries d'Osne, de Vonc et de Vrizy provenant de la succession de Messire Joseph de Joybert, chevalier, seigneur de Vrizy, leur frère, mort le 19 octobre 1726.

67ᵉ Pièce.

22 octobre 1731. — Lettre du Roi, — original en papier, — à son cousin le prince de Pons, colonel d'un régiment d'infanterie, pour recevoir « de Villers » en la charge d'enseigne en la compagnie colonelle dudit régiment, vacante par la promotion de Cornusson à une lieutenance.

68ᵉ Pièce.

1ᵉʳ octobre 1733. — Dénombrement de Villers-sur-Marne fourni par Jérôme-Philippe de Joybert.

69ᵉ Pièce.

28 novembre 1733. — Présentation dudit dénombrement au président-trésorier de France en la Chambre des domaines de Champagne, à Châlons.

70ᵉ Pièce.

22 octobre 1736. — Contrat de mariage passé à Bar-le-Duc entre Messire J.-B. Philippe de Joybert, chevalier, seigneur de Villers-sur-Marne, et Damoiselle Thérèse de Beurges de Vidampierre.

71ᵉ Pièce.

11 juin 1740. — Acte de baptême de Jérôme-Antoine de Joybert. — Extrait de l'état civil de Couvrot.

72ᵉ Pièce.

A : 20 septembre 1753. — Charge de lieutenant à la compagnie de Villehault au régiment de Mailly donnée à Alexandre-Philippe de Joibert. — B : 9 octobre 1754, — ordre de passer avec le même grade à la compagnie de Maillet, dans le même régiment. — C : 21 juin 1759. — Commission à Alexandre-Philippe de Joibert de capitaine de la compagnie dont était pourvu le capitaine de la Condamine dans le régiment d'infanterie de Talaru.

73ᵉ Pièce.

15 février 1762. — Contrat de mariage passé au château d'Apremont entre haut et puissant seigneur Jérôme-Philippe de Joybert, chevalier, capitaine dans le régiment de Chastellux, et haute et puissante dame Anne-Charlotte de Salse.

74ᵉ Pièce.

3 septembre 1762. — Acte de foy et hommage pour la terre et seigneurie de Villers-sur-Marne, fourni par J.-B. Philippe de Joybert.

75ᵉ Pièce.

22 février 1763. — Acte de baptême de Frédéric de Joybert. — Extrait de l'état civil de Couvrot.

76ᵉ Pièce.

9 mars 1764. — Réception du dénombrement de la terre de Villers-sur-Marne.

77ᵉ Pièce.

25 novembre 1773. — Certificat de la noblesse de Frédéric de Joibert, page de Monseigneur le Duc d'Orléans, fait par René-François-Pierre de la Cour, généalogiste du Roy, remontant à Jacques Joibert, écuyer, seigneur d'Aulnay-le-Châtel, Coullemiers et d'Amblancourt, mari de Louise Bizet et fils de noble homme Jean Joibert, écuyer, seigneur de Soulanges, et de défunte Marguerite Balahan.

78ᵉ et 79ᵉ Pièces.

Généalogie de la famille de Joibert faite par la Cour, commençant à N... Joibert, né d'honorable famille et natif de la ville de Saint-Mard-sur-le-Mont, épouse N..., d'où Simon, Nicolas, Jacques, Jean et Guillaume et s'arrêtant à Frédéric de Joibert, né le 22 février 1763.

APPENDICE B

7 X^bre 1464, de Joibert, Richard, Moissonnet, Sebert, le
Doux, le Gourlas, le Fevre, Baudier, Luguet, Branche, Walon,
le Cloutier, Gourdet, de Nanteuil, de Braux, Fretet, de Coupeville, du Fresne, la Laidonne, Viennette.

Enquête orig^le en parchemin commencée le 7 X^bre 1464 et close le mardi
8 janvier 1465 (vieux stile) par Pierre de Cheppes, Contrôleur du grenier à
Sel pour le Roy a Chaalons, Tabellion Royal au Baage de Vermandois à Chaalons,
commissaire a ce député par M. le Bailly de Vitry, sur les raisons, articles, généalogie et Noblesse de François Joibert, opposant et deffendeur en la cause pendante
par devant M. le Bailly et au Bailliage de Vitry, contre le procureur du Roy aud.
bailliage demandeur ; lad. Enquête faite en la ville de Marson-Daval, à la requête
dud. Joibert opposant et deffendeur. Cette enquête signée de Cheppes avec
paraphe.

Les témoins produits sont :

Jean Richard, notaire royal, dem^t à Clermont agé d'environ 90 ans, natif de
la ville de Marson-Daval distante d'environ 3 lieues de la ville de Herpont.

Jacquier Richard, laboureur, dem^t à Marson-Daval, âgé d'environ 80 ans,
natif de lad. Ville de Marson.

Pierre Moissonnet, tonnelier, dem^t aud. Marson-Daval, natif de lad. Ville,
agé d'environ 80 ans.

Thomas Sebert dit le Doux, Ecuyer, agé d'environ 55 ans, natif de la ville
de St Mard sur le Mond.

Renaud le Gourlas, éc., dem^t à Bignicourt-sur-Saux, agé d'environ 54 ans.

Jean le Fevre dit Faverin, maréchal, dem^t à Buissy le Chatel.

Colesson Baudier, dem^t à Moncetz-lez-Sarry, agé d'environ 60 ans.

Raulin Luquet, tabellion à Chaalons pour M. l'Evêque et Comte dud. Châlons, agé d'environ 55 ans.

Perresson Branche, dem^t à Chaalons, agé d'environ 32 ans.

Thomas Walon, prévost fermier dudit Châlons, agé d'environ 55 ans.

Colette le Cloutier, veuve de Colin le Cloutier, native de la ville de Herpon, dem^{te} à Chaalons, agée d'environ 60 ans.

Déposent qu'ils avoient vu et connu feu François Ogier de la d. Ville de Herpon, lequel étoit tenu et reputé Noble et Gentilhomme né et extrait de Noble lignée, vivant Noblement et suivant les armées du Roy, avec 3 chevaux et armes suffisantes, comme homme d'armes, ainsi que noble personne avoit accoutumé de faire, que le d. Ogier fut au Siège de Bourges monté et armé comme dit est et qu'il fréquentoit souvent la Cour du Roy; qu'il étoit exempt aud. Herpon de toutes tailles et redevances que devoient les gens non nobles; que le d. défunt François Ogier et défunt Colesson le Gourlas, Jean le Gourlas dit Gourdet, D^{lle} Agnès de Nanteul et D^{lle} Marion la Gourlate, se tenoient et réputoient frères et sœurs germains, se tenoient et réputoient nobles, étoient tenus pour tels; que led. feu François Ogier demeuroit au dit Herpon, dont ils étoient natifs, où il tenoit grand Etat, jouissant de tous privilèges de Noblesse; qu'il avoit été Echanson du Roy, aux gages de 50 £ tournois par mois; qu'il avoit épousé défunte D^{lle} Laurence de Braux qui étoit tenue et réputée Noble Femme, née et extraite de Noble lignée et fille de Jean Saultier de Braux qui étoit de la Ville de Ste Ménéhould; que lad. D^{lle} Marion, fille dud. François Ogier, étoit mariée à St Mard-Sur le Mont avec feu Simon Joibert et que dud. défunt Simon Joibert et Marie sa f^e étoit né ledit François Joibert, défendeur, tenu et réputé noble et gentilhomme extrait de noble lignée.

Que du mariage de feu Simon Sebert et D^{lle} Marion, sœur du dit feu François Ogier, étoit issu Thomas Sebert dit le Doulx, dem^t aud. Châalons, lequel étoit tenu et réputé Noble et Gentilhomme et étoit led. Thomas cousin germain de la dite défunte Marie, mère dud. défendeur.

Le dit Thomas Sebert dit le Doulx, Ecuyer, dit et dépose :

Que le d. François Joibert, cousin issu de germain dud. Thomas Sebert dit le Doulx, Ec^r, étoit aussi natif dud. St Mard; qu'il étoit tenu et réputé noble et Gentilh^e parce qu'il étoit fils naturel et légitime de feu François Joibert qui, pareillement, étoit natif dud. St Mard, et de D^{lle} Marie Ogier, laquelle en son vivant étoit cousine germaine dud. Thomas Sebert dit le Doulx, lequel et la dite Marie étoient enfans issus de frère et de sœur; que led. Thomas Sebert étoit fils naturel et légitime de feu Simon Sebert, Ecuyer, et de D^{lle} Marion la Gourlasse sa femme; que feu François Ogier dit Gourlat, Colesson de Gourlat, Jean de Gourlat, D^{lle} Agnès dite de Nanteuil et lad. D^{lle} Marion, jadis mère dud. Thomas Sebert étoient freres et sœurs germains, enfans de feu Ogier le Gourlat, Ec., et de D^{lle} Agnès du Fresne, sa femme, tenus et réputés notoirement pour nobles; que led. feu François Ogier, oncle dud. Thomas Sebert, étoit échanson du Roy et avoit suivi les guerres et armées du Roy; lors du décès duquel, led. Thomas Sebert, son neveu, étoit agé de 4 ou 5 ans; que le dit feu François Ogier avoit été marié avec feue D^{lle} Laurence de Braux et que de leur mariage étoit née lad. D^{lle} Marie, mère dud. défendeur et cousine germaine dud. Thomas Sebert; que lad. défunte D^lle Marie, fille dud. feu François Ogier et cousine germaine dud. Thomas Sebert, fut mariée à feu Simon Joibert aud. St Mard sur le Mont, lequel Simon Joibert étoit tenu pour noble né et extrait de Noble lignée ; que led. Simon Joibert portait Tonsure de Clerc et avoit quatre frères germains prêtres, Scavoir Mre Nicolas Joibert, Mre Jaques, Dom Jean et Freré Guillaume Joibert qui étoient d'ancienneté du plus bel et honorable lignage de lad. ville de St Mard ; que du mariage dud. Simon Joibert et D^lle Marie sa femme étoient issus led. François Joibert défendeur, Jaquemin Joibert, Marion et Marguerite frères et sœurs germains, cousins issus de germains dud. Thomas Sebert, comme enfans de sa propre cousine germaine ; que du mariage dud. Sebert et de D^lle Marion, sœur germaine dud. feu François Ogier ayeul dud. défendeur, étoient issus feu François Sebert et led. Thomas Sebert, frères germains ; lequel François Sebert avoit suivi les armées tant qu'il avoit vécu ; que led. Thomas Sebert les avoit aussi suivi et la suivoit encore et que lui et sond. défunt frère étoient cousins germains de la mère dud. défendeur ; que dud. feu Colesson le Gourlas, oncle dud. Thomas Sebert et de lad. Marie, mère dud. défendeur, et frère de leurs d. père et mère étoient issus en loyal mariage Jean le Gourlas dit le Champenois et Regnauld le Gourlas, cousins germains dud. Thomas Sebert et de lad. Marie, mère dud. défendeur ; lequel Jean le Gourlas avoit suivi tant qu'il avoit vécu les armées du Roy et qu'après la mort de sa femme, il avoit emporté comme noble, tous les meubles demeurés après le décès de sad. femme, laquelle noblesse lui venoit du côté dud. feu Colesson le Gourlas son père qui étoit frère germain dud. feu François Ogier ayeul dud. défendeur et aussi frère de la mère dud. Thomas Sebert ; que lad. feue D^lle Laurence, jadis femme dud. feu François Ogier et mère de lad. Marie, étoit fille de défunt Jean Saultier de Braux, vivant, demeur^t à Ste Menehould, qui fut noble personne et homme de Grand État ; que la femme dud. Saultier étoit native de Chaâlons et fille d'un surnommé de Mondidier, qui étoit noble personne et de grand Etat ; que lad. Laurence, ayeule dud. défendeur, étoit proche parente de Hutin Fretel et de Marie sa sœur, qui étoient nobles gens ; que lad. Marie, mère dud. défendeur et led. Fretel se réputoient proches parens ; que led. feu François Ogier, ayeul dud. défend^r, la mère dud. Thomas Sebert et leurs frères et sœurs, oncles et tantes dud. Thomas Sebert, étoient proches parens de feu Mre Henry de Coupeville, ch^er, et de Jeannot du Fresne qui étoient nobles personnes.

Led. Regnauld le Gourlas, écuyer, dépose que défunts François Ogier, Colesson le Gourlas, Jean Gourdet, D^lle Agnès dite de Nanteul et D^lle Marion, jadis femme de feu Simon Sebert, étoient frères et sœurs, tenus nobles tant en la ville de Herpont dont ils étoient natifs, comme ailleurs ; que du mariage dud. feu Simon Sebert et de lad. D^lle Marion sa femme, naquirent feu François Sebert et Thomas Sebert dits le Doulx, écuyers, lequel François Sebert avoit suivi les armées du Roy et y étoit décédé, que led. Thomas Sebert les suivoit encore ; que du mariage dud. feu François Ogier et de feue D^lle Laurence de Braux, étoit issue D^lle Marie Ogier, jadis femme de feu Simon Joibert, père et mère dud. défendeur ; que du mariage dud. feu Colesson le Gourlas, frère des dits Marion et François Ogier, et de Jeanne la Laidonne sa femme, étoient issus feu Jean le Gourlas dit le Champénois, et led. le Gourlas déposant ; qu'aussy lad. Marie, mère dud. défendeur étoit cousine germaine desd. Thomas et François Sebert, et aussi dud. Renauld le Gourlas déposant et de sond. feu frère, lequel défunt avoit en vertu de sa noblesse emporté les meubles demeurés après le décès de sa défunte femme, lesquels meubles, après le décès du d. Jean le Gourlas, étoient venus à sond. frère Renauld le Gourlas déposant ; que du mariage dud. feu Simon Joibert qui, de son vivant se tenoit noble homme, du moins portoit tonsure de clerc, et de la d. Marie, fille dud. feu François Ogier et cousine germaine dud. Thomas Sebert dit le Doulx el dud. Renauld le Gourlas déposant, étoient nés led. François, défendeur, et ses frères et sœurs qui étoient tenus et réputés nobles.

Led. Baudier dépose qu'il avoit connu l'ayeul et l'ayeule dud. défendeur qui étoient réputés nobles personnes ; qu'il avoit connu Marie Ogier, mère dud. défendeur, qui étoit tenue noble et de noble lignée, vivante femme de feu Simon Joibert, père dud. défendeur, qui étoit bien honorable personne vivant de ses revenus et héritage sans s'entremettre de quelque occupation mechanique, portant tonsure de Clerc, et croit qu'il étoit noble, au moyen de quoi il tient et repute led. defendeur être noble hᵉ, né et extrait de noble lignée, tant du côté paternel que du côté maternel ; qu'il avoit vu et connu feu François Ogier de la ville de Harpont, Colesson le Gourlas, Jean Gourdet dit le Gourlat, Dᴵˡᵉ Agnès la Gourlatte dite de Nanteuil, et Dᴵˡᵉ Marion de Gourlatte, frères et sœurs, tous nobles jouissant du privilège de noblesse, aud. Harpont dont ils étoient natifs ; que le feu François Ogier, réputé aud. Harpont noble et extrait de noble lignée, suivoit les armées à 3 chevaux et armé de plain harnois, s'étoit trouvé au siège de Bourges, au retour duquel siège son page portoit une lance en laquelle il avoit un grand panonceau, sur lequel il y avoit une croix blanche ; que led. François fut aussi Echanson du Roy, qu'il vivoit noblement aud. Harpont, exempt de toutes tailles et subsides, que Laurence de Braux, sa 1ʳᵉ femme, étoit réputée noble ; qu'il avoit connu feu Simon Joibert, du lieu de Sᵗ Mard, et Marie Ogier, sa femme, fille naturelle et légitime dud. François Ogier et de la Dᴵˡᵉ Laurence sa femme ; que led. déposant avoit été dans son jeune âge à l'école avec et en la compagnie de lad. Marie, du tems que led. François Ogier père d'elle vivoit. Interrogé led. déposant si led. feu Simon Joibert étoit noble personne, dit qu'il ne scait au vrai combien qu'il tient, et croit que tel étoit-il, vû le lieu où il fut marié et autrement ne le scait ; mais il scaît au vrai qu'il étoit Franche personne et lui a vu porter Tonsure de Clerc, scait qu'il vivoit de ses rentes et héritages sans s'entremettre d'autre occupation, mémement du tems que led. Simon demeuroit aud. Sᵗ Mard ; que du mariage desd. défunts Simon Joibert et Marie Ogier étoit né led. François Joibert, défendeur, qu'il tenoit et reputoit noble et gentilhᵉ, même du côté maternel ; qu'il avoit connu feu Simon Sebert et défunte Dᴵˡᵉ Marion jadis sa femme et à son vivant sœur dud. feu François Ogier ; qu'il connoissoit Thomas Sebert dit le Doulx, leur fils, dem^t aprésent aud. Chaalons, cousin germain de ladite feue Marie Ogier, mère dud. défendeur ; qu'il avoit oui dire que lad. feue D^lle Laurence de Braux, ayeule maternelle dud. défendeur, était fille de Jean Saultier de Braux, natif de Ste Menehould que l'on disoit avoir été noble h^e.

Led. Luquet déclare connoitre led. François Joibert qu'il répute noble et issu de Noble lignée ; que par plusieurs années passées led. déposant avoit tenu à ferme de M. l'Eveque de Chaalons les Thonneux dont étoient tenues les personne dem^t en la justice et juridiction temporelle dud. Eveque, excepté les nobles et les Clercs ; qu'il n'avoit rien reçu dud. François Joibert à cause de lad. Bourgeoisie, quoique led. François demeurat depuis environ 10 ans en lad. juridiction temporelle dud. Evéque aud. Chalons, et qu'il ne soit aucunement clerc, ayant épousé une femme qui autrefois avoit été mariée ; lequel déposant, pendant le tems de sad. ferme, avoit tenu quitte et exempt de lad. redevance ledit François à cause de sa noblesse.

Led. Walon, Prevost fermier dud. Chaalons, ferme qu'il tenoit depuis environ sept ans de M. l'Evêque de Chaalons, dit qu'il avoit tenu et tenoit quitte led. François Joibert, comme noble, d'aller au Guet le jour des brandons, auquel guet étoient tenus et doivent aller par chacun an tous demeurans en lad. juridiction, excepté nobles et clercs, à cause de la Noblesse dud. François qui ne portoit aucune Tonsure de Clerc, pour ce que la femme dud. François, étoit femme veuve quand led. François la prit en mariage.

A la fin dud. procès-verbal il est dit que led. jour, 8 janvier 1464, led. François Joibert produit et mit en forme de preuve la sentence originale rendue au profit de Thomas Sebert dit le Doulx, contre les héritiers de défunte D^lle Catherine Viennette, première femme dud. Thomas Sebert.

APPENDICE C

Pièces relatives à la famille de Joybert contenues dans le volume
369 de la collection dite des « *Dossiers bleus* » de la Bibliothèque
nationale.

1re Pièce.

Une généalogie assez bien faite commençant par ces mots : « Joibert, en
Champagne, porte d'argent au chevron d'azur surmonté d'un croissant de gueulles
accompagné de trois roses de même, deux en chef, une en pointe », débutant
à Thomas de Joibert en Perthois, et s'arrêtant pour la branche ainée aux enfants de
Jacques de Joibert et de Madeleine Detz ; et pour la branche de Soulanges à Madeleine, fille de Claude, et à Claude, fils de Michel.

2e Pièce.

Où il est dit que « Jean de Joibert, esc., s^r de Soulanges près Vitry en Perthois (1516), eût huit enfants.

3e Pièce.

7 juin 1578. — Attestation par nobles personnes Me Claude Cuissotte, sei-
gneur de Gizancourt et Bierges, Elu pour le Roy en l'Election de Chaalons et
Pierre Raulet s^{gr} de Vitry-la-Ville et Souain, Procureur du Roy en la d. Élection demeurants à Chaalons, portant que feu Jean Joibert, écuyer, seigneur de
Soulanges, bourgeois de Chaalons, a été conjoinct par mariage avec feue
D^{lle} Nicole Bizet, desquels sont issus et descendus en légitime mariage François
Joibert, écuyer, seigneur de Soulanges et D^{lle} Margueritte Joibert, sa sœur, à
présent femme de Prudent homme Me Pierre Domballe, licentié ès loix, demeurans à Chaalons ; que le d. deffunct Jean Joibert, à cause de la noblesse de ses
prédécesseurs, était noble personne, tel tenu et réputé par tout le pays et jouït des
privilèges de noblesse comme les autres nobles du pays.

4ᵉ Pièce

17 mai 1570. — Mariage entre Jean de Joibert, escuyer, seigneur de la Grand'Cour et Verneuil, et Dᴵˡᵉ Jeanne Feret. — Ambroise Jacobé, notaire à Chaalons.

5ᵉ Pièce.

Prouvant que Dᴵˡᵉ Louise Bizet, mère de Jean de Joibert, sᵍʳ d'Aulnay et de Pierre de Joibert, sʳ de Coulmiers et Soulanges, épousa successivement honorable homme Nicolas Mathé, bourgeois de Chaalons, dont postérité, et noble homme Charles François, vivant enquesteur pour le Roy au siège de Chalons.

6ᵉ Pièce.

6 septembre 1551. — Mariage entre noble homme Jean Joibert, escuyer, sᵍʳ de Soulanges, bourgeois et l'un des échevins de Chaalons et Dᴵˡᵉ Jeanne Laurent, veuve de feu noble homme Nicolas Gourlier. — Etude Ecoutin, notaire à Châlons.

7ᵉ Pièce.

Généalogie imprimée de Caumartin.

APPENDICE D

Bibliothèque nationale. — *Collection Chérin*. — Vol. III.

Généalogie des « Joibert en Champagne », — dressée le 18 avril 1788 sur titres communiqués, commençant par la description des armes : « d'argent au chevron d'azur surmonté d'un croissant de gueules accompagné de trois rozes de même », puis débutant par un extrait des preuves faites devant Caumartin, qu'elle fait suivre immédiatement des six degrés allant de Jacques de Joibert, s^{gr} d'Aulnay, mari de Madeleine Detz, à Frédéric et à J.-B. Claude, son frère, nés au château de Villers sur Marne en 1763 et 1770.

Bibliothèque nationale. — *Carrés de d'Hozier*. — Vol. 358,
f°s 286 à 294.

Huit pièces comprenant la copie de la généalogie de Caumartin et de sept actes d'état civil (1677 à 1720) que nous avions tous.

APPENDICE E

Actes et contrats de mariage en remontant en ligne directe depuis celui (1762) de Jérôme-Antoine, auteur commun de tous les Joybert existants aujourd'hui, jusqu'à celui (1539) de Jacques, qui est le premier dont nous ayons copie.

1°

1762. — *Extrait des registres de l'état civil de la commune d'Apremont* (Ardennes).

L'an de grâce mil sept cent soixante deux, le seizième février, après avoir publié les bans de mariage pendant trois dimanches consécutifs au prône de notre messe paroissiale, entre haut et puissant seigneur Jérôme-Antoine de Joibert, chevalier, capitaine dans le régiment de Chastellux, fils de haut et puissant seigneur Jean-Baptiste-Philippe comte de Joibert, chevalier, seigneur de Villers sur Marne, Tournizet et autres lieux, et de haute et puissante dame Thérèse de Beurges, ses père et mère, de la paroisse de Villers sur Marne, diocèse de Châlons, d'une part.

Et haute et puissante dame Anne-Charlotte de Salse, fille de haut et puissant seigneur Frédéric comte de Salse, chevalier, seigneur d'Apremont et autres lieux, et de défunte haute et puissante dame Anne-Claude-Angélique de Canel, ses père et mère de cette paroisse d'autre part ; vu le certificat de publications des bans du sieur Leclerc, curé des paroisses de Couvrot et de Villers sur Marne, légalisé par Monsieur Choret, vicaire général de Mgr l'évèque de Châlons, sans opposition ni empêchement, nous Louis-François Baudin, notaire et tabellion apostolique, prêtre et curé des paroisses de Montblainville et d'Apremont, avons reçu d'eux leurs promesse et consentement de mariage et leur avons donné la bénédiction nuptiale dans notre église du dit Apremont, en présence de Messire François de Vyart, chevalier, conseiller du Roy en son parlement de Metz, curateur honoraire du dit seigneur de Joibert ; et haut et puissant seigneur Hippolyte d'Ernécourt, Bon de Montreuil, chevalier, seigneur de la Neuville et autres lieux et haut et puissant seigneur François de Chamissot, tous les deux parents du dit seigneur de Joibert ; — et de haut et puissant seigneur Jean-Charles-Laurent de Salse, chevalier, vicomte de Deville, seigneur de Châtel et autres lieux ; et haut et puissant seigneur Charles de Salse, chevalier, seigneur de Loiville, ancien lieutenant colonel du régiment de Languedoc, chevalier de l'O. R. et M. de St Louis ; haut et puissant seigneur J.-B., chevalier de Salse, chevalier de l'O. R. et M. de St Louis ; haut et puissant seigneur Armand de Salse, capitaine au régiment de Languedoc, chevalier de l'O. R et M. de St Louis, et haut et puissant seigneur Antoine Charles Jacomel de Bienassise, chevalier, lieutenant colonel du régiment de Normandie, chevalier de l'O. R. et M. de St Louis, parents et amis de la dite dame comtesse de Joibert, qui ont signé avec nous les jour et an que dessus, après lecture faite.

Signé : de Joybert. — de Joybert. — Vyart. — d'Ernécourl de Montreuil. — Chamissot. — Salse de Joybert. — de Salse d'Apremont. — Salse de Deville. — Salse de Loiville. — Le chevalier de Salse. — Salse. — Bienassise. — l'abbé Baudin.

2°

1736. — *Extrait des registres de l'état civil de la Ville de Bar-le-Duc* (Paroisse Saint-Pierre).

L'an mil sept cent trente-six, le vingt-trois du mois d'octobre, après avoir cy devant publié un ban de mariage pour premier et dernier au prône de la messe paroissiale du vingt-deuxième dimanche après la Pentecoste, qui étoit le vingt et un du présent, entre Messire Jean-Baptiste-Philippe de Joibert, chevalier, seigneur de Villers, et fils de Messire Jérosme-Philippe de Joibert, chevalier, seigneur du dit Villers, Couvrot, Loisy sur Marne, Von, Vrizy, Aulne le Val, Pensée et autres lieux, et d'honorée dame Margueritte-Françoise Anthoine de Bussy, ses père et mère de la paroisse du dit Villers, diocèse de Chaalons, et entre damoiselle Thérèse de Beurges de Vidampierre, fille de deffunt messire Joseph de Beurges, vivant chevallier, seigneur de Ville sur Saulx, le Buisson, Tournizet, Ambly et autres lieux, et d'honorée dame Anne Peschart, dame en partie des dits Tournizet, Ambly et autres lieux, ses père et mère de cette paroisse d'autre part, sans qu'il s'y soit trouvé aucun empeschement ny opposition ; et semblable publication ayant été faite dans la dite paroisse de Villers, le dimanche vingtième après la Pentecoste qui étoit le 7 du présent mois, sans qu'il s'y soit trouvé d'empeschement ny d'opposition, comme il conste par le certificat du s^r J. Malvaut, curé du dit lieu, du huitième du présent mois, légalisé par M. Braux de Vaux, vicaire général du dit diocèse de Chaalons, le 8 du dit mois, signé : Braux de Vaux, vic. gén^l ; contresigné par Blondeaux.

Je soussigné Jean-Baptiste Champion, prêtre, Chanoine de l'insigne Eglise collégiale de St Pierre de Bar-le-Duc et vicaire de la même ville, en conséquence de la dispense des deux autres bans accordée par M. Harmel, official du Barrois, le vingt et un octobre de la présente année pour ce qui regarde la paroisse du dit Bar-le-Duc et celle de Monseigneur de Choiseul, Evêque, comte de Chaalon, Pair de France, accordée par M. Braux de Vaux, vicaire général du dit diocèse de Chaalon du huit du dit mois d'octobre, signée par M. Braux de Vaux, vic. g¹, contresignée par le dit sr Blondeaux, pour ce qui regarde le dit sr de Joibert, paroissien du dit Villers, ai reçu leur mutuel consentement de mariage et leur ay donné la bénédiction nuptiale avec les cérémonies prescrites par la Ste Eglise, et le dit jour bénit leurs promesses de mariage avec la permission verbale du dit sr Harmel, official, le tout en présence de Messire Jérosme-Philippe de Joibert, père de l'époux, de dame Anne Peschart, mère de l'épouse, de Messire Nicolas Anthoine, chevalier, seigneur de Bussy et autres lieux, ayeul du dit sieur de Joibert, de Messire Alexandre de Beurges, chevalier, seigneur de Ville sur Saulx, capitaine pour le service du Roy dans le régiment de Marsan infanterie, de Messire Jean-Baptiste de Beurges, chevalier, seigneur du Buisson, frères de l'épouse, de Messire Jean-Baptiste de Beurges, chevalier, seigneur de Renesson et Trémont, beau-frère à la dite dᵉˡˡᵉ épouse ; de Messire Alexandre Peschart, chevalier, seigneur de Tournizet, d'Ambly, Vidampierre et autres lieux [1] ; de Messire Hubert de Vendières, chevalier, conseiller d'Etat de S. A. R., son procureur général au duché de Bar, cy-devant son ministre à la Cour de France, seigneur Dauzécourt et Noyer, cousin de la dite dᵉˡˡᵉ epouse et son curateur honoraire, de M. Anthoine de Vyart de la Cour, escuyer, avocat en Parlement et de M. Daniel de Marne, escuyer, qui ont tous signez avec nous.

On signé : Jean-Baptiste-Philippe de Joybert ; Thérèse de Beurges ; de Joybert de Villers ; Peschart de Beurges ; Bussy ; de Beurges ; de Beurges ; de Beurges de Renesson ; Peschart ; A. Vyart ; de Marne ; Vendières et J.-B. Champion, vicaire.

3°

1714. — *Extrait des registres de l'état civil de la ville de Bar-le-Duc* (Paroisse Sᵗ-Pierre).

L'an mil sept cent quatorze le vingt-troisième Mars, après la publication d'un ban faite pour premier et dernier au prône de cette paroisse le dimanche de la Passion, 18ᵉ jour du mois de Mars de cette présente annnée, entre Mʳᵉ Jérôme-Philippe de Joibert, chevᵉʳ, seigneur de Villers sur Marne,

---

1. Alexandre Peschart, était propre neveu de Mᵐᵉ de Beurges, née Peschart, mère de la mariée, et par conséquent cousin germain de celle-ci ; — mais il avait épousé demoiselle Françoise *Anthoine de Bussy*, sœur de Mᵐᵉ de Joybert, née Anthoine et se trouvait être aussi oncle du marié.

fils de Mre Philippe de Joibert, seigneur d'Ardeuil, Grivy, Loisy, Vrizy, Vonc, Villers, Couvrot, Aulne et autres lieux, et de feue dame Claude Linage, son épouse, de la paroisse du dit Villers sur Marne, diocèse de Chaalons, d'une part, — et Damoiselle Marguerite-Françoise Antoine, fille de Mre Nicolas Antoine, seigneur de Bussy aux bois, Toulongeon, Pansey et de la Tour de Longeville, et de Dame Marguerite-Françoise Broulier, ses père et mère, de cette paroisse d'autre part, sans qu'il y aye eu aucune opposition ny empeschement. — Je soussigné Prêtre, curé des villes de Bar, en conséquence des dispenses de deux bans et de l'interdit du S^t temps de carême accordées par M. J. Gillot, vicaire général de Mgr l'Evêque de Chaalons et de M. l'official de Bar, ay reçu leur mutuel consentement de mariage et leur ay donné la bénédiction nuptialle avec les cérémonies prescrites par la Ste Eglise en présence de Messire Nicolas Antoine, seigneur de Bussy, etc., de Messire Jean Aublin, seigneur de Villers aux bois, et de Daniel de Marne, escuyer, et autres.

Signé : de Joybert de Villers ; Anthoine de Bussy ; Bussy ; Aubelin de Villers aux bois ; de Marne et J. M. J. Estienne Rabaumont, curé de Bar.

4°

1677. — *Extrait des actes de l'état civil de la Commune de Couvrot* (Marne).

Le premier jour de febvrier mil sept cent soixante dix-sept, j'ai fiancé et espousé solennellement Messire Philippe de Joybert, escuyer, seigneur d'Ardeuil et aultres lieux, capitaine dans le Régiment de la Reine, fils de Messire Jacques de Joybert, escuyer, seigneur d'Aulnay et aultres lieux, et de noble dame Marie Detz, ses père et mère, de la paroisse dudit Aulnay, et Damoiselle Claude Linage, fille de deffunt Messire François Linage, vivant escuyer, seigneur de Villers sur Marne, etc., et de noble dame Marguerite Feret, ses père et mère de la paroisse dudit Villers, sans qu'il y soit descouvert aucun empeschement de part ni d'aultre, ainsi qu'il appert par le certificat de M. Cailla, curé dud. Aulnay, qui m'est demeuré entre les mains, et après avoir vu la dispense de notre Saint Père le Pape Innocent onzième, pour les degrés de consanguinité et aultres nécessaires pour parvenir au dit mariage : le tout fait par moy soubsigné en présence de leurs plus proches parents et amis qui ont aussy soubsigné après la célébration de la Sainte Messe pour les susdites espousailles.

Signé : Gasteboys, curé de Couvrot. — Ph. de Joybert d'Ardeüil. — De Joybert d'Aulnay. — De Joybert d'Aulnay (frère du marié). — M. Feret. — C. Linage.

5°

**1641. — *Extrait du contrat de mariage, original en parchemin,
en possession de M. le comte Ludovic de Joybert.***

Par devant les notaires royaux à Chaalons soubsignés, furent présents
en leurs personnes Jacques de Joybert, escuyer, seigneur d'Aulnay le
Chastel et Ville en Tardenois, demeurant au chasteau du dit Aulnay, fils de deffunct Jérosme de Joybert, vivant escuyer, seigneur des dits lieux, et de Damoiselle
Louise Truc, sa femme, demeurant au dit Aulnay ; le dit sieur d'Aulnay, majeur
d'âge et jouissant de ses droits comme il a dit et néantmoins assisté et autorisé de
la ditte Damoiselle, sa mère, d'une part.

Et Damoiselle Magdelaine Detz, fille de deffunct Henry Detz, vivant escuyer,
seigneur de Grivy-Loisye et Ardeüil, et de damoiselle Magdelaine Beschefer, sa
femme, Dame de Condé sur Aisne, y demeurante ; la ditte Damoiselle Magdelaine
Detz, assistée et autorisée de la ditte Damoiselle sa mère et tutrice d'aultre part.

Disant les dittes parties que pour parvenir au mariage futur et espéré à faire
entre le dit sieur de Joybert et la ditte Damoiselle Magdelaine Detz, etc. (suit la
teneur du contrat)....

Fait et passé au dit Chaalons, en la maison de noble homme Mᵉ Jacques
Beschefer, Conseiller du Roy, assesseur civil et criminel et premier conseiller au
bâage et siège présidial du dit Chaalons, après midy, le dix-septième jour de jan-
vier mil six cent quarante un, en la présence de : Pierre Raulet, écuyer, sieur de
Mutigny, y demeurant (dont la femme, Jeanne de Joybert, étoit demi-sœur du
marié) ; Geoffroy Le Gorlier, écuyer, sieur de Braux Stᵉ Cohière, Verneuil,
Drouilly et autres lieux, demeurant à Chaalons (dont la femme était tante du marié) ;
Gaspart de Ponsort, écuyer, sieur de Graulves, y demeurant (même parenté) ;
Jacques Truc, Conseiller du Roy et son procureur en la maréchaussée de France
à Chaalons (frère de sa mère) ; Jacob de Pinteville, écuyer, sieur de Villers aux
Corneilles et l'un des échevins de cette ville de Chaalons (mari de Jacqueline Truc,
tante du marié) ; — Et encore de Henry Detz, écuyer, seigneur du dit Grivy et
Loisye, capitaine d'une Compagnie de gens de pied pour le service du Roy
(frère de la mariée) ; du dit Mᵉ Jacques Beschefer, assesseur civil et criminel (oncle
maternel de la mariée) ; de noble homme Mᵉ Charles Jacquesson, avocat au Parlement, demeurant à Stᵉ Menehould (j'ignore sa parenté, mais devait avoir épousé
une Beschefer), Mᵉ Germain Beschefer, Conseiller du Roy, Lieutenant en l'Election
du dit Chaalons, y demeurant (oncle à la mode de Bretagne de la mariée) ; Jacques Langault, écuyer sieur de Marson ; noble homme Mᵉ Michel Brissier, Conseiller au bâage et siège présidial du dit Chaalons (j'ignore ces deux dernières
parentés) et Mᵉ Noel Roussel, Conseiller, avocat du Roy au bâage et siège présidial du dit Chaalons (cousin issu de germain du marié par Anne d'Origny, sa

femme, petite-fille de Marguerite Le Goix, sœur de Jeanne Le Goix, grand'mère maternelle du marié), y demeurants, parens et amys des dits Sieur et Damoiselle futurs conjoints et ont tous signé la minutte des présentes avec Angenoust et Beschefer, notaires, laquelle minutte est demeurée au registre dudit Beschefer.

6°

1608. — *Extrait du contrat de mariage, original en parchemin, en possession de M. le comte Ludovic de Joybert.*

Comparurent personnellement par devant Jacob de Besançon, demeurant à Chaalons et les témoings cy après nommés, Hiérosme de Joïbert, escuïer, seigneur d'Aulnay le Chastel et la Grand'Cour à Verneuil, en partie, demeurant au dict Aulnay, d'une part, et Damoyselle Louise Truc, veuve de feu Jacques de Joïbert, vivant aussy escuïer, sieur de Coulmiers, demeurante à Soulanges, d'aultre part. Disant les partyes que pour parvenir au mariage futur et espéré à faire entre le dict sieur de Joïbert et la dicte Damoyselle Louise Truc, etc. (suit la teneur du contrat)...

Faict et passé après mydy en la présence de Théodore de la Pierre, escuïer, sieur de la Tour à Cuy et de Ville (second mari de la mère du marié) ; noble homme Geoffroy Gorlier, sieur de la Grand'Court à Verneuil en partie, demeurant au dict Chaalons (dont la femme était demi-sœur du marié) ; Guillain de Baudier, escuïer, sieur de Berzieux, y demeurant (dont la femme était cousine germaine du marié et sœur du premier mari de la mariée) ; noble homme Me Jacques Truc, Procureur du Roy au siège et juridiction du dict Chaalons (frère de la mariée) ; Me Jehan Domballe, aussy procureur du Roy au bâage et prévosté du siège de Vitry (j'ignore la parenté) ; Me Jacob de Pinteville, sieur de Villers aux Corneilles en partye, Conseiller et Elu pour le Roy en l'Election du dict Chaalons (mari de Jacqueline Truc, sœur aînée de la mariée) ; François de Joïbert, aussy escuïer, sieur d'Amblancourt, (même parenté que pour Mme de Baudier, sa sœur), parens des dictes parties ; et de Jean......, ... en la justice du dict Amblancourt et de Nicolas Martin, laboureur, demeurant au dict lieu, par moy pris et appelés pour témoings en la maison du dict Martin, sise au ban de Messieurs du Chapitre de Sainct-Estienne du dict Chaalons, où je me suis exprès transporté et ay instrumenté par devant les dictes parties, le quatrième jour de novembre mil six cent et huit et ont les dictes parties et témoings signé le bref des présentes, suivant l'ordonnance.

Le Bref est au registre du dict Besançon.

7°

**1577. — *Extrait du contrat de mariage, original en parchemin,
en la possession de M. le comte Ludovic de Joybert.***

Par devant Médard de Laire et Jehan de Bancelle, nottaires royaux à
Reims, comparurent en leurs personnes noble homme Hiérosme Cauchon,
escuïer, sieur de Dugny et de Ville en Tardenois, y demeurant, Damoyselle
Appolline Cauchon, sa fille, d'une part ; Jehan Joybert, escuïer, sieur d'Aulnay le
Chastel et de la Grand'Cour assise à Verneuil, y demeurant, d'aultre part. Disant
lesdictes parties que pour parvenir au mariage qui se fera, si Dieu et nostre mère
saincte Eglise s'y accorde, entre le dict sieur d'Aulnay et la dicte Damoyselle
Appolline Cauchon, etc. (suit la teneur du contrat).....

Faict et passé ès présences de Damoyselle Jacquette Bizet, veuve de feu
noble homme Remy Cauchon, en son vivant, escuïer, sieur du Muison, tante
maternelle du dict sieur d'Aulnay ; Jehan Cauchon, escuïer, sieur du Muison,
cousin-germain des dicts sieurs d'Ugny et d'Aulnay ; Pierre de Joybert, escuïer,
sieur de Coulmiers, frère du dict sieur d'Aulnay ; Antoine de Feret, escuïer, sieur
d'Oiry et de la Motte à Gusy (frère de sa 1re femme) ; Regnault de Feret,
escuïer, sieur de Montlaurent, capitaine de Reims (cousin-germain de sa
1re femme) et Damoyselle Agnès Cauchon, sa femme, sœur de la dicte
Damoyselle Appolline Cauchon, et Damoiselle Claude Le Cerf, femme de Pierre
Muel, sœur utérine du dict sieur d'Ugny, etc.

Faict et passé au dict Ville en Tardenois le neuvième jour du mois d'octobre
l'an mil cinq cent soixante et dix sept et ont les dicts signé la minute selon l'Ordonnance.

8°

**1539. — *Extrait des relevés des registres des notaires de Châlons
faits par d'Hozier à Châlons en janvier 1670***
(Bibliothèque nationale. — Fonds français, vol. 32.541, p. 491-492).

Contrat de mariage du 5 juillet 1539, signé Lorin et Fallou, entre noble
personne Jacques Joïbert, escuyer, seigneur d'Aulnay le Chastel, Coullemiers, Amblancourt et en partie de Verneuil sur Marne, fils de noble homme Jean
Joibert, aussy escuyer, sieur de Soullanges, — et noble homme Guillaume Bizet,
escuyer, sieur de la Mothe, demt à Chaalons et Damoiselle Perrette Le Goix, sa
femme, pour Damoiselle Louise Bizet, leur fille ...fait en présence de nobles personnes Me Louis de la Veuve, licencié ès loix, bailli du Chapitre de Chaalons, avocat
général du Roy au bâage de Vitri ; de Claude Gorlier, échevin du dict Chaalons,

et Damoiselle Nicole Bizet, femme du dict Jean Joibert et sœur du dict Guillaume Bizet; de noble homme Remy Cauchon, receveur ordinaire du Vermandois, de Damoiselle Jaquette Bizet, sa femme, sœur de la dicte Louise, et d'honorable homme Guillaume Bazin, procureur du Roy à Mairi sur Seine et de Nicolas Bizet, marchand, demeurant à Troyes, oncles de la dicte Louise.

APPENDICE F

Mémoire des deniers claires prouvenant de la succession de feu Damoiselle Appoline Caulchon veufve en premières nopces de Jean de Joybert, vivant escuïer, s^gr d'Aulnay-le-Châtel, et en secondes nopces de Théodore de la Pierre, vivant escuïer, s^r de la Tour à Cuy, lesquels deniers ont été mis entre les mains de Hiérosme de Joybert, s^r. d'Aulnay, son fils aisné et comme exécuteur de son testament.

Premièrement il s'est trouvé :

Trente et ung escus d'or sol à trois livres seize sol pièce montant à la somme de cent dix sept livres seize sols. . . . . 117, 16 sol.

Deux pistolles à sept livres six sols pièce, valant quatorze livres douze sols . . . . : . 14. 12

En quart d'escus, vingt et une livres douze sols 21. 12

Et deux testons de Lorraine que j'ay alloué pour vingt sol . . 20

Plus, nous avons receup de ma sœur du Mesnil [1], vingt deux livres, tant pour soulte de lot que pour ce qu'elle debvait d'arrérages du doire (douaire) à la défuncte . . . . 22. »

Pour le prix d'un petit cuveau à blanchir le linge, vingt sols . 20

Receup pour le prix de huit anneaux de gros bois vendu au sieur d'Aulnay [2], douze livres 12

Receup de ma sœur de Fleuri [3], soixante et douze sol du prix du reste du bois qui estoit au logis 3. 12

Sommetout neuf vingt treize livres douze sol 193. 12

Sans y comprendre vingt quatre livres provenant de bois et charbon que ma sœur de Fleuri a vendu, receup et despensé à payer la fascon de deux..... de toille qui estoient encore chez le tisserand, aussi pour elle vivre avec ma niepce

1. Louise de Joybert, femme de Jacques de Soufflier, sieur du Mesnil; v. page 38.
2. Lui-même, Jérôme de Joybert, seigneur d'Aulnay.
3. Jeanne de la Pierre, leur demi-sœur, femme en 1res noces de Jean de la Verde, sieur de Fleury; v. page 34, note 2.

Jeanne Ponsor [1], et la servante, depuis la St Remy iusque au douziesme novembre de la présente année 1624, partant néant de cette année.

Sera icy notté que la défuncte est décédée le 26 septembre 1624, mis en terre le lendemain en l'esglise des Augustins à Chaalons. Mais à cause de la maladie contagieuse qui régnoit alors dans la ville, nous en retournames tous en nos maisons et pour ceste raison avons diféré jusqu'à douze et treizième novembre pour faire chanter les services suivant son intention et à partir les meubles.

C'ensuit le mémoire de la despance que iai faicte tant pour les obsèques et funérailles de ma mère que pour nostre despance commune :

I'ay païé au menuisier qui a faict son cercueil quarante huit sol.　48 sol.

A ceux qui portent les bastons d'argent pour avoir invité les parents et amis au convoy de l'enterrement de la défuncte et pour aultres cérémonies qu'il a été nécessaire trois livres quatre sol ...　3. 4

Au valet du dix denier trente deux sol . . . .　32

Pour le loier de la tapisserie noire quatre livres. . . . .　4.

Pour trois douzaines d'armoiries six livres . . . .　6.

Pour une douzaine de torches et une douzaine de cierges contenant dix-neuf livres de cire a esté païé au ciriez qui les a fourni vingt livres. . . . .　20.

Aux pauvres qui ont porté les torches et cierges dix livres .　10.

Au curé de la paroisse St Jean lequel luy avait administré les sacrements et qui a faict l'office et le service le jour de l'enterrement trois livres seize sol . . . .　3. 16

Au magister de la ditte paroisse St Jean seize sol . . . .　16

Au sonneur de la ditte paroisse trente deux sol . . . . . .　32

A Messieurs les religieux des Augustins tant pour le convoy à l'enterrement que pour avoir fait lever le tombeau de feu Pierre Caulchon, sieur de Dugny, frère à la défuncte, où elle gist avec en leur esglise, aussy pour tous les services qu'elle avoit ordonné estre chantés et célébrés cinq escus d'or valant dix neuf livres . . . . . .　19. »

Au marguillier de St Jean pour les leg faict par la défuncte à la ditte esglise et au bassin [2] de St Sébastien six livres . . . .　6. »

---

1. Jeanne de Ponsort, fille de Nicole de Joybert, sa sœur, et de Gaspard de Ponsort; v. page 41, note 2.

2. Bassin, dans le sens de l'ancien français, mis pour tronc : comme on dit encore dans le midi de la France que le prêtre qui quête en présentant la bourse ou le plateau fait passer le bassin. — Il y avait dans l'église Saint-Jean une statue et une confrérie de Saint-Sébastien. (V. Grignon, *Historique et description de l'église et paroisse Saint-Jean de Châlons*, p. 19 et 28.

Plus pour les leg faicts par la ditte deffuncte à douze paroisses a Chaalons chacune vingt sol qui est douze livres . . . . 12 »

Au St Rosaire qui est en l'esglise des frères prescheurs a Chaalons trois livres . . . . 3 »

Aux esglises de Cuy, d'Aulnay, de Coil [1], de Verneuil chacune trois livres montant à douze livres . . . . 12 »

Nota que ma sœur Gorlier [2] a païé un escu à Verneuil du sien comme il appert par la quittance.

A Jean Joybert [3] pour son leg douze livres. 12
A ma sœur de Fleuri quatre livres qu'elle a dit lui être dues. . . 4
A ung messager que nous avons envoïé à Broussey [4] pour advertir ma sœur du décès de ma mère, vingt sept sol. 27
A ma sœur de Fleuri pour estre païé au boulanger pour du pain qu'il a fourni quarante sol. 40
A ma ditte sœur pour achepter du beur et des œufs. 16
A Liévin, cuisinier, pour avoir apareillé et fourni à ses despentz les viandes du disner pour la Compagnie le jour de l'enterrement, de compte faict en présence et du consentement de tous nous aultres dix livres. 10

Nota que le sieur Gorlier, sa femme et deux Augustins y estoient.

Plus iay païé au curé de la paroisse St Jean lequel a chanté et célébré en son esglise deux heures durant les services pour la défuncte trois livres six sol le 12 et 13 novembre, lequel étoit assisté d'un aultre prestre. 3, 6
A son magister seize sol. 16
Iay païé à Liévrin, cuisinier, lequel a fourni et apareillé les viandes à disner le 12 novembre en la maison de la défuncte, dix livres

---

1. La forme se rapprochant le plus de Coil, dans le *Dictionnaire topographique de la Marne* de Longnon, est Coile ou Coille, pour Cuisles, paroisse du canton de Ville-en-Tardenois, à égale distance entre Ville et Verneuil.

2. Jeanne de Joybert, dame Le Gorlier, demi-sœur de Jérôme de Joybert, et belle-fille de la défunte (fille du premier mariage de son premier mari), v. p. 35; elle n'intervenait donc pas au règlement de cette succession.

3. Ce Jean Joybert, que nous ne pouvons identifier, devait sans doute être le filleul de son premier mari, suivant l'usage constant d'alors que l'enfant recevait et portait le prénom de son parrain ou de sa marraine. — Serait-ce alors un fils à nous inconnu de son frère Pierre et de Pierrette Le Gorlier qui pourrait, à son tour, être le père de ce Jacques de Joybert, écuyer, seigneur des Tournelles, que nous n'avons pu non plus identifier?.... (Voir page 156).

4. Broussy-le-Petit, où habitaient les Soufflier.

dix sol du consentement et en la présence de tous nous aultres : le
curé et deux Augustins y estoient.   10,10
et d'aultant qu'il n'y avoit plus de vin au logis iay païé à ma sœur de
Fleuri trente deux sol pour païer le vin dudit disner.   32

 Plus iay rembourser à ma sœur de Fleuri pour du pain, du vin
et la viande quelle avoit achepté pour vivre durant que nous estions
ensemble pour faire prier Dieu pour la défuncte et pour partager ses
meubles six livres huict sol. 6, 8

 A ung mᵉ potier d'estain lequel a esté appellé pour partager et
faire six lots de sa vaisselle d'estain cinq sol.   5

 A ung sergent priseur vendeur qui a aussy esté appellé pour priser
les meubles du logis, dix sol.   10

 A René Moine, apothicaire, pour les drogues et médecines et
aultre choses qu'il a fourni à la défuncte lui a esté païé par les mains
de ma sœur de Ponsor, que iay néantmoins fourni, trois livres seize
sol   3,16

 A la servante de la défuncte pour six mois entiers quelle avoit
servi sans avoir rien receup sept livres six sol. 7, 6

 A Jean le Blanc pour ung quartier du louage de la maison en
laquelle la défuncte demouroit onze livres cinq sol, mon frère de la
Tour a la quittance[1] 11, 5

 Iay païé encor par les mains de ma sœur de Fleuri au tavernier et
boulanger pour pain et vin que nous avons despancé pendant ces
dernières semaines trois livres quatre sol 3, 4

 Et après avoir fourni à la ditte despance il s'est trouvé.... quatorze livres
3 sol qui iay mis en main à mon frère de la Tour pour en donné à chacun de nous
quarante sept escus de six dont iay eu ma part avec les aultres.

 Le tout ce que dessus escript de ma main est véritable soub mon sisgne cy
mis le... novembre 1624.

Hᵉ de Joybert.

 Ceci est la reproduction littérale de cette pièce fort curieuse écrite en entier
et signée par Jérôme de Joybert qui, d'après elle, et d'après la note sur Aulnay
que nous avons reproduite en partie pages 47 et 48 —, devait être fort entendu
et précis en affaires.

1. Philippe de la Pierre, sieur de la Tour à Cuis, fils aîné du second lit d'Apoline
Cauchon, et demi-frère de Jérôme de Joybert.

APPENDICE G

1ᵉʳ juillet 1634. — Sentence rendue au proffit de Hierosme de
Joybert, escuier, seigneur d'Aulnay le Chastel, pour sa noblesse
par Messieurs les Esleuz de Victry [1].

A tous ceulx qui ces présentes Lettres verront, les Président, Lieutenant et
Esleuz Conseillers du Roy sur le faict des aides et tailles en l'eslection de Victry
le François, salut : scavoir faisons que vue la requeste à nous présentée par
Hiérosme de Joibert, escuïer, seigneur d'Aulnay le Chastel, le petit Aulnay devant
Songy et de Ville en Tartenois, expositive qu'il est gentilhomme et issu de noble
et antienne noblesse, fils de Jehan de Joibert, vivant escuier, seigneur desdits
lieux d'Aulnay le Chastel et du petit Aulnay, et qui a esté conjoinct par mariage
avec dam^elle Apolline Cauchon de la ville de Reims, duquel mariage seroient
issus ledict Hiérosme, Louise, Marye et Nicolle les Joibert, lequel Jehan estoit
petit-fils de Jehan de Joibert, vivant escuïer, Seigneur de Soulanges et qui fut
conjoinct par mariage en premières nopces avec damoiselle Marye [2] de Balham, de
la ville de Chasteau-Thierry, duquel mariage seroit issu Jacques de Joibert, fils
unique, et en secondes nopces avec damoiselle Nicolle Bisset et dudit mariage
sortis, issus et descendus François, Remy, Perette et Margueritte les Joibert ; ledict
Jehan fils de François de Joibert qui aussy fut conjoinct par mariage avec damoiselle Catherine Le Cerf qui aurait eu pour enffans Jacquemin, Jean, Guillaume,
Marion et Margueritte les Joibert [3], et ledit François fils de Simon de Joibert
vivant escuier, et qui fust pareillement conjoinct avec damoiselle Marye Ogier
dict Le Gourlat, fille de François Ogier dict Le Gourlat de Herpon, escuier et
officier ordinaire de la maison du roy [4] ; tous lesquels ont tousiours vescu noble-

1. Original en parchemin (*Archives de famille*). — Pièce fort intéressante en ce qu'elle
donne la généalogie de sept générations et qu'elle énumère quantité de titres antérieurs
à 1634 qui avaient servi à prouver la noblesse des Joybert.
2. Erreur : elle s'appelait Marguerite.
3. Seconde erreur : on a mêlé les enfants de François, Jean et Guillaume, à ses
frères et sœurs, Jacquemin, Marion et Marguerite.
4. Ceci est bien la preuve que la qualité d'échanson du roi donnée par Caumartin à

ment sans avoir commis aucung acte desrogeant à noblesse, fors ledict Jehan, bisayeul dudict Hiérosme, qui, ayant faict actes desrogeans aux privilesges conceddés et accordés à ses prédécesseurs, auroit le douziesme jour du mois de Mars mil cinq cens quarante sept, obtenu Lettres de Sa Majesté adressantes aux sieurs Esleuz en l'eslection de Chaalons, nos confrères, par lesquelles il leur estoit mandé que s'il leur apparoissait de la vérité du contenu ès dictes Lettres, son procureur en la dicte eslection présent et appellé et tous autres qu'il appartiendrait mesme ledict Jehan estre issu et extraict de noble sang et lignée, ilz eussent à le faire jouir et user de tous privilesges de noblesse, exemptions, franchises et libertés de toutes tailles et subsides comme les aultres nobles du pays, nonobstant que ledict Jehan se fust meslé et entremis de l'estat de marchandises et faict aultres actes desrogeans à noblesse dont sa dicte Majesté l'aurait rellevé de grâce spécialle; par devant lesquels ayant, tant avec ledict procureur du Roy, que habitans et communaultés dudict Chaalons, faict preuve de sa descente et généalogie tant par tiltres que tesmoings, lesdicts sieurs esleuz enthérinant lesdictes Lettres par advis et délibération du conseil auroient, par leur sentence du dix huictiesme jour du mois d'aoust mil cinq cens quarante huict, rellevé ledit Jehan de la Roture par luy commise et à icelluy permis de jouir des privilesges, franchises, libertés et exemptions dont jouissent les aultres nobles du pays et avoient accoustume user, tant et sy longuement qu'il vivrait noblement et ne feroit actes desrogeans à noblesse; disant en oultre ledict Hiérosme, par sa dicte requeste, qu'il auroit esté conjoinct par mariage en premières nopces avec damoiselle Magdeleine Braulx, fille de Pierre Braulx, escuïer ¹, et de damoiselle Charlotte Lebesgue, demeurans à Chaalons sans avoir eu aucuns enffans dudict mariage et en secondes noces avec damoiselle Louise Trucque (*sic*) de la dicte ville de Chaalons. Et dudict mariage sont issus et descendus Jehan, aagé de vingt quatre ans, qui est de présent au service du roy au camp devant La Motte sous la charge de Monsieur le Mareschal de La Force, Lieutenant général pour ledict seigneur roy en ses armées ; Jacques de dix-neuf à vingt ans, aussy en ladicte armée en qualité de Cheval léger de la compagnie du sieur de Vatimont audict camp devant La Motte. Et lesquels Jehan et Jacques il a tousiours entretenu dès leur bas âge à ses frais despens ès armées de sa dicte Majesté et particulièrement ledict Jehan, son fils aisné, en voyages du roy et au Régiment de ses gardes en Italie, Savoye, Piedmont, Languedoc; prises et réductions des villes rebelles en Picardie avec le sieur Marquis de Lenoncourt; en Allemagne avec Monsieur le Mareschal d'Esfiat, et en Loraine à la prise de Nancy; Louise aagée de dix-sept ans et Magdeleine qui est relligieuse. Veu aussy les Lettres de sentence desdicts sieurs esleuz de Chaalons cy dessus dattées qui sont en forme, signées en fin Godet et scellées de trois divers sceaux; certaine

---

Simon Joibert l'a été par confusion avec la charge qu'avait réellement occupée François Ogier, son beau-père. — V. p. 8.

1. Ce mot a été barré après coup.

enqueste faicte par Pierre de Cheppes, controlleur au grenier a seel de Chaalons les sept, treize, quinziesme jours du mois de décembre mil quatre cens soixante et quatre et huitiesme janvier mil quatre cent soixante et cinq, à la requeste de François de Joibert, trisaieul dudict Hiérosme opposant et deffendeur en certain procès meu et pendant un bailliage dudict Victry contre le procureur du roi demandeur; ung acte rendu au dict bailliage le dix neufviesme jour du mois de janvier entre les dicts procureur du roy et François de Joibert; une sentence obtenue contradictoirement par ledict François le quatriesme jour du mois de décembre audict an, signée sur le replit : Lartilleux et scellée en cire rouge, par laquelle après que ledict François aurait suffisamment faict apparoir de sa noblesse tant par tiltres que tesmoings, aurait esté dict qu'à bonne et juste cause ledict François s'estoit opposé aux commendemens à luy faicts, et à luy permis de tenir fiefs audict bailliage et jouir des privilesges de noblesse comme personne noble ; les lettres de relief de noblesse obtenues par ledict Jehan, ayieul [1] du dict Hiérosme, le douziesme jour du mois de mars mil cinq cent quarante sept signées : Garnier et scellées du grand scel de cire jaulne; extraict des registres du Conseil de la ville de Chaalons du douziesme jour du mois d'apvril mil cinq cens quarante huict, par lequel les gens dudict conseil auraient donné pouvoir au procureur de la dicte ville de se conformer sur l'enthérinnement des lettres présentées par ledict Jehan avec les gens du roy et ne bailler pour ce regard aulcun empeschement au dict Jehan ; l'enqueste faicte à la dilligence du dict Jehan par devant les dicts sieurs Esleuz de Chaalons le sixième jour du mois de juillet audict an; certain acte de la présentation faicte par Jehan de Joibert, père du dict Hiérosme, le quatorziesme jour du mois de may mil cinq cens soixante et dix-sept, par devant noble et prudent homme maistre Nicol Bazin, Lieutenant général au bailliage de Chasteau-Thierry, avec armes et chevaux pour servir au ban et arrière-ban convocqué en ladicte année; le partage faict entre ledict Jehan de Joibert et ses consors, heritiers en la succession de deffunct Hierosme Cauchon, vivant escuïer, seigneur de Dugny et de Ville en Tartenois; ung contract du douziesme jour du mois de juillet mil cinq cens quatre vingt quinze, passé par devant Boulanger et de Pinteville nottaires de partie de la terre et seigneurie de Verncuille et du fief de Bugnot faict par ledict Jehan de Joibert; un bail de louage du dixiesme jour du mois d'octobre mil cinq cens quatre vingt huict; le contract de mariage dudict Hierosme de Joibert avec la dicte damoiselle Trucque, du quatriesme jour du mois de novembre mil six cens huict, passé pardevant de Bezançon, nottaire royal, present tesmoing; la transaction faicte avec ledict Hierosme et noble homme Pierre Perrot, sieur de la Salle, le sixiesme jour du mois de juing mil six cent neuf; l'acte de foy et homage faict par ledict Hiérosme, par devant le sieur bailly du dict Victry ou son lieutenant, le septiesme jour du mois de janvier mil six cens treize pour

1. Bisaïeul.

raison du Chastel d'Aulnay mouvant en plain fief du roy nostre sire à cause de son Chastel de Victry en Perthois; les certificats et attestations des sieurs curés de sainct Amand et dudict Aulnay du vingt quatriesme jour dudict mois; le dénombrement fourny par ledict Hiérosme le vingt huitiesme du mesme mois; certaines lettres à luy escriptes par Monsieur le duc de Nevers du camp de Montfaulcon, le vingt neuviesme jour du mois d'aoust mil six cent vingt, avec l'adresse à lui faicte, comme à l'ung des plus antiens gentilshommes du pays, d'ung paquet de lettres pour faire tenir aux gentilshommes ses voisins affin de l'aller retrouver pour le quatorzième dudict mois avec armes et chevaulx de service; aultres du cinquiesme jour du mois de juillet mil six cens vingt huit de Révérend père en Dieu Messire Henry Clausse, Evesque et compte de Chaalons, pair de France, par lesquelles il prye ledict Joibert de voulloir estre l'ung des gentilshommes qui debvaient porter en cérémonie l'offrande de l'abbesse de Villers 1 qui debvait estre bénite le dimanche suivant; la datte des dictes lettre est faict au mois de janvier dernier; Les publications faictes de nostre ordonnance et les conclusions du procureur du roy auquel le tout a esté communiqué. Nous avons maintenu et gardé, maintenons et gardons le dict Hiérosme de Joibert en la possession et jouissance des privilèges, franchises, libertez, immunites et exemptions dont jouissent les autres nobles du royaulme, ensemble lesdits Jehan, Jacques et Louise les Joibert, ses enffans, tant et sy longuement qu'ils vivront noblement et ne feront actes desrogeans à noblesse, faisant inhibitions et delfense aux manans et habitans asseiurs et collecteurs de la paroisse dudict Aulnay, et tous aultres, de les troubler et empescher en auculne sorte et manière que ce soit sur peine de tous despens, dommages et interets.

Faict en la chambre du Conseil de ladicte eslection le premier jour du mois de juillet mil six cent trente quatre : signé au *datum* : J. Labé président, J. Bugnot, lieutenant; M. Ytam, Labé, J. de Baussancourt, Mauclerc, d'Origny, E. Jacobé, M. Hocquet et B. Bailly, tous conseillers et esleuz audict siège. Sy mandons au premier serjent royal de ladicte eslection, sur ce requis, que, à la requeste dudict Hierosme de Joibert, il mette les présentes à exécution. En tesmoing de quoy nous avons faict sceller les présentes des scel et contrescel de ladicte eslection et icelles faict signer par le greffier ordinaire dicelle ou son commis les jour et an que dessus.

1. Marie-Renée de Villers Saint-Paul, 24e abbesse de Saint-Etienne de Reims, venue à Châlons pour recevoir la bénédiction canonique de l'évêque de Châlons, administrateur temporel et spirituel de l'archevêché de Reims, pendant la maladie de son titulaire, Guillaume de Giffort qui mourut le 9 avril 1629.

APPENDICE H

On trouve aux Archives départementales de la Marne, Fonds de la Congrégation Notre-Dame (non encore classé) la très intéressante pièce qui suit :

Union perpétuelle en Jésus et Marie.

Nos Révérendes Mères et très chères Sœurs,

Le Saint-Esprit nous assure que les morts qui meurent dans le Seigneur sont heureux, parce qu'ils se reposeront de leurs travaux et que leurs œuvres les suivent. C'est une vérité que nous avons besoin de nous rappeler pour nous aider à souffrir, avec la soumission due aux ordres du Seigneur, la perte que nous venons de faire d'une de nos chères sœurs, dont la solide vertu et les aimables qualités méritaient toute notre estime et notre attachement. Elle se nommait dans le monde Madelaine de Joybert et en religion, Madelaine-Béatrix ; elle était fille de Messire Philippe de Joybert, seigneur d'Ardeuil, Villers et autres lieux, Lieutenant-colonel au Régiment de Grand-Pré, et de Madame Claude Linage, son épouse, personnes aussi considérables par leurs vertus que par leur noblesse. Ayant perdu Madame sa Mère lorsqu'elle était fort jeune, Monsieur son Père nous confia son éducation. Il fut aisé de réussir sur un sujet dans lequel on trouvait un heureux naturel, un esprit solide et susceptible de toutes les impressions de la vertu. Aussi s'attira-t-elle l'estime et l'affection de ses maîtresses et de ses compagnes, par sa docilité et une sagesse au-dessus de son âge. La grâce prévenante du Sauveur lui faisant, dès lors, faire un sage discernement entre les fragiles avantages qu'elle pouvait espérer dans le monde et les solides biens que l'on trouve dans le renoncement à tout ce qui est périssable, elle conçut le dessein de s'attacher uniquement à Jésus-Christ, en se consacrant à lui dans la Ste Religion, et demanda l'entrée de notre noviciat à l'âge de seize ans. Elle y fut reçue avec joie et donna lieu de juger, dès le commencement, qu'elle serait dans la suite une parfaite Religieuse par sa ferveur et sa solide piété. Après ses deux années d'épreuve, elle offrit ses Vœux au Seigneur le 29 janvier 1704.

Toute la suite de la vie de cette chère sœur nous a fait connaître avec quelle plénitude de volonté elle s'était dévouée au service de Dieu, et qu'elle était vivement pénétrée de cette grande vérité de l'Évangile : *Une seule chose est nécessaire !* étant difficile de trouver une personne plus constamment attachée à ses devoirs et plus éloignée de tout amusement, curiosité, entretiens inutiles, recherche de ses propres satisfactions, en un mot de tout ce qui ne se rapportait pas directement à son avancement dans la perfection de son état, dont elle paraissait uniquement occupée. Ayant reçu du Seigneur un esprit éclairé et un jugement solide, elle comprit parfaitement qu'étant devenue l'Epouse de Jésus-Christ, elle ne devait vivre que pour lui, et suivit cette lumière avec une telle fidélité, qu'elle ne nous a jamais paru se démentir un seul moment de la vigilance la plus exacte sur sa conduite.

Persuadée que tout est inutile sans la Charité, elle mit tous ses soins à croître dans cette vertu, ce qui lui faiser aimer la prière comme le grand moyen d'obtenir un don si nécessaire. Lorsqu'elle récitait l'Office divin (où elle a toujours été des plus assidues) le recueillement et la modestie de son extérieur étaient les preuves de la foi vive et du respect intérieur qui l'animaient. Ne se contentant pas de donner à la prière le temps prescrit, elle y employait tout celui qui était en sa disposition et faisait ses délices d'aller souvent rendre ses devoirs à Jésus-Christ présent dans le Très Saint-Sacrement, et de se nourrir de sa parole par la lecture du St Evangile, dont les grandes vérités lui inspiraient un souverain mépris de tout ce que le monde estime, ne parlant jamais des avantages de sa famille qu'elle semblait avoir entièrement oubliés.

L'amour qu'elle avait pour Dieu était accompagné d'une vive crainte de lui déplaire et qui la rendait attentive à éviter les moindres fautes, et, quoique toute sa vie fut très innocente, elle se croyait remplie d'imperfections, se méprisant elle-même par une humilité si sincère qu'elle ne pouvait comprendre qu'on eût pour elle quelque sentiment d'estime et souffrait avec peine les louanges. Touchée du seul désir de plaire à Dieu, elle ne chercha jamais à paraître vertueuse, évitant toute singularité et tout ce qui eût pu attirer l'attention des autres. Ce parfait mépris d'elle-même nous paraît d'autant plus admirable, que cette chère sœur possédait toutes les qualités qui peuvent rendre une personne estimable : beaucoup d'esprit, un discernement juste, une prudence peu commune, une conduite toujours conforme à la raison, une humeur égale, des manières affables et obligeantes, un cœur tendre et bienfaisant, une douceur charmante que nul contre-temps ne pouvait altérer. Ces qualités la rendaient aimable à toute notre Communauté qui regrette la perte d'une personne capable de tous les emplois de la Religion et qui s'est acquittée avec succès de ceux qui lui ont été confiés. Celui de l'instruction de la jeunesse était l'objet de ses désirs ; elle y a été plusieurs années, tant au Classes qu'aux Pensionnaires, et y a réussi parfaitement, n'épargnant ni ses peines, ni ses soins, pour l'avancement des enfants qui ont souvent été édifiées des exemples de patience et de charité qu'elle leur donnait. Elle n'était pas moins propre pour l'emploi de seconde Maîtresse des Novices, dans lequel elle a fini ses jours : l'exemple d'une personne si parfaitement morte à elle-même et dont la vie était un modèle de régularité, pouvant beaucoup contribuer à former de bons sujets pour la Religion.

Sa charité envers le prochain était universelle : rendant service à toutes autant qu'elle le pouvait, circonspecte au delà de tout ce qu'on peut penser pour ne faire peine à personne. Il n'y a pas une de nous qui ne rende témoignage que cette chère sœur ne lui a jamais donné sujet de plainte.

Détachée de sa propre volonté, elle observait avec une exactitude et une fidélité exemplaires tous les ordres des supérieurs. Le désir d'imiter Jésus-Christ lui faisait aimer la pauvreté, n'ayant pour son usage que le nécessaire qu'elle réduisait à très peu de chose craignant toujours d'avoir trop de commodités.

La joie de toute notre Congrégation au sujet de la Béatification de notre Bienheureux Père Instituteur [1], en donna une très sensible à cette chère sœur. Aussi pouvons-nous dire qu'elle était une de ses vraies filles, non seulement par sa confiance en son intercession, mais encore plus par sa fidélité à observer les règles et les Constitutions qu'il nous a données et par l'imitation de ses vertus.

Le Seigneur, voulant perfectionner la vertu de cette chère sœur par les souffrances, permit qu'elle fût atteinte d'une maladie causée par des ulcères dans les poumons et dans l'estomac, auxquels la fièvre s'étant jointe, elle fut réduite à ne pouvoir prendre de nourriture sans souffrir de cruelles douleurs qui n'altérèrent jamais sa patience, ni sa douceur; mais, soumise aux ordres du Seigneur, elle s'étudia à en faire un saint usage par un redoublement de ferveur, étant toujours occupée de la pensée de la mort et du soin de s'y préparer par une prière continuelle et par de saintes lectures qu'elle désirait qu'on lui fît pour ranimer sa piété. Elle continua de pratiquer, durant sa maladie, la mortification qui avait paru en elle durant sa santé : répondant à celles qui la pressaient de prendre quelques douceurs dans l'extrême dégoût qu'elle souffrait, qu'il ne convenait pas à une religieuse d'user de tant de délicatesse, et se reprochant jusqu'au moindre soulagement; quelque violentes que fussent ses douleurs, elle y paraissait moins attentive qu'à la peine qu'elle craignait de donner aux autres, témoignant beaucoup de reconnaissance des services qu'on lui rendait. Elle reçut plusieurs fois le Saint Viatique avec une piété édifiante, après avoir demandé pardon à la Communauté. La défiance qu'elle avait toujours eue de ses propres mérites ne troubla point la paix de son cœur; mais, remplie de confiance aux mérites de Jésus-Christ, elle attendit avec tranquillité le moment de la dissolution de son corps pour être unie à Lui. Dans ces dispositions, elle reçut l'Extrême-Onction. Depuis ce temps, elle eut encore soin de se purifier par le sacrement de Pénitence et rendit son âme à Dieu le 4 juillet dans la quarante-cinquième année de son âge et la vingt-septième de sa Profession religieuse. Une vie aussi édifiante et une mort aussi sainte nous font espérer que cette chère défunte a déjà reçu la récompense promise à ceux

1. Le bienheureux Pierre Fourier.

qui ont le cœur pur. Persuadées, cependant, que la vie la plus innocente a toujours besoin de la miséricorde du Seigneur, nous vous supplions de la demander pour elle et de nous faire la grâce de nous croire avec un sincère et respectueux attachement

Nos Révérendes Mères et Très chères Sœurs,

Vos très humbles et très obéissantes sœurs et servantes,
Les Religieuses de la Congrégation de Notre-Dame,

De notre monastère de Châlons en Champagne,
le 5 juillet 1730.

APPENDICE I

Tableau généalogique de la quadruple alliance avec la famille Raulet.

D.

18

Claude Raulet, Ecuyer
sgr de Vitry la Ville et Souain, Bailli de Châlons,
vivait en 1526 = Marguerite Le Tartier.

Perrette Raulet, 1re femme de J.-B. de la Vefve, Ec. sgr de Nauroy.

Pierre Raulet, Ec., sgr de Vitry la Ville et Souain Procureur du Roi en l'Election de Châlons ; = 1° Marguerite Godet et 2° le 5 novembre 1542, Marie Langault d'où :

Jacques Raulet, 1er mari en 1548 de *Perrette de Joybert.*

Anne Raulet = Nicol Le Goix, sieur de la Bosve, Enquesteur pour le Roy à Châlons.

Jean Raulet † s. p. au service du Roy avant 1583.

Jacques Raulet, Ec. sr de Vitry la Ville et Souain = 10 décembre 1588, Élisabeth Berbier.

Samson Raulet, Ec. sr de Mutigny, Souain et Vitry la Ville = Marguerite Berbier

Et plusieurs autres.

Marguerite Le Goix = 29 juillet 1560 Pierre d'Origny.

Jeanne Le Goix † en 1607 = Jérôme Truc.

Jacques et Pierre Raulet † avant 1626.

Jeanne Raulet = 4 février 1629 Pierre de Libaudière, éc. sgr de Rougemont.

Edmée Raulet = *Jean de Joybert* sgr de Pringy.

Claude Raulet sgr d'Yèvre = 29 mai 1640 Marguerite de Baussancourt d' post.

Ezéchiel Raulet vivait le 16 février 1640.

Pierre Raulet éc., sgr de Mutigny et Souain = 8 septembre 1634 *Jeanne de Joybert.*

Samson Raulet.

Jacques Raulet.

Zacharie Raulet † s. p. en 1638 au service du Roy.

Marie Truc = Claude de Pinteville dr en médecine. d' post.

Jacqueline Truc = 4 octobre 1595 Jacob de Pinteville sgr de Villers-aux-Corneilles. dt post.

Jacques Truc éc., procureur du roi à Châlons = 26 janvier 1598 Hélène François. d' post.

Louise Truc = 1° en 1601 *Jacques de Joybert* sgr de Soulanges 2° en 1608 *Jérôme de Joybert,* sgr d'Aulnay.

Charlotte Truc née le 16 octobre 1586.

Pierre Raulet, éc., cadet en la Cie du sr Legrand au régt de Rambures en 1667.

Madeleine Raulet = 31 août 1672 *Jérôme de Joybert.*

Louise Raulet = François de Mertrus, sgr de Domprot, d' postérité.

APPENDICE J

Liste alphabétique des seigneuries possédées à différentes
époques par la famille de Joybert.

Ablancourt, — canton et arrondissement de Vitry-le-François (Marne) — achetée
en même temps qu'Aulnay en 1538.

Aires (Les), — fief écart de la paroisse de Jasseines, canton de Chavange, arrondissement d'Arcis-sur-Aube (Aube) — apportée par le mariage d'Anne de
Denis avec Claude de Joybert, en 1698.

Ardeuil, — canton de Monthois, arrondissement de Vouziers (Ardennes) — provenant
du mariage de Madeleine Detz avec Jacques de Joybert, en 1641.

Aulnay-le-Châtel, — écart d'Aulnay l'Aître, canton et arrondissement de Vitry-
le-François (Marne) — achetée en 1538 pour Jacques de Joybert.

Aulnay-le-Petit, — fief appelé le petit Aulnay, dépendant d'Ablancourt et acquis
en même temps.

Aulne-sous-Joinville, — (aujourd'hui le Val-d'Osne) — canton de Chevillon,
arrondissement de Wassy (Hte-Marne) — achetée avec faculté de rachat perpétuel par contrat du 18 mars 1609.

Balignicourt, — canton de Chavanges (Aube) — venue par héritage de la famille
de Baussancourt, en 1730, à Anne de Joybert.

Baudrois, — (aujourd'hui Baudray) écart de la commune du Val-d'Osne — même
provenance qu'Aulne-sous-Joinville.

Bétignicourt, — canton de Brienne (Aube) — même provenance que Balignicourt.

Bugnot, — fief sis à Verneuil-sur-Marne.

Bussy-aux-Bois, — canton de St-Remy-en-Bouzemont (Marne) — achetée en 1679 par M. Antoine, grand-père de Mme de Joybert et entrée chez les Joybert en 1748, à la mort de son père.

Chaussée (La), — canton et arrondissement de Vitry-le-François — partie par acquisitions diverses, partie par mariages avec les Raulet et les Haslé.

Cheppy, — (aujourd'hui Chepy) — canton de Châlons-sur-Marne, possédée en 1454 par François Joybert lors de l'enquête faite cette année-là.

Condé-sur-Aisne, — (aujourd'hui Condé-les-Vouziers), arrondissement de Vouziers (Ardennes) — provenant à Jacques de Joybert de Madeleine Detz, sa femme.

Coulmiers, — (anciennement Coullemiers) écart de La Chaussée; partie par acquisition en même temps qu'Aulnay-le-Châtel, partie par acquisitions diverses (V. Aulnay et Chaussée).

Cour (La grand), — fief situé à Verneuil-sur-Marne et provenant de Marguerite de Balhan, première femme de Jean Joybert (V. Verneuil).

Couvrot, — canton de Vitry-le-François; paroisse sur laquelle était située la terre de Villers-sur-Marne (V. ce nom).

Dugny, — localité détruite sur la commune de Mailly-Champagne, canton de Verzy (Marne) — apportée par Appolline Cauchon, seconde femme en 1577 de Jean de Joybert.

Gemesick, — concessions accordées au Canada à Pierre de Joybert en 1672 et 1676.

Gretz (les), — (aujourd'hui les Grais), écart de la paroisse de Vézier, canton de Montmirail (Marne) — appartenait en 1686 à Jérôme de Joybert.

Grivy-Loisy, — arrondissement de Vouziers (Ardennes) — même provenance que Condé-sur-Aisne.

Loisy-sur-Marne, — arrondissement de Vitry-le-François — acquise des Montmorency au xviiie siècle par Jérôme-Philippe de Joybert.

Jasseines, — canton de Chavanges (Aube) — provenant du mariage en 1698 d'Anne de Denis avec Claude de Joybert.

Marson, — canton de Marson, arrondissement de Châlons-sur-Marne — provenant des Langault et apportée par le mariage en 1633 de Claude de Joybert avec Claude Brissier, dont la mère était une Langault.

Mutigny, — annexe de la Chaussée — même provenance (V. ce nom).

Noirlieu — village contigu à S^{t}Mard-sur-le-Mont — même provenance (V. ce nom).

Passy-sous-Ste-Gemme — (avec droit de vicomté) — aujourd'hui Passy-Grigny, canton de Châtillon (Marne) — provenait tant des Balban que d'acquisition faite en 1544 par Jacques de Joybert.

Pissotte (les deux rues de la terre de la) — assise à Verneuil-sur-Marne (V. ce nom).

Pringy, — canton de Vitry-le-François — venue par le mariage, en 1545, de François de Joybert avec Marguerite des Forges, fille du seigneur de Pringy.

Rivereuil, — pont sur le Fion, avec droit de péage et de vicomté, entre Aulnay et St-Amand — même provenance qu'Aulnay-le-Châtel.

St-Lumier, — canton de Vitry-le-François, — figure en 1609 au partage de la succession de Jean de Joybert.

St-Mard-sur-le-Mont, — canton de Dommartin (Marne) — terre patrimoniale des Joybert dès la fin du xiiie siècle.

Sommièvre, — aujourd'hui Somme-Yèvre — canton de Dommartin-sur-Yèvre (Marne) — provenant de la famille Cauchon.

Soulainnes, — (Aube), chef-lieu de canton.

Soulanges, — canton de Vitry-le-François — seconde en date des seigneuries des Joybert, achetée par François Joybert au début du xvie siècle.

Soulanges, — (Canada) — concessions accordées, l'une à Pierre de Joybert en 1676 l'autre à son fils en 1702.

Toulongeon, — fief dépendant de Bussy-aux-Bois et ayant la même provenance (V. ce nom).

Tournelles (les), — fief situé sur la paroisse de Récy (canton de Châlons) — apporté par le mariage en 1571 de Perrette Le Gorlier avec Pierre de Joybert.

Tournizet, — fief situé sur la paroisse de Reims-la-Brûlée, canton de Vitry-le-François) — apporté par le mariage en 1736 de Thérèse de Beurges, dont la mère, Anne Peschart, était dame de Tournizet, avec J.-B. Philippe de Joybert.

Verneuil-sur-Marne, — canton de Dormans (Marne) — village où se trouvaient situés les fiefs de la Grand'Cour, de Bugnot et de la terre de la Pissotte apportés par le mariage de Marguerite de Balhan, première femme de Jean de Joybert, vers 1515.

Ville-en-Tardenois, — chef-lieu de canton (Marne) — seigneurie provenant de la famille Cauchon et apportée par le mariage en 1577 d'Appolline Cauchon avec Jean Joybert.

Villers-sur-Marne, — annexe de la paroisse de Couvrot (canton de Vitry-le-François), — terre et château apportés par le mariage en 1677 de Claude Linage avec Philippe de Joybert.

Vonc, — aujourd'hui Voncq — arrondissement de Vouziers (Ardennes) — biens venant de Madeleine Detz, femme en 1641 de Jacques de Joybert

Vrizy, — mêmes situation et provenance.

Yèvres, — canton de Brienne (Aube) — à égale distance de Balignicourt et de Bétignicourt, avait la même provenance que les biens situés sur ces deux paroisses.

APPENDICE K

Tableau de la parenté

de la

Famille de Joybert

avec les

Maisons

de

Lorraine, Savoie et Bragance

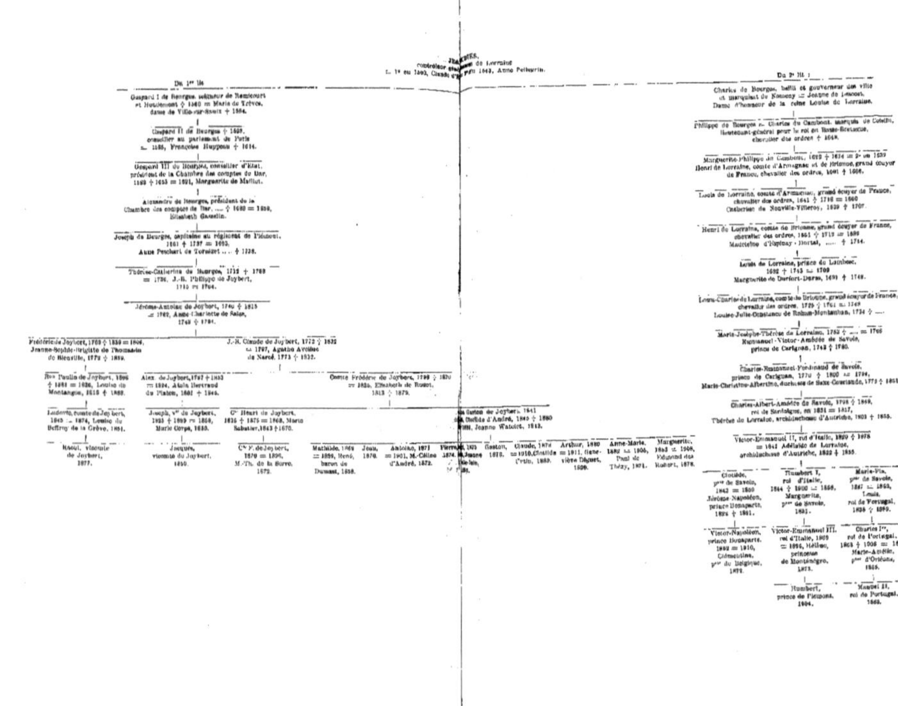

JEANNES, contrôleur ... de Lorraine, ... 1er ou 1603, Claude d'... 1643, Anne Peltuerrin.

Du 1er lit
Gaspard I de Bourges, seigneur de Remicourt et Houdemont ✝ 1640 m Marie de Trèves, dame de Ville-sur-Saulx ✝ 1584.
Gaspard II de Bourges ✝ 1609, conseiller au parlement de Paris m 1585, Françoise Huypoau ✝ 1614.
Gaspard III de Bourges, conseiller d'État, président de la Chambre des comptes de Bar, 1589 ✝ 1655 m 1621, Marguerite de Mailiot.
Alexandre de Bourges, président de la Chambre des comptes de Bar, ... ✝ 1689 m 1658, Élisabeth Gosselin.
Joseph de Bourges, capitaine au régiment de Piémont, 1661 ✝ 1737 m 1693, Anne Peschart de Tornizet ... ✝ 1738.
Thérèse-Catherine de Bourges, 1712 ✝ 1789 m 1736, J.-B. Philippe de Joybert, 1710 m 1764.
Jérôme-Antoine de Joybert, 1740 ✝ 1815 m 1762, Anne-Charlotte de Salm, 1743 ✝ 1794.

Frédéric de Joybert, 1763 ✝ 1850 m 1806, Jeanne-Sophie-Brigitte de Thoumazin de Biearille, 1772 ✝ 1859.
J.-B. Claude de Joybert, 1772 ✝ 1832 m 1797, Agathe Avoline de Narcé, 1775 ✝ 1832.

Bon Paulin de Joybert, 1806 ✝ 1881 m 1836, Louise de Montangon, 1815 ✝ 1882.
Alex. de Joybert, 1797 ✝ 1863 m 1824, Alain Bertrand du Plstou, 1801 ✝ 1844.
Comte Frédéric de Joybert, 1799 ✝ 1870 m 1825, Élisabeth de Romet, 1813 ✝ 1879.

Ludovic, comte de Joybert, 1843 m 1874, Louise du Buffroy de la Grève, 1851.
Joseph, vte de Joybert, 1815 ✝ 1869 m 1858, Marie Corps, 1835.
Cte Henri de Joybert, 1835 ✝ 1875 m 1863, Marie Sabatier,1843 ✝1870.
Baron de Joybert, 1841 m Mathilde d'André, 1849 ✝ 1880 m Jeanne Watelet, 1843.

Raoul, vicomte de Joybert, 1877.
Jacques, vicomte de Joybert, 1850.
Cte F. de Joybert, 1870 m 1896, M.-Th. de la Serre, 1872.
Mathilde, 1864 m 1889, René, baron de Dumast, 1858.
Jean, 1870.
Antoine, 1871 m 1901, M.-Céline d'André, 1872.
Pierre, 1873 m Jeanne ..., ... 1901.
Gaston, 1874 m 1910, Clotilde Ortin, 1889.
Claude, 1876 m 1911, Geneviève Dâguet, 1886.
Arthur, 1880 m 1906, Paul de Thézy, 1874.
Anne-Marie, 1862 m 1908, Edmond des Robert, 1878.
Marguerite, ...

Du 2e lit
Charles de Bourges, bailli et gouverneur des ville et marquisat de Nomeny m Jeanne de Lescoet, Dame d'honneur de la reine Louise de Lorraine.
Philippe de Bourges m Charles du Cambout, marquis de Coislin, lieutenant-général pour le roi en Basse-Bretagne, chevalier des ordres ✝ 1648.
Marguerite-Philippe du Cambout, 1619 ✝ 1674 m 2e en 1639 Henri de Lorraine, comte d'Armagnac et de Brionne, grand écuyer de France, chevalier des ordres, 1601 ✝ 1606.
Louis de Lorraine, comte d'Armagnac, grand écuyer de France, chevalier des ordres, 1641 ✝ 1718 m 1660 Catherine de Neuville-Villeroy, 1639 ✝ 1707.
Henri de Lorraine, comte de Brionne, grand écuyer de France, chevalier des ordres, 1661 ✝ 1713 m 1689 Marie-Anne d'Épinay-Durtal, ... ✝ 1714.
Louis de Lorraine, prince de Lambesc, 1692 ✝ 1743 m 1709 Marguerite de Durfort-Duras, 1691 ✝ 1749.
Louis-Charles de Lorraine, comte de Brionne, grand écuyer de France, chevalier des ordres, 1725 ✝ 1761 m 1748 Louise-Julie-Constance de Rohan-Montauban, 1734 ✝ ...
Marie-Josèphe-Thérèse de Lorraine, 1753 ✝ ... m 1768 Raimmanuel-Victor-Amédée de Savoie, prince de Carignan, 1743 ✝ 1780.
Charles-Emmanuel-Ferdinand de Savoie, prince de Carignan, 1770 ✝ 1800 m 1794, Marie-Christine-Albertine, duchesse de Saxe-Courlande, 1779 ✝ 1851.
Charles-Albert-Amédée de Savoie, 1798 ✝ 1849, roi de Sardaigne, m 1831 m 1817, Thérèse de Lorraine, archiduchesse d'Autriche, 1803 ✝ 1855.
Victor-Emmanuel II, roi d'Italie, 1820 ✝ 1878 m 1842 Adélaïde de Lorraine, archiduchesse d'Autriche, 1822 ✝ 1855.

Clotilde, pesse de Savoie, 1843 m 1859 Jérôme Napoléon, prince Bonaparte, 1822 ✝ 1891.
Humbert I, roi d'Italie, 1844 ✝ 1900 m 1868, Marguerite, pesse de Savoie, 1851.
Marie-Pie, pesse de Savoie, 1847 m 1862, Louis, roi de Portugal, 1838 ✝ 1889.

Victor-Napoléon, prince Bonaparte, 1862 m 1910, Clémentine, pesse de Belgique, 1872.
Victor-Emmanuel III, roi d'Italie, 1869 m 1896, Hélène, princesse de Monténégro, 1873.
Charles Ier, roi de Portugal, 1863 ✝ 1908 m 1886 Marie-Amélie, pesse d'Orléans, 1865.

Humbert, prince de Piémont, 1904.
Manuel II, roi de Portugal, 1889.

APPENDICE L

Les 32 Quartiers réunis

de

Jérôme-Antoine de Joybert

et d'

Anne-Charlotte de Salse

auteurs

de

tous les Joybert actuels

1911

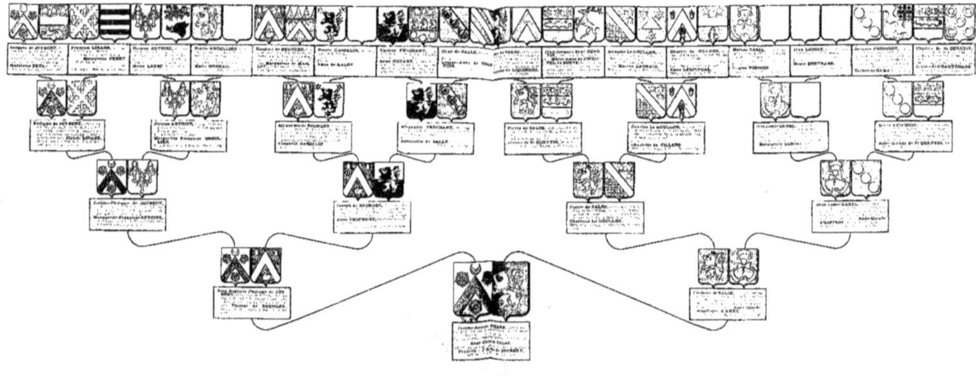

APPENDICE M

—

Tableau de la descendance

de

Jérôme-Antoine de Joybert

et d'

Anne-Charlotte de Salse

auteurs

de

tous les Joybert actuels

1911

ERRATA ET ADDITA

P. 13. — Ligne 23, au lieu de : alors veuf, lire : alors veuve.

P. 33. — Ligne 14, au lieu de Jean Cauchon, lire Jérôme Cauchon.

P. 37. — Ligne 20, après Barbe Rolland, ajouter : D° de Baslieux ✝ au château de Baslieux, paroisse de Merfy, le 9 septembre 1708, à 63 ans.

Leur fils René, éc., seigneur de Verneuil, capitaine au régiment de Lyonnais = 1° Anne-Gertrude de Guilkens ✝ à Baslieux le 9 septembre 1723, à 35 ans, d'où :

    1° Claude Le Gorlier ✝ à Reims le 27 février 1743, à 29 ans, veuf de Geneviève Dufresne.

    2° un fils, Baslieux, 29 août ✝ 1er septembre 1716.

    3° une fille, Baslieux, 12 ✝ 17 septembre 1717.

= 2° Catherine Leroy d'Anquest, d'où :

    4° Jeanne-Angélique, Reims, 31 mars 1729 ✝ Baslieux, 19 décembre 1729.

P. 40. — Ligne 37, l'abbé d'Arcenay n'était pas de cette famille, mais de celle des Conygham, seigneurs d'Arcenay.

P. 50. — Note 1 : les armes des Le Goix sont écartelées : *d'azur à trois y gothiques d'argent,* et non à 2 perles d'argent. C'est ainsi qu'elles sont décrites dans leur généalogie imprimée produite devant Caumartin en septembre 1667.

P. 82. — Ligne 32, après Suzanne ajouter :

= le 1er mai 1886, Louis-Alphonse-Hector Roger de Sivry, né à Tours, le 25 février 1845, d'où :

    a : Alice Roger de Sivry, 25 mars 1889 = 1911 Georges comte de Chabannes.

    b : Charles Roger de Sivry, 23 novembre 1897.

D.   19

P. 115. — Lignes 4, 5 et 9, au lieu de Montagon, lire : Montangon.

P. 160. — Ligne 27, après Lucie-Adèle Goupilleau, ajouter : † Paris, 9 mai 1911.

P. 185. — Ligne 28 : M. Carbon avait, en se mariant, 120.000 livres de rentes et en donna 25.000 par contrat à sa femme (*Carrés d'Hozier, v° Trudaine*).

P. 200. — Ligne 15 : ... d'où :

> b' : Marie de Cossé-Brissac, 1860 † 1909 = 1889 Élisée Bruslé, baron de Valsuzenay — divorcés en 1900.
>
> b'' : Élisabeth de Cossé-Brissac, etc...

Ligne 24, Louis-Charles, X° duc de la Trémoïlle † Paris, 4 juillet 1911. — Son fils, le prince de Tarente, devient le XI° duc de la Trémoïlle.

P. 217. — Ligne 11, lire : et de Guillemette Le Tartier.

TABLE ALPHABÉTIQUE[1]

des

NOMS DE PERSONNES

A

Acquet de Férolles — 142.
Adam — 219.
Aix (d') — 116.
Alençon (d') — 89, 96.
Allegrin (d') — 158.
Alvesquin — 231.
Amours (d') — 191, 192, 194.
Andelin (d') — 178.
André — 141.
André (d') — **139, 141, 145,** 146, 280, 287.
Antoine (de Bussy) — 86, 87, 88, **89,** 90, 92, 95, 97, 141, 239, 254, 255, 256, 276, 284.
Arcenay (d') — **40,** 289.
Arcis (d') — 3.
Argillières (d') — 158.
Argy (d') — 41.
Aubelin — 53, 71, 80, 81, 82, 83, 84, 90, 93, 95, 102, 215, 223, 256.
Aubert — 52.
Aubri — 61.
Aubry de Nuisement — 158.
Aucoigne de Ste-Croix — 82.
Aveline de Narcé — 122, 123, 125, 127, 131, 141, 144, 280, 287.

B

Bach — 82.
Balbes de Berton de Crillon (des) — V. Crillon.
Balhan (de) — 19, 20, 21, **22,** 25, 31, 44 *bis,* 106, 213, 230, **231,** 232, 234, 241, 265, 276, 277.
Ballidart (de) — 90.
Bar (de), 15, 53, 65.
Barbier de la Serre — 137, 138, 280, 287.
Bardonnaut — 160.
Barral (de) — 82.
Barthélemy — 52.
Bassompierre (de) — 84 *bis.*
Battenot — 82.
Baudel (de) — 159, 160.
Baudier — 8.
Baudier (de), 160, **161,** 258.
Baugier — 53, 81.
Baussancourt (de) — 158, **182, 183,** 185, 273, 275.
Bazin — 260.
Beaufort (de) — 158.
Beauffort (de) — 186.
Beaujeu (de) — 203. — V. Liénard.

---

(1) Les noms en caractère gras sont ceux des alliances directes avec la famille de Joybert ; les chiffres en caractère gras renvoient aux pages où l'on trouvera soit la description des armes de la famille, soit un fragment généalogique.

TABLE DES MATIÈRES

CHAPITRE VII

CHAPITRE VIII

CHAPITRE IX

CHAPITRE X

CHAPITRE XI

LIVRE SECOND

BRANCHE DES SEIGNEURS DE VILLERS-SUR-MARNE (1645 A 1911).

CHAPITRE I

CHAPITRE II

CHAPITRE III

CHAPITRE IV

CHAPITRE V

CHAPITRE VI

CHAPITRE VII

CHAPITRE XI

LIVRE QUATRIÈME

BRANCHE DES SEIGNEURS DE COULMIERS (1550 A 1700).

CHAPITRE I

CHAPITRE II

CHAPITRE III

LIVRE CINQUIÈME

BRANCHE DES SEIGNEURS DE SOULANGES (1587 A 1778).

CHAPITRE I

CHAPITRE II

CHAPITRE III

LIVRE SIXIÈME

BRANCHE DES SEIGNEURS DE PRINGY (1520 A 1650)

CHAPITRE I

CHAPITRE II

CHAPITRE III

PREUVES

APPENDICE A

APPENDICE B

APPENDICE C

APPENDICE D

APPENDICE E

APPENDICE F

APPENDICE G

APPENDICE H

APPENDICE I

APPENDICE J

APPENDICE K

APPENDICE L

APPENDICE M

www.ingramcontent.com/pod-product-compliance
Lightning Source LLC
LaVergne TN
LVHW020615060726
842526LV00003B/743